西南大学经济管理学院"双一流"建设学术专著

本书受西南大学应用经济学学科建设经费、
智能金融与数字经济研究院经费资助

基于大数据的量化投资策略研究

沈冰 著

西南大学出版社
国家一级出版社 全国百佳图书出版单位

图书在版编目(CIP)数据

基于大数据的量化投资策略研究/沈冰著. -- 重庆：西南大学出版社, 2024.6. -- ISBN 978-7-5697-2426-4

Ⅰ. F830.59

中国国家版本馆CIP数据核字第2024Y4G616号

基于大数据的量化投资策略研究
JIYU DASHUJU DE LIANGHUA TOUZI CELÜE YANJIU

沈冰 著

责任编辑：李　炎
责任校对：廖小兰
装帧设计：米可设计
出版发行：西南大学出版社（原西南师范大学出版社）
　　　　　　重庆·北碚　邮编：400715
印　　刷：重庆正文印务有限公司
成品尺寸：185 mm×260 mm
印　　张：16.5
字　　数：331千字
版　　次：2024年6月第1版
印　　次：2024年6月第1次
书　　号：ISBN 978-7-5697-2426-4
定　　价：68.00元

前言

随着我国证券市场的不断发展和完善,市场规模不断扩大,投资者队伍不断壮大。据统计,截至2022年12月底,沪深A股上市公司总数达到4917家,沪深A股总市值达78.79万亿元。我国A股市场累计开户投资者数量达2.12亿户,其中,机构投资者50.88万户。2023年2月,中国证监会宣布全面实行股票发行注册制改革正式启动,标志着注册制推广到全市场和各类公开发行股票行为,意味着将会有更多的企业到交易所上市交易。以全面注册制为牵引的证券市场改革是推进资本要素市场化的重要一环,在中国资本市场改革发展进程中具有里程碑意义。

随着我国证券市场的投资品种和数量的大幅增加,依靠传统的人工分析的投资方式开始受到严峻的挑战。在市场规模狭小、上市公司数量不多的情况下,依靠传统的人工分析方法和经验进行投资没有什么问题。但在市场规模扩大到一定程度之后,要选择理想的投资标的,把握好买卖时机,提高投资效率,还依靠传统的投资方式就比较困难了。那么,采取什么样的投资方式可以解决这个问题呢?其实,近几年在我国证券市场中兴起的量化投资就是一种比较理想的投资方式,它可以很好地解决这个问题,并取得了较好的效果。

其实,量化投资并非是近期才出现的,它起源于20世纪60年代的美国。1969年,美国麻省理工学院数学系教授爱德华·索普(Edward Thorp)开办了第一个量化对冲基金,出现了量化投资基金的雏形。1971年,美国巴克莱投资管理公司发行了世界上第一只被动量化投资基金,标志着量化投资方法正式进入资本投资领域。经过几十年的发展,量化投资在美国证券市场已比较成熟,目前量化投资占比已超过一半。

虽然量化投资在我国起步较晚,但发展较快。量化投资策略在我国证券市场取得了较好的成绩,并吸引了不少投资者加入到量化投资的队伍中。量化投资已逐渐成为当前我国证券市场的热点之一,是机构投资者进行投资和财富管理的重要方式之一。目前,我国知名的量化公募基金主要有:华夏基金、嘉实基金、南方基金、易方达基金、博时基金;知名的量化私募基金主要有:上海宽德、思勰投资、珠海致诚卓远、展弘投资、千宜投资等。

随着大数据和信息技术的不断发展,大数据的价值不断被发掘出来,如何把大数据与量化投资有机地结合起来,以发挥更大的价值和作用,是值得研究的问题。由于量化投资在我国发展时间较短,相关的研究还比较缺乏,尤其是把大数据与量化投资策略结合起来研究的更为罕见。因此,在这样的背景下,研究基于大数据的量化投资策略显得十分必要,具有重要的理论意义和现实价值。

本书将大数据引入量化选股策略和择时策略的研究中,把财务数据与市场数据相结合,从而把公司财务理论、市场微观结构理论、市场有效理论等有机地融合在一起,使研究更为全面、深入,为相关的研究提供了新的视角和思路。本书构建了多因子量化选股策略、量化择时策略、套利交易策略和事件驱动策略,并采用我国证券市场的大数据对相关策略进行实证检验、回测和优化,为投资者提供了新的投资策略和投资技术,有利于引导证券市场的投资方法和技术走向多元化和规范化,对投资者有一定的借鉴价值和参考价值,有利于培养正确的理性投资观念,以促进我国证券市场的有序、健康发展。

本书共分为9章:第1章,绪论。本章主要论述研究背景与意义、研究目标与思路、研究内容与方法、研究特色与创新。第2章,量化投资策略的理论基础。本章在分析量化投资的理论内涵和主要方法的基础上,对有效市场理论、投资组合理论、行为金融理论等相关的理论进行论述,并进行文献综述。第3章,量化投资产生的背景与发展状况。本章在探究我国证券市场量化投资产生背景的基础上,厘清了国内外量化投资基金的发展历程和发展状况,并对量化投资存在的主要问题进行了分析。第4章,基于大数据的量化投资策略的开发与评价。本章在介绍量化投资策略开发流程的基础上,揭示了量化投资策略几种常见的陷阱,并分析了量化投资策略的评价标准。第5章,基于机器学习算法的多因子量化选股策略。首先,本章介绍了多因子量化选股模型的基本情况;其次,从因子池构建与多因子筛选、机器学习算法选择等方面进行研究设计;再次,对基于机器学习算法的多因子量化选股策略回测结果进行分析;最后,对短期选股策略进行回测与优化。第6章,基于大数据的量化择时策略。本章在对多因子量化择时策略内涵进行分析的基础上,分析了趋势择时投资策略,并对趋势择时投资策略进行了回测和优化;同时,研究了基于市场情绪的择时投资策略,并对该策略进行了回测与优化。第7章,基于大数据的统计套利策略。本章在论述统计套利的概念及条件的基础上,论述了统计套利策略的理论基础,构建了配对套利交易策略、ETF套利交易策略与分级基金套利策略,并分别对几种策略进行了回测与优化。第8章,基于事件驱动的量化投资策略。本章在对基于事件驱动的量化投资策略内涵进行论述的基础上,分析了基于事件驱动的量化投资策略的研究框架;然后对基于事件驱动的量化投资策略的类型进行探讨,并构建了基于不同类型事件驱动的量化投资策略。第9章,量化投资策略的风险及防范。本章在对量化投资策略风险的内涵及其度量进行论述的基础上,分析了量化投资策略风险的表现,并有针对性地提出量化投资策略风险的防范措施。

本书是在沈冰主持的西南大学智能金融与数字经济研究院重点项目"基于大数据的量化投资策略研究"的研究成果基础上,由沈冰主撰,沈丹、赵小康、喻思哲、张笑瑜、李琳珑、甘丽莹共同著述完成的。本书的出版得到西南大学经济管理学院、智能金融与数字经济研究院的资助以及有关各方的大力支持和帮助,作者对此表示诚挚的感谢!同时,还要感谢西南大学出版社对本团队的信任和支持,感谢编审人员的辛勤努力及提出的宝贵意见。

学海无涯,研究亦无止境。本书作者及其团队虽然竭尽全力、力求完善,然而证券市场变幻莫测、瞬息万变,且研究条件限制、研究水平有限,本书可能会有错误与遗漏之处,欢迎各位读者批评指正。

沈冰

2023年8月8日

目录

第1章 绪论······001
  1.1 研究背景与意义······001
  1.2 研究目标与思路······004
  1.3 研究内容与方法······005
  1.4 研究特色与创新······007

第2章 量化投资的理论基础······009
  2.1 量化投资的理论内涵······009
  2.2 量化投资的主要方法······013
  2.3 量化投资的理论借鉴······016
  2.4 量化投资的研究综述······020

第3章 量化投资产生的背景与发展状况······027
  3.1 量化投资产生的背景······027
  3.2 国外量化投资基金的发展历程······030
  3.3 国内量化投资基金的发展状况······032
  3.4 量化投资存在的问题······034

第4章 基于大数据的量化投资策略的开发与评价······037
  4.1 量化投资策略的开发流程······037

4.2 量化投资策略的陷阱 ·········· 045
4.3 量化投资策略的评价标准 ·········· 050

第5章 基于机器学习算法的多因子量化选股策略 ·········· 057
5.1 多因子量化选股策略介绍 ·········· 057
5.2 研究设计 ·········· 059
5.3 基于机器学习算法的中期量化选股策略 ·········· 066
5.4 基于机器学习算法的短期量化选股策略 ·········· 074

第6章 基于大数据的量化择时策略 ·········· 079
6.1 量化择时策略的内涵 ·········· 079
6.2 趋势择时投资策略 ·········· 080
6.3 趋势择时投资策略的回测 ·········· 083
6.4 市场情绪择时投资策略 ·········· 091

第7章 基于大数据的统计套利策略 ·········· 107
7.1 统计套利的概念及条件 ·········· 107
7.2 统计套利策略的理论基础 ·········· 108
7.3 配对套利交易策略 ·········· 109
7.4 ETF套利交易策略 ·········· 118
7.5 分级基金套利策略 ·········· 128

第8章 基于事件驱动的量化投资策略 ·········· 133
8.1 基于事件驱动的量化投资策略的内涵 ·········· 133
8.2 基于事件驱动的量化投资策略的研究框架 ·········· 134
8.3 基于事件驱动的量化投资策略的类型 ·········· 142
8.4 基于事件驱动的量化投资策略的组合与优化 ·········· 186

第9章　量化投资策略的风险及防范 ·············· 205

9.1 量化投资策略的风险及其度量 ·············· 205

9.2 量化投资策略风险的表现 ·············· 209

9.3 量化投资策略的风险防范 ·············· 211

参考文献 ·············· 215

附　录 ·············· 223

附录1　2016年1月4日短期策略选出的500只股票 ·············· 223

附录2　2016年1月4日短期策略优化后选出的500只股票 ·············· 232

附录3　2007—2021年月度市场情绪指数 ·············· 240

附录4　同行业相关系数大于0.9的配对股票 ·············· 244

第1章 绪论

1.1 研究背景与意义

1.1.1 研究背景

随着我国证券市场的快速发展、上市公司数量的不断增加,市场规模不断扩大,投资者队伍不断壮大。据统计,截至2022年12月底,沪深A股上市公司总数达到4917家,沪深A股总市值达78.79万亿元。我国A股市场累计开户投资者数量达2.12亿户,其中,机构投资者50.88万户。在市场规模狭小、上市公司数量不多的情况下,依靠传统的人工分析方法和经验进行投资没有什么问题。但在如此众多的上市公司中,要选择理想的投资标的,把握好买卖时机,提高投资效率,还依靠传统的投资方式就比较困难了。那么,采取什么样的投资方式可以解决这个问题呢?其实,近几年在我国证券市场中兴起的量化投资就是一种比较理想的投资方式,它可以很好地解决这个问题,并取得了较好的效果。

量化投资本质上是一种投资方式,它综合利用金融、数学、统计学、计算机等学科知识和工具,通过建立模型来进行投资决策。量化投资的出现归功于现代金融理论和计算机技术的进步。早在1971年,美国巴克莱投资管理公司发行了世界上第一只被动量化投资基金,标志着量化投资的开始,从此打开了一扇金融市场交易方法的新大门。从国外的量化投资基金运行情况看来,量化投资基金可以在实现波动率和回撤率较小的情况下,实现较高的投资收益率。最为典型的代表是大奖章基金,该基金由詹姆斯·西蒙斯(James Simons)在1988年创办,该基金主要利用量化技术的方法从事证券交易,是知名度很高的一只量化投资基金。据统计,在1989—2009年期间,大奖章基金的平均年化收益率高达35%,远远超过股神巴菲特20%左右的平均年化收益率。之所以获得如此佳绩,正是由于它是利用量化投资策略进行交易决策的。

如今,量化投资在美国等发达的金融市场已经十分普及,许多大型的投资公司纷纷采用量化投资策略进行交易。从全球金融市场的参与主体来看,量化投资所管理的资金规模十分庞大。据统计,2022年,由量化及程序化交易所管理的资金规模排名前五位的公司有:第一名,桥水基金(Bridgewater Associates)1264亿美元;第二名,英仕曼集团(Man Group)735亿美元;第三名,文艺复兴科技(Renaissance Technologies)570亿美元;第四名,千禧管理(Millennium Management)549亿美元;第五名城堡投资(Citadel)529亿美元。

由于我国证券市场20世纪90年代才建立,与发达国家的证券市场相比,还不成熟、不完善。量化投资由美国进入我国证券市场仅仅10余年的时间,由于起步较晚,目前量化投资在我国还处于发展的起步阶段。2012年5月以来,我国资产管理行业出现了监管放松、业务创新的浪潮,为我国带来了创新发展、混业经营的"大资管时代"。证券公司和期货公司相继建立了资产管理部门或相关子公司;商业银行也逐步开展证券投资基金管理的业务;私募股权投资基金合法化,该行业也正在逐渐规范化。在这样的时代背景下,基金业迅速发展,呈现百花齐放的景象。同时,我国金融市场不断推进创新发展,中国金融期货交易所于2010年4月16日推出股指期货,2013年9月6日推出国债期货,2015年2月9日推出上证50ETF期权,2019年12月23日推出沪深300ETF期权。各类复杂衍生品的推出丰富了资本市场,也为量化交易提供了更加多样化的投资标的和对冲工具,促进了量化交易在国内投资领域的发展。

近年来,我国量化投资基金发展比较迅速,量化投资基金规模在不断扩大,量化投资产品也日渐丰富。原因在于:一是国内居民投资结构改善,增量资金逐渐从房地产涌入证券市场,对量化产品的配置也相应增加;二是证券市场改革的不断推进,市场不断扩容,促进增量资本进入市场,也增加了投资者对量化投资产品的配置;三是"资管新规"后,打破了刚兑,由于量化投资产品具有回撤小、收益率稳定的特点,能够很好地满足客户的需求,使其不断受到投资者的青睐;四是人工智能的发展能够改善量化策略模型,有助于稳定并提高量化策略收益。

2023年2月,中国证监会宣布全面实行股票发行注册制改革正式启动,标志着注册制的制度安排基本定型,标志着注册制推广到全市场和各类公开发行股票行为,以全面注册制为牵引的证券市场改革是推进资本要素市场化的重要一环,在中国资本市场改革发展进程中具有里程碑意义。此次改革后,沪深主板、科创板、创业板及北交所各板块定位明晰、错位发展。主板突出大盘蓝筹特色,重点支持业务模式成熟、经营业绩稳定、规模较大、具有行业代表性的优质企业;科创板主要面向世界科技前沿、面向经济主战场、面向国家重大需求,主要服务于符合国家战略、拥有关键核心技术、市场认可度高的科技型创新企业;创业板则主要服务成长型创新创业企业,支持传统产业与新技术、新产业、新业态、新模式深度融合;北交所主要服务于创新型中小企业,这些企业一般具有"专业化、精细化、特色化、新颖化"四个优势。全面注册制改革,为更多有特色的不同类型的企业提供了上市机会,也为量化投资提供了更加多元化的投资品种和投资组合,有利于促进我国量化投资的发展和完善。

随着我国经济的不断发展,人们收入水平的不断提高,进入证券市场的投资者队伍不断壮大,对各种金融产品的需求也在不断增加。同时,一些投资者的投资理念和投资方式也在发生变化,已不再满足于传统的人工分析方法和经验进行投资,开始转向依靠计算机分析和预测的量化投资。目前,量化投资已受到不少投资者的关注和青睐,逐渐成为机构投资者进行投资和财富管理的重要方式之一。

随着大数据和信息技术的不断发展,如何把大数据与量化投资有机地结合起来,构建基于大数据的量化投资策略,以发挥量化投资更大的价值和作用,是值得广大投资者思考的问题。遗憾的是,相关的研究成果还比较罕见,使得证券市场的实践缺乏借鉴和参考。因此,在这样的背景下,研究基于大数据的量化投资策略显得十分必要。

1.1.2 研究意义

(1)理论意义

本书基于机器学习算法,从上市公司的比率结构、偿债能力、发展能力、风险水平、估值水平、经营水平、盈利能力等众多的因子中,构建基于大数据的多因子量化选股策略,能较为准确地刻画收益率与因子之间的非线性关系,突破了传统线性模型的假设,丰富和拓展了资产投资组合理论;同时,本书以CAPM模型、Fama-French多因子模型为基础,运用了金融计量等工具及方法,揭示出适用于我国证券市场量化投资的有效因子,不仅是对传统投资方式的补充,还是一种有效的投资策略,进一步完善了多因子量化策略的理论体系;此外,量化投资策略使得投资视角更广,可通过机器学习算法突破人工处理数据在广度、深度方面的限制,投资组合的范围和品种更为广泛,有利于分散和降低金融风险,丰富和拓展了金融风险管理理论。

(2)现实意义

本书构建了多因子选股策略、择时策略、套利策略和事件驱动策略,并采用我国证券市场的大数据对相关策略进行实证检验、回测和优化。一方面,在实际投资中,为投资者提供了新的投资策略和投资技术,可以获得比较理想的投资收益,对投资者具有一定的参考价值;另一方面,研究进一步推进量化投资技术在中国的发展,有利于引导证券市场的投资方法和技术走向多元化和规范化,培养正确的投资观念,减少投机性,促进我国证券市场的健康发展。同时,本书构建的多因子量化投资策略是一个有序的、系统性的过程,可以利用证券市场的大数据,通过相关模型自动选择投资对象和买卖时机,可以大大减轻投资者的工作量,有利于投资效率的提高。此外,通过量化投资策略可以提高广大投资者的纪律性、准确性、系统性及科学性,帮助投资者构建系统科学的投资策略,避免盲目跟风炒作,对促进我国股票市场的长期稳定发展有着重要的现实意义。

1.2 研究目标与思路

1.2.1 研究目标

本书的总体目标是构建基于大数据的量化投资策略,以实现投资风险可控情况下的超额收益。具体目标为:(1)量化投资策略的开发流程有哪些?如何对量化投资策略进行评价?(2)如何利用机器学习算法,从证券市场的各种数据中寻求相应的影响因子,构建多因子量化选股策略?(3)如何构建趋势择时策略、市场情绪择时策略等不同类型的多因子择时策略?(4)如何构建配对套利交易策略、ETF套利交易策略以及分级基金套利策略?(5)如何构建基于资产重组、高送转、业绩预告、大股东增持、定向增发等不同事件驱动的量化投资策略?

1.2.2 研究思路

首先,本书在对量化投资策略的相关理论和文献进行论述的基础上,探究量化投资产生的理论背景、技术背景和市场背景,介绍国内外量化投资基金的发展历程和发展状况,并对量化投资存在的主要问题进行分析;其次,在基于大数据的量化投资策略开发与评价的基础上,对基于机器学习算法的多因子量化选股策略进行分析,并对基于大数据的多因子量化择时策略进行研究;再次,揭示配对套利交易策略、ETF套利交易策略以及分级基金套利策略等统计套利策略;然后,探讨基于资产重组、高送转、业绩预告、大股东增持、定向增发等不同事件驱动的量化投资策略;最后,对量化投资策略的风险及防范进行研究。

本书的技术路线图如图1.1所示。

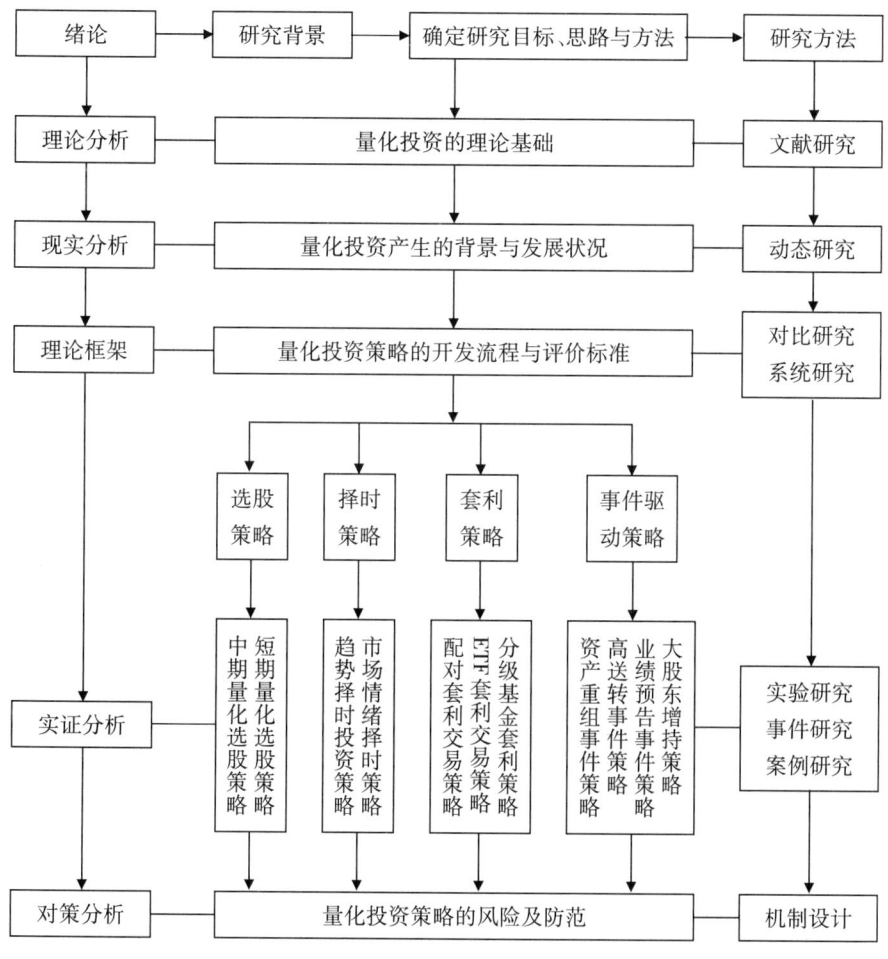

图1.1 技术路线图

1.3 研究内容与方法

1.3.1 研究内容

(1)绪论。主要论述研究背景与意义、研究目标与思路、研究内容与方法、研究特色与创新。

(2)量化投资策略的理论基础。在分析量化投资的理论内涵基础上,对有效市场理论、投资组合理论、行为金融理论等相关的理论进行论述,并对国内外相关的研究状况进行文献综述。

(3)量化投资产生的背景与发展状况。在探究证券市场量化投资产生背景的基础上,介绍国内外量化投资基金的发展历程和发展状况,并对量化投资存在的主要问题进行分析。

(4)基于大数据的量化投资策略的开发与评价。在介绍量化投资策略开发流程的基础上,揭示量化投资策略的几种常见的陷阱,分析量化投资策略的评价标准。

(5)基于机器学习算法的多因子量化选股策略。首先,介绍多因子量化选股模型的基本情况;其次,从因子池构建与多因子筛选、机器学习算法选择等方面进行研究设计;再次,对基于机器学习算法的多因子量化选股策略进行回测和优化,并对回测结果进行分析;最后,对短期选股策略进行回测与优化。

(6)基于大数据的量化择时策略。在对多因子量化择时策略内涵进行分析的基础上,分析趋势择时投资策略,并对趋势择时投资策略进行回测和优化;同时,研究基于市场情绪的择时投资策略,并进行相应的回测与优化。

(7)基于大数据的统计套利策略。在论述统计套利的概念及条件的基础上,分析统计套利策略的理论基础,构建配对套利交易策略、ETF套利交易策略与分级基金套利策略,并分别进行回测与优化。

(8)基于事件驱动的量化投资策略。首先,对基于事件驱动的量化投资策略的内涵进行论述;其次,分析基于事件驱动的量化投资策略的研究框架;再次,对基于事件驱动的资产重组、高送转、业绩预告、大股东增持、定向增发等不同类型的量化投资策略进行探讨;最后,构建基于不同类型的事件驱动的量化投资策略,并进行回测与优化。

(9)量化投资策略的风险及防范。在对量化投资策略风险的内涵进行界定的基础上,介绍量化投资策略风险的几种度量方法;然后,揭示量化投资策略风险的主要表现,即数据陷阱的风险、系统故障的风险、市场操纵的风险、量化模型的风险以及市场异常的风险;最后,有针对性地提出量化投资策略风险的防范措施。

1.3.2 研究方法

(1)文献研究法。通过对国内外量化投资相关文献的梳理、归纳和总结,比较系统、全面地了解和掌握当前证券市场量化投资的研究状况和研究趋势,重点研究了量化投资哪方面的问题、哪些问题还值得进一步研究等,为本书的研究奠定坚实的理论基础。

(2)实验研究法。为了验证基于大数据的多因子量化选股策略、量化择时策略、统计套利策略、事件驱动投资策略的有效性,以沪深A股为实验样本,选取相关指标和数据,进行量化策略的回测和优化等实验分析,以验证量化投资策略的合理性和有效性。

(3)事件研究法。在基于事件驱动的量化投资策略中,资产重组、高送转、业绩预告、大股东增持、定向增发等不同事件,在计算其窗口期的超额收益率和累计超额收益率时,采用了事件研究法。

(4)案例研究法。在研究配对套利策略时,以洋河股份—山西汾酒为案例,结合相关的理论来分析配对套利策略能够套利的原因,揭示配对套利策略的流程和具体操作方法,以获得比较稳定的配对套利收益。

1.4 研究特色与创新

1.4.1 研究特色

(1)本书将大数据引入量化投资策略的研究中,把财务指标、技术指标、市场指标相结合,构建了基于大数据的多维度量化选股策略,从而把公司财务理论、市场微观结构理论、有效市场理论等有机地融合在一起,弥补了单一维度在全面性、灵活性等方面的不足,使研究更为全面、深入,为相关的研究提供了新的视角和思路。

(2)本书将证券投资学的相关理论与中国证券市场的实践有机地结合在一起,构建了多因子量化选股策略、择时策略、统计套利策略以及事件驱动策略,并用沪深A股市场的相关数据进行检验、回测和优化,不同量化投资策略的回测和优化效果都比较理想。因此,本书所构建的量化投资策略具有较强的操作性和实用性,对投资者具有较高的参考价值和借鉴价值。

1.4.2 研究创新

(1)研究视角创新。学术界在构建量化投资选股策略时,大多建立在某一维度的基础上,尤其是财务指标维度,而这个维度一般是季度数据,往往比较滞后,缺乏前瞻性和灵活性。本书选取多个维度的因子,主要包括财务指标、技术指标、市场指标等,来构建基于大数据的多维度量化选股策略,弥补了单一维度在全面性、灵活性等方面的不足,使研究更为全面、合理,拓展了研究新的视野和思路。

(2)研究观点创新。本书把量化选股策略分为量化中期选股策略和量化短期选股策略,且每种策略都提供多种不同的投资组合,以满足不同类型投资者的需求。量化中期选股策略主要基于财务指标和市场指标来构建量化选股策略,并运用三阶曲线插值法,将季度数据转换为月度数据,对中期策略进行优化,使得策略的优化效果十分理想;而量化短期选股策略主要基于每日的技术指标来构建量化选股策略,并引入浮动仓位和行业超配设置,对短期策略进行优化,策略的优化效果也十分明显。本书构建中期选股策略、短期选股策略以及多种不同的投资组合,可以满足不同类型投资者的需求,丰富和拓展了价值投资理念,完善了多因子量化策略的理论体系。

(3)研究方法创新。本书把机器学习算法用于量化选股策略之中,运用最值筛选、阶梯筛选、几何筛选以及标准化筛选4种筛选模式,筛选出最优标的、最优年份设置、最优因子权重和最优机器学习算法,从而能够比较准确地刻画量化选股策略的投资收益率与各因子之间的非线性关系,有利于量化选股策略在控制投资风险的同时提高投资收益率,突破了CAPM模型、Fama-French多因子模型线性模型的假设,增强了多因子量化投资策略的有效性和实用性。

第2章 量化投资的理论基础

量化投资是证券市场上一种新的投资方式,由于其独特的优势受到不少投资者的青睐,同时也受到学术界的关注,并取得了一定的研究成果。为了更好地研究基于大数据的量化投资策略,本章将在对量化投资的概念、特点、量化投资策略进行分析的基础上,介绍量化投资的主要方法,并对有效市场理论、投资组合理论、行为金融理论等相关理论进行简要论述,进一步对国内外量化投资相关的研究状况进行文献综述,这些将构成本书的理论基础。

2.1 量化投资的理论内涵

2.1.1 量化投资的概念

量化投资是指借助于数学和统计学的原理将投资者的需求与目标转换为数学模型,利用计算机技术去实现投资理念和投资策略,以获取稳定收益为目的的交易。它在海量数据的基础上,创建数学模型,将市场数据输入模型得到最终结果。量化投资不是靠传统的投资经验、感觉和直觉进行投资,而是将投资理念、投资经验、投资策略用数学模型表达出来,利用计算机技术帮助投资者处理和分析信息,总结归纳市场规律,形成交易策略。

从本质上讲,量化投资是寻找较大概率获胜的机会,其核心是投资思想。量化是投资者进行投资所应用的一种手段和方式,一个成功的量化投资策略,首先需要有一个明确的投资理念和逻辑,通过数量化的手段,把投资者的理念、经验、逻辑关系等量化为各种变量,以及变量之间的规则,并构建成量化模型。然后,再通过计算机技术等手段,利用以前的市场数据进行测试,不断跟踪检验、优化、修正和完善,直到能够将模型应用于当前的金融市场中,进行量化选股、量化择时、调仓换股等判断,并执行交易。

量化投资是以市场无效或弱势有效为基础的一种主动性投资策略,能够在市场正常的情况下,大幅减少投资者的工作量,避免投资者情绪波动的干扰,避免在极度乐观或悲观的情况下做出非理性的投资决策。量化投资建立在模型与数据的基础上,能够经过实证检验,在一定程度上克服思维限制与认知偏差,并可以跟踪和修正,能够全面、及时地跟踪市场,准确、客观地从各个方面把握证券市场的交易机会,以获得理想的投资收益。

2.1.2 量化投资的特点

(1)投资决策的纪律性

传统的投资决策分析,大多数是由人工完成的,根据人的知识和经验来进行投资决策,而人往往难以做到完全理性,在进行投资决策时,难免会受市场情绪波动与非理性预期的影响。量化投资具有纪律性的特点,能够克服投资者情绪波动对交易决策产生的不利影响,有效地克服投资者在投资中表现出的人性弱点,避免股价下跌时恐惧、股价上升时贪婪的行为模式,严格执行预先设定的操作流程,避免情绪波动的干扰而做出不理性的投资决策。同时,量化投资还可以克服认知行为的偏差,交易系统运行时,不需要人为的干涉,只需要策略条件允许,就可以自动运行。

(2)投资决策的系统性

量化投资是一个系统性的工程,能够多层次、多角度地对证券市场的海量数据进行观察、筛选、处理和分析等。多层次模型主要包括行业选择模型、个股选择模型、大类资产配置模型等;多角度分析主要包括对宏观政策、市场结构、估值模型、成长因子、盈利模式、市场情绪以及分析师盈利预测等多个角度的分析。量化投资所有的投资决策都是在这样一个系统性的环境下做出的,而不是其他偶发的因素。由于面向全样本的海量数据,在量化投资强大的信息处理能力支持下,可以捕捉到更多、更合理的投资机会。

(3)投资决策的高效性

随着证券市场的发展,金融工具种类与数量不断增加,投资者进行理性决策所需要的信息复杂多样,比如,宏观经济指标、各种政策信息、行业研究报告、公司研究报告、公司公告、市场技术指标等,如果仅仅靠人工进行分析,就会十分烦琐且效率低下。而量化投资的出现在很大程度上解决了这个问题,运用计算机技术快速处理大量数据,对各种数据进行挖掘、分析,找出数据之间的关联并做出投资决策,可大大减少人工工作量,提高投资决策的效率。

(4)投资过程的精准性

传统的投资方法认为投资是一门艺术,投资决策需要的是投资者的经验和技术,投资者的主观评价起决定性作用。而量化投资有所不同,尤其是在套利策略中,它能做到精准投资。例如,在股指期货套利的过程中,现货与股指期货如果存在一定的基差就能进行套利,量化投资策略和交易技术会抓住精确的捕捉机会,进行套利交易来获利。另外,在控制头寸规模方面,传统的投资方法只能凭感觉,并没有具体的测算和界定,而量化投资需要设定严格精确的标准。

(5)投资过程的及时性

量化投资往往利用计算机进行程序化交易,与人脑相比,它能够实时获得证券市场的交易数据、信息,并快速地分析和处理所需要的信息,随时把握证券市场上出现的稍纵即逝的投资机会,并及时进行交易。如果投资者依靠传统的投资方式进行交易,往往难以及时完成交易,这样就容易错失良机。量化投资在高频交易时的优势尤为明显,与低频交易相比,高频交易可以通过高速计算机在极短的时间内对市场的变化做出迅速的反应并立即完成交易,以及时把握住市场的投资机会。

2.1.3 量化投资策略

量化投资策略是指利用量化的方法,进行金融市场的分析、判断和交易的算法、策略的总称。量化投资策略主要是利用统计学、数学、信息技术、人工智能等方法取代人工做出决策,通过模型完成股票交易来构建投资组合。量化投资策略有很多种,主要包括:量化选股策略、量化择时策略、期货套利策略、统计套利策略、高频交易策略、期权套利策略、算法交易策略等。

(1)量化选股策略

量化选股策略就是用数学模型的方法选择确定股票投资组合,以期获得超越基准收益率收益的投资策略。根据事先设定的选股原则和方法,量化选取符合条件和要求的股票进行投资。一般来说,量化选股策略分为两类:第一类是基本面选股,第二类是市场行为选股。基本面选股主要有多因子量化选股策略、风格轮动量化选股策略和行业轮动量化选股策略;市场行为选股主要有资金流量化选股策略、动量反转量化选股策略、一致预期量化选股策略、趋势追踪量化选股策略和筹码量化选股策略。

(2)量化择时策略

量化择时策略是指利用数量化的方法,通过对各种宏观、微观指标的量化分析,试图找到影响大盘走势的关键信息,对未来走势进行判断和预测,并采取相应的买卖投资的策略。如果判断是上涨行情,则买入持有;如果判断是下跌行情,则卖出清仓;如果判断是震荡行情,则进行高抛低吸。这样可以获得超越简单买入持有策略的收益率。然而,由于大盘趋势和宏观经济、国家政策、国际形势、行业变化、公司发展、资金流向、市场情绪等密切相关,想要准确判断大盘走势十分困难。量化择时策略主要包括:趋势量化择时策略、高抛低吸量化择时策略、市场情绪量化择时策略、资金流向量化择时策略等。

(3)期货套利策略

期货套利策略是指利用相关市场或者相关合约之间的价差变化,在相关市场或者相关合约上进行方向相反的交易,以期在价差发生有利变化时而获利的交易策略。期货套利策略主要分为期现套利策略、跨期套利策略、跨市套利策略和跨种套利策略。期现套利策略是指利用期货市场与现货市场出现价差而进行的套利交易策略;跨期套利策略是指利用不同交割月份的期货价格变化而进行的套利交易策略;跨市套利策略是指利用同一种期货在不同交易所的价格变化而进行的套利交易策略。跨种套利策略是指利用两种(或多种)不同的、但相互关联的资产间价格差异而进行的套利交易策略。

(4)统计套利策略

统计套利策略是利用证券价格的历史统计规律进行的一种风险套利策略,它是一种市场中性策略,通过对相关证券进行对冲来获得与市场相独立的稳定性收益,其风险在于这种历史统计规律在未来一段时间内是否继续存在。统计套利策略背后的基本思想就是均值回归,也就是说两个相关性很高的投资标的价格之间如果存在着某种稳定性的关系,那么当它们的价格出现背离走势的时候就会存在套利机会,因为这种背离的走势在未来会得到纠正。统计套利策略在方法上可以分为两类:一类是利用证券的收益率序列建立数学模型,其目标是在证券组合的β值等于零的条件下实现收益,称为β中性策略;另一类是利用证券价格序列的协整关系建立数学模型,找出相关性较高的两个投资品种,根据它们之间长期均衡的协整关系,当价差偏离一定程度时,买入相对低估的品种,卖空相对高估的品种,等到价差回归均衡时平仓获利,称为协整策略。统计套利策略主要包含:跨资产套利策略、跨市场套利策略等。

(5)高频交易策略

高频交易策略是指利用证券市场价格的波动进行十分快速的交易,以获取收益的交易策略。比如,当某只证券买入和卖出价差存在微小变化,或者某只证券在不同交易所之间存在微小价差就可以采取这种交易策略。这种交易十分迅速,交易机会稍纵即逝,以至于有些交易机构将自己的"服务器群组"(Server Farms)放置到证券交易所附近,以缩短交易指令从发出到到达交易所的时间。高频交易的特点是它是由计算机自动完成的程序化交易,交易量巨大,持仓时间很短,每笔收益率很低,但总体收益稳定。目前,主流的高频策略主要有：高频事件套利策略、高频统计套利策略、高频趋势策略以及高频做市商策略等。

(6)期权套利策略

期权套利策略是指以证券交易所场内期权为交易标的所构建的套利策略，即同时买进卖出同一相关期权但不同敲定价格，或不同到期月份的看涨或看跌期权合约，以期未来对冲交易部位或履约时获利的交易策略。期权套利策略和方式多种多样，是多种相关期权交易的组合，主要包括：水平套利策略、垂直套利策略、转换套利策略、反向转换套利策略、跨式套利策略、蝶式套利策略、飞鹰式套利策略等。

(7)算法交易策略

算法交易策略又称为自动交易、黑盒交易或者机器交易策略，它使用计算机程序来发出交易指令。在交易中，计算机程序可以决定的范围包括交易时间和价格的选择以及需要成交的证券数量等。算法交易策略广泛应用于投资银行、养老基金、共同基金以及其他买方机构投资者，以把大额交易分割为许多小额交易来应付市场风险和冲击；而做市商、对冲基金等卖方交易员则为市场提供流动性，自动生成和执行指令。根据各个算法的主动程度不同，可以把不同算法交易分为被动型算法交易、主动型算法交易、综合型算法交易三大类。

2.2 量化投资的主要方法

量化投资涉及不少数学、计算机等方面的知识、技术和方法，一般来说，主要有人工智能、数据挖掘、小波分析、支持向量机、随机过程和分形理论等。

2.2.1 人工智能

人工智能(Artificial Intelligence, AI)是研究使用计算机来模拟人的某些思维过程和智能行为(如学习、推理、思考、规划等)的学科，主要包括计算机实现智能的原理、制造类似于人脑智能的计算机，使计算机能实现更高层次的应用。人工智能是计算机科学的一个分支，它企图了解智能的实质，并生产出一种新的能以人类智能相似的方式做出反应的智能机器，该领域的研究包括机器人、语言识别、图像识别、自然语言处理和专家系统等。人工智能涉及计算机科学、心理学、哲学和语言学等学科，可以说几乎与自然科学和社会科学的所有学科都有联系，其范围已远远超出了计算机科学的范畴，人工智能与思维科学的关系是实践和理论的关系，人工智能处于思维科学的技术应用层次。

从思维观点看，人工智能不仅限于逻辑思维，还要考虑形象思维、灵感思维，这样才能促进人工智能的突破性发展。数学常被认为是多种学科的基础科学，因此人工智能学科也必须借用数学工具。

金融投资是一项复杂的、综合了各种知识与技术的学科，对智能的要求非常高。所以人工智能的很多技术可以用于量化投资分析，包括专家系统、机器学习、神经网络、遗传算法等。

2.2.2 数据挖掘

数据挖掘(Data Mining)是从大量的、不完全的、有噪声的、模糊的、随机的数据中提取隐含在其中的、人们事先不知道的，但又是潜在有用的信息和知识的过程。与数据挖掘相近的同义词有数据融合、数据分析和决策支持等。在量化投资中，数据挖掘的主要技术包括关联分析、分类分析、预测分析、聚类分析等。

关联分析就是研究两个或两个以上变量的取值之间是否存在某种规律。例如，研究股票的某些因子发生变化后，对未来一段时间股票价格之间的关联关系。关联分为简单关联、时序关联和因果关联。关联分析的目的是找出数据库中隐藏的关联网。一般用支持度和可信度两个阈值来度量关联规则的相关性，还可以引入兴趣度、相关性等参数，使得所挖掘的规则更符合需求。

分类分析就是找出一个类别的概念描述，它代表了这类数据的整体信息，即该类的内涵描述，并用这种描述来构造模型，一般用规则或决策树模式表示。分类分析一般利用训练数据集通过一定的算法而求得分类规则。

预测分析是利用历史数据找出变化规律，建立模型，并由此模型对未来数据的种类及特征进行预测。预测关心的是精度和不确定性，通常用预测方差来度量。

聚类分析就是利用数据的相似性判断出数据的聚合程度，使得同一个类别中的数据尽可能相似，不同类别的数据尽可能相异。

2.2.3 小波分析

小波(Wavelet)就是小的波形。所谓"小"是指它具有衰减性；而称之为"波"则是指它的波动性，其振幅正负相间的震荡形式。与傅里叶变换相比，小波变换是时间(空间)频率的局部化分析，它通过伸缩平移运算对信号(函数)逐步进行多尺度细化，最终达到高频处时间细分，低频处频率细分，能自动适应时频信号分析的要求，从而可聚焦到信号的任意细节，解决了傅里叶变换的困难问题，成为继傅里叶变换以来在科学方法上的重大突破。因此，也有人把小波变换称为数学显微镜。

小波分析在量化投资中的主要作用是进行波形处理。任何投资品种的走势都可以看做一种波形,其中包含了很多噪声信号。利用小波分析,可以进行波形的去噪、重构、诊断、识别等,从而实现对未来走势的判断。

2.2.4 支持向量机

支持向量机(Support Vector Machine,SVM)方法是通过一个非线性映射,把样本空间映射到一个高维乃至无穷维的特征空间(希尔伯特空间)中,使得在原来的样本空间中非线性可分的问题转化为在特征空间中线性可分的问题,简单地说,就是升维和线性化。升维就是把样本向高维空间做映射,一般情况下这会增加计算的复杂性,甚至会引起维数灾难,因而人们很少问津。但是对分类、回归等问题来说,很可能在低维样本空间无法线性处理的样本集,在高维特征空间中却可以通过一个线性超平面实现线性划分(或回归)。

一般的升维都会带来计算的复杂化,支持向量机方法巧妙地解决了这个难题:应用核函数的展开定理,就不需要知道非线性映射的显式表达式;由于是在高维特征空间中建立线性学习机,所以与线性模型相比,不但几乎不增加计算的复杂性,而且在某种程度上避免了维数灾难,这一切要归功于核函数的展开和计算理论。正是这个优势,使得支持向量机特别适合于进行有关分类和预测问题的处理,而量化投资正好需要进行分类处理和行情预测,因而,支持向量机被广泛应用于量化投资策略之中。

2.2.5 随机过程

随机过程(Stochastic Process)是一连串随机事件动态关系的定量描述。随机过程的理论产生于20世纪初期,是由于物理学、生物学、管理科学等方面的需要而逐步发展起来的,在自动控制、公用事业、管理科学等方面都有广泛的应用。随机过程论与其他数学分支,如位势论、微分方程、力学及复变函数论等有密切的联系,是在自然科学、工程科学及社会科学各领域中研究随机现象的重要工具。随机过程论目前已得到广泛的应用,在诸如天气预报、统计物理、天体物理、运筹决策、经济数学、安全科学、人口理论、可靠性及计算机科学等很多领域都要经常用到随机过程的理论来建立数学模型。

研究随机过程的方法多种多样,主要可以分为两大类:一类是概率方法,其中用到轨道性质、随机微分方程等;另一类是分析的方法,其中用到测度论、微分方程、半群理论、函数堆和希尔伯特空间等。实际研究中常常两种方法并用。另外,组合方法和代数方法在某些特殊随机过程的研究中也有一定作用。研究的主要内容有:多指标随机过程、无穷质点与马尔科夫过程、概率与位势及各种特殊过程的专题讨论等。其中,马尔科夫过程很适合金融时序数列的预测,是在量化投资中的典型应用。

2.2.6 分形理论

分形理论(Fractal Theory)是当今十分风靡和活跃的新理论、新学科,是现代数学的一个新分支,但本质却是一种新的世界观和方法论。分形理论的最基本特点是用分数维度的视角和数学方法描述和研究客观事物,也就是用分形分维的数学工具来描述研究客观事物。它跳出了一维的线、二维的面、三维的立体乃至四维时空的传统藩篱,更加趋近复杂系统的真实属性与状态的描述,更加符合客观事物的多样性与复杂性。它与动力系统的混沌理论交叉结合,相辅相成。它承认世界的局部可能在一定条件下,在某一方面(形态、结构、信息、功能、时间、能量等)表现出与整体的相似性,它承认空间维数的变化既可以是离散的也可以是连续的,因而极大地拓宽了研究视野。

自相似原则和迭代生成原则是分形理论的重要原则。它表示分形在通常的几何变换下具有不变性,即标度无关性。分形形体中的自相似性可以是完全相同的,也可以是统计意义上的相似。迭代生成原则是指可以从局部的分形通过某种递归方法生成更大的整体图形。

分形理论既是非线性科学的前沿和重要分支,又是一门新兴的横断学科。作为一种方法论和认识论,其启示是多方面的:一是分形整体与局部形态的相似,启发人们通过认识部分来认识整体,从有限中认识无限;二是分形揭示了介于整体与部分、有序与无序、复杂与简单之间的新形态、新秩序;三是分形从一特定层面揭示了世界普遍联系和统一的图景。

由于这种特征,使得分形理论在量化投资中得到了广泛的应用,主要可以用于金融时序数列的分解与重构,并在此基础上进行数列的预测。

2.3 量化投资的理论借鉴

2.3.1 有效市场理论

有效市场理论(Efficient Markets Hypothesis,EMH)又称有效市场假说,始于1965年美国芝加哥大学著名教授尤金·法玛(Eugene Fama)在《商业学刊》(*Journal of Business*)上发表的一篇题为《证券市场价格行为》的论文,并由尤金·法玛于1970年深化并提出的。有效市场理论起源于20世纪初,该理论的奠基人是一位名叫路易斯·巴舍利耶的法国数学家,他把统计分析的方法应用于股票收益率的分析,发现其波动的数学期望值总是为零。

根据法玛的论述,在资本市场上,如果证券价格能够充分而准确地反映全部相关信息,便称其为有效率。也就是说,如果证券价格不会因为向所有的证券市场参加者公开了有关信息而受到影响,那么,就说市场对信息的反映是有效率的。对信息反映有效率意味着以该信息为基础的证券交易不可能获取超额利润。有效市场理论实际上涉及两个关键问题：一是关于信息和证券价格之间的关系，即信息的变化会如何影响价格的变动；二是不同的信息会对证券价格产生怎样的不同影响。

根据反映效率不同，定义了三种不同程度的效率市场：弱势有效市场（Weak-Form Market Efficiency）、半强势有效市场（Semi-Strong Form Market Efficiency）、强势有效市场（Strong-Form Market Efficiency）。

弱势有效市场是指证券价格能够充分反映价格历史序列中包含的所有信息，如有关证券的价格、交易量等。如果这些历史信息对证券价格变动都不会产生任何影响，则意味着证券市场达到了弱势有效。弱势有效市场理论认为在弱势有效的情况下，市场价格已充分反映出所有过去历史的证券价格信息，因而证券市场的技术分析失去作用，基本分析还可能帮助投资者获得超额利润。

半强势有效市场是指证券价格不仅能够体现历史的价格信息，而且反映了所有与公司证券有关的公开有效信息，如公司收益、股息红利、对公司的预期、股票分拆、公司购并活动等。半强势有效市场理论认为价格已充分反映出所有已公开的有关公司营运前景的信息，在市场中利用技术分析和基本分析都会失去作用。由于内幕信息还没有正式公布，因而利用内幕信息进行交易可能获得超额利润。

强势有效市场是指有关证券的所有相关信息，包括公开发布的信息和内幕信息对证券价格变动都没有任何影响，即如果证券价格已经充分、及时地反映了所有有关的公开和内幕信息，则证券市场就达到了强有效市场。强式有效市场理论认为价格已充分地反映了所有关于公司营运的信息，因而没有任何方法能帮助投资者获得超额利润，即使是机构投资者和有内幕信息的投资者也一样。

决定市场有效性的因素主要有两个：一个因素是市场制度是否能够提供一些完全可靠的信息源，如对信息披露、财务造假、市场操纵的监管，会计制度的完善等，如果信息源本身不准确，对价格的准确估计就会变得困难；另一个因素是投资者本身的成熟度，因为受教育不同的投资者在信息处理能力方面存在差异。但这里的投资者并不一定代表本国的投资者，如果是一个资本自由流动的市场，外国成熟投资者也可以弥补国内投资者成熟度不足的问题。

有效市场理论是西方主流金融市场理论，是预期学说在金融学或证券定价中的应用，是现代金融学理论的重要基石。资本资产定价模型、套利模型以及期权定价模型都是在有效市场假设之下建立起来的。

2.3.2 现代资产组合理论

现代资产组合理论(Modern Portfolio Theory,MPT)是1952年由美国经济学家马科维茨(Markowitz)首次提出的。该理论认为投资者的决策目标是追求预期收益最大化和风险的最小化。由于资产组合或者证券的未来收益率是不确定的,投资者实际上需要从所有可能的资产组合中,根据自己的风险和收益偏好选择一个最优的资产组合。

马科维茨确立了资产组合预期收益、风险的计算方法和有效边界理论,建立了资产优化配置均值-方差模型。均值是指投资组合的期望收益率,它是单只证券的期望收益率的加权平均,权重为相应的投资比例;方差是指投资组合收益率的方差,一般把收益率的标准差称为波动率,它刻画了投资组合的风险。计算公式为:

$$E(r_p) = \sum_{i=1}^{n} W_i E(r_i) \tag{2.1}$$

$$\sigma_p^2 = \sum_{i=1}^{n}\sum_{j=1}^{n} W_i W_j COV(r_i r_j) \tag{2.2}$$

其中,$E(r_p)$、σ_p^2分别代表风险资产组合的期望收益率与方差;W_i、W_j代表单个证券i和证券j的权重;$E(r_i)$代表证券i的期望收益率;$COV(r_i r_j)$代表证券i和证券j的协方差。

以投资组合的波动率为横坐标,收益率为纵坐标的二维平面中描绘出来,形成一条曲线。这条曲线上有一个点,其波动率最低,称为最小方差点(Minimum Variance Point,MVP)。这条曲线在最小方差点以上的部分就是著名的投资组合有效边界(Efficient Frontier),对应的投资组合称为有效投资组合。

现代资产组合理论的基本思路是:投资者确定投资组合中合适的资产,分析这些资产在持有期间的预期收益和风险,建立可供选择的证券有效集,结合具体的投资目标,最终确定最优证券组合。

根据现代资产组合理论,构建投资组合的合理目标是在给定的风险水平下,形成具有最高收益率的投资组合,即有效投资组合。同时,还为实现最有效目标投资组合的构建提供了最优化的过程,这种最优化的过程被广泛地应用于金融投资组合管理中。

现代资产组合理论为有效投资组合的构建和投资组合的分析提供了重要的思想基础和一整套分析体系,不仅为分散投资提供了理论依据,而且为如何进行有效的分散投资提供了分析框架。目前,现代资产组合理论已被广泛应用到了投资组合的各主要资产类型的最优配置活动中,并被实践证明是行之有效的。

2.3.3 行为金融理论

行为金融学(Behavioral Finance,BF)是金融学、心理学、人类学、行为学、社会学等学科相交叉的边缘学科,力图揭示金融市场的非理性行为和决策规律。行为金融理论认为,证券的市场价格并不只是由证券内在价值所决定,还在很大程度上受到投资者主体行为的影响,即投资者心理与行为对证券市场的价格决定及其变动具有重大影响。

20世纪80年代对金融市场的大量实证研究发现了许多现代金融学无法解释的异象,为了解释这些异象,一些金融学家将认知心理学的研究成果应用于对投资者的行为分析。20世纪90年代这个领域涌现了大量高质量的理论和实证文献,形成最具活力的行为金融学派。1999年克拉克奖得主马修·拉宾(Matthew Rabin)和2002年诺贝尔经济学奖得主丹尼尔·卡尼曼(Daniel Kahneman)和弗农·史密斯(Vernon Smith),都是这个领域的代表人物,为这个领域的基础理论做出了重要贡献。

行为金融学理论从微观个体行为以及产生这种行为的心理等动因来解释、研究和预测金融市场的发展。这一研究视角通过分析金融市场主体在市场行为中的偏差和反常,来寻求不同市场主体在不同环境下的经营理念及决策行为特征,力求建立一种能正确反映市场主体实际决策行为和市场运行状况的描述性模型。

行为金融学理论主要包括期望理论(Expectancy Theory)、后悔理论(Regret Theory)、行为组合理论(Behavioral Portfolio Theory,BPT)和行为资产定价模型(Behavioral Asset Pricing Model,BAPM)等。其中,期望理论是行为金融理论的代表学说,该理论认为:人们对相同情境的反应取决于他是盈利状态还是亏损状态。一般而言,在盈利额与亏损额相同的情况下,人们在亏损状态时会变得更为沮丧,而当盈利时却没有那么快乐。个体在看到等量损失时的沮丧程度会比同等获利情况下的高兴程度强烈得多。在面临确信有赚钱的机会时,多数投资者是风险的厌恶者;而在面临确信要赔钱时,多数投资者成了风险的承受者。利用期望理论可以解释不少金融市场中的异常现象,比如阿莱悖论(Allais Paradox)、股价溢价之谜(Equity Premium Puzzle)以及期权微笑(Option Smile)等。

行为金融理论已成为金融研究中一个十分引人关注的领域,它对于原有理性框架中的现代金融理论进行了深刻的反思,从人的角度来解释市场行为,充分考虑市场参与者心理因素的作用,为人们理解金融市场提供了一个新的视角。行为金融理论是第一个较为系统地对效率市场假说和现代金融理论提出挑战并能够有效地解释市场异常行为的理论。行为金融理论以心理学对人类的研究成果为依据,以人们的实际决策心理为出发点讨论投资者的投资决策对市场价格的影响,使人们对金融市场投资者行为的研究由"应该怎么做决策"转变到"实际怎样做决策"。

2.4 量化投资的研究综述

2.4.1 量化投资理论研究综述

学术界对量化投资理论的研究开始较早,并在实践中不断发展。1952年马科维茨(Markowitz)在其博士论文中提出了资产组合理论,该理论以期望值衡量期望收益、以方差值衡量风险,称为均值-方差理论,并给出了模型最优组合的数学解法,成为现代量化投资的理论基础。在马科维茨模型资产组合理论的基础上,美国学者夏普(Sharpe)、林特尔(Lintner)、特里诺(Treynor)和莫辛(Mossin)等人,于1964年结合资产组合理论与资本市场理论发展出资本资产定价模型(CAPM),用于研究证券市场中资产的预期收益率与风险资产之间的关系问题,而量化投资策略中寻找α收益的思想就源于该模型。

Fama和French(1993)在对美国股票市场决定不同股票回报率差异的因素研究中发现,股票市场的β不能解释不同股票回报率的差异,并提出了三因子模型,认为一个投资组合的超额回报率可由其暴露出的三个因子来解释,这三个因子包括:市值因子(SMB)、账面市值比因子(HML)与市场资产组合因子(Rm-Rf)。三因子模型中还有很多解释不了的现象,例如股票的惯性现象和逆转现象。动量策略和反转策略广受国外学者研究,这些研究表明了动量效应与反转效应的存在(DeBondt & Taylor,1985;Beytas & Cakici,1999;Rastogi & Chiefli,2000)。

Robert和Armott(1994)认为量化投资理论最初只是一个风险与收益相权衡的概念,发展到一定阶段后诞生了资本资产定价模型。Farmer和Sidorowich(1999)验证了混沌现象的存在,利用非线性动力学的思想来处理股价的时间序列,并对股价进行了预测。Christian和Nathani(2007)研究了基于非线性模型的黄金量化交易,采用ARMA作为基准,通过进阶回归预测每日黄金波动走势。Angelini(2009)认为量化ETF在不同的市场周期中都表现非常优秀,无论是熊市还是牛市都能获得稳定的超额收益。

在国内,众多学者研究了中国股票市场的动量效应与反转效应以及相关的应对策略。李想和王冰(2011)研究表明,量化投资实际上是一种主动投资,是一种基于指数的趋势性投资。而陈莉莉和卢刚(2012)则认为量化交易模型不仅能降低风险,还能增加收益。谭小芬、林雨菲(2012)通过模拟上证180指数交易,运用动量和反转策略的收益情况,验证了中短期动量效应和反转效应的存在性。丁鹏(2012)分析了股票量化投资的理论和框架,并对量化投资程序化的交易进行了研究。杨德勇、王家庆(2013)运用动量交易策略与反转交易策略,构造了赢家组合和输家组合对我国A股市场进行研究。何诚颖(2014)研究了利用状态空间模型来捕捉市场风格转换,利用股指期货主力持仓数据来预测市场趋势。汪超(2015)建立投资组合对沪深300指数中十个行业指数的动量效应和反转效应进行研究,并研究了沪深300股指期货的推出对中国股市动量效应和反转效应的影响。陈智颖、陈苗臻等(2019)从传统金融理论、动量生命周期理论、行为金融理论以及分形理论四个方面,对国内外近年来关于动量效应与反转效应的成因及理论应用进行了研究。

  此外,部分学者借鉴了Fama-French因子模型的思想,对量化交易模型进行了研究。刘辉、黄建山(2013)以A股市场的上市公司为样本,研究了Fama-French三因子模型在中国股票市场的适用性,并分析了中国A股市场股票收益率的风险因子,实证结果表明,三因子模型对中国股市股票收益率的解释要比CAPM模型更有效,同时发现中国A股市场存在规模效应和价值效应,投资组合的预期收益率与公司规模呈现显著负相关关系,与公司的账面市值比呈显著正相关关系。李倩、梅婷(2015)以沪市A股上市公司为样本,分别检验了Fama-French三因子模型在中国股票市场的价格上涨阶段和衰退阶段预测股票收益率变动的适用性和有效性问题,研究结果表明,在股市衰退期间该模型能够很好地拟合股票收益率的变动,但是价值因子(HML)不显著,剔除价值因子后的模型同样能够很好地拟合股票预期收益率的波动,表明我国股市衰退期间不存在价值效应。高春亭和周孝华(2016)研究了Fama-French五因子模型在中国股票市场的适用性,发现在解释个股横截面收益的差异时,规模、账面市值比、盈利、投资四个因子的显著性依次降低,使用Fama-French五因子模型能够很好地拟合股票横截面收益率,且比Fama-French三因子模型更加有效。李志冰等(2017)以A股上市公司为样本考察Fama-French五因子模型在中国股市的应用,实证结果表明,五因子模型在我国股市应用中有着非常强的解释能力。谢堞江(2016)对现有的量化交易策略进行了较为详细的总结,并在R-Breaker策略的基础上设计了向上突破型的新策略,同时为了减小交易费用对盈利能力的影响,采用小波降噪的方法减少了错误交易信号导致的产生亏损的交易次数。曾玉婷、张鹏(2015)基于中国股指期货对冲套利策略,比较了三种不同的基本面选股策略:莫伦卡模型、本杰明·格雷厄姆模型、比乔斯基模型,证明不同的基本面模型选股会产生不同的超额收益。余立威、宁凌(2016)通过多个反映市场动态的因子模型,构造出可以根据市场变动自动调整的平滑系数,建立了看涨和看跌市场动态自适应指数平滑模型。谢合亮、胡迪(2017)引入LASSO和弹性网(Elastic Net)两类前沿方法进行因子筛选并确定因子权重,结合沪深300指数成分股进行了回测,效果比较理想。董汕(2018)验证了Fama-French五因子模型在我国A股市场的有效性,证明该模型有较强的解释能力,并对五因子模型进行了改进,用行业因子代替了投资因子构建了自己的选股模型,实证结果显示,改进以后模型解释力更强了。

吕凯晨、闫宏飞等(2019)以沪深300指数成分股为股票池,构建出多因子打分模型,研究表明该模型能够持续战胜市场。

2.4.2 量化投资策略研究综述

国外学者对量化投资策略的研究较多,研究成果比较丰富。α策略是一种主动型投资策略,主要通过管理者准确把握市场变动,追求的是α收益,获得收益中超出市场收益的部分,所以一般情况下所说的量化投资指的是α策略。Abarbanell和Bushee(1997)研究了基本面指标与α策略之间的关系,发现有些基本面指标对α策略的有效运行会产生重要影响。Conrad和Kaul(1998)认为动量α策略在中期更容易获得超额收益,反转α策略在短期和长期更容易获得超额收益。Kung(2004)对各种市场的可转移α进行了实证研究,并证明它们是不相等的。Tortoriello(2008)实证分析了α策略的各种方法,并阐述选取α策略的思路,及如何通过多种因子搭建模型。

Jegadeesh和Titman(1993)运用量化投资策略,发现不同形成期和持有期中的资产组合在不考虑交易成本的情况下都能够取得较好的超额收益。Hendershott和Riordan(2009)运用交易模型来处理算法交易,并对交易策略进行了具体的分析,奠定了算法交易的量化投资策略的理论基础。随后,Hull(2009)提出了一个经典的量化投资策略——Delta中性策略,在金融衍生品与标的资产的价格变化比率为零的情况下进行交易,可获得理想的收益,该策略扩展了量化投资策略的研究。此外,还有部分学者利用量化投资模型对套期保值策略、统计套利策略等进行了研究,并取得了较好的效果(Wang & Chen, 2009;Ginsberg,2012;等等)。

近年来,量化投资策略是国内学术界研究的热点,不少学者纷纷投入相关的研究中,主要体现在量化选股策略、量化择时策略以及α策略等方面。

李艺(2014)通过不同的量化交易策略对股票价格的变动进行分析,发现VARX策略和状态空间策略可以更准确地对股票价格的变动进行估量。李荣朴(2017)构建了基于大数据的股票量化投资策略,即多因子选股和量化择时策略,并进行了一定的优化,得到了远超市场基准组合的收益率。周亮(2017)通过实证检验发现,规模、股价、股东人数变动、换手率和毛利率五个指标有着显著而有效的选股效果,并且发现在2015年熊市滞后估值因子对于预期股票收益率变得越来越重要,而规模因子的有效性则相对降低。孙旭(2018)基于对中国股市的记忆性研究,引入分形理论预测中国股票市场的走势,得出中国股市是非线性的结论,并基于得到的中国股市趋势预测设计了量化择时策略。杨艳(2018)基于投资者情绪指标构建了量化择时策略,分为趋势择时和指标择时,并利用沪深300指数进行了实证检验,结论表明指标择时策略的表现更佳。张翔(2018)对双均线模型策略、均值回归策略、配对策略和多因子策略等常见的量化投资策略进行了分析。周伯成、刘毅男(2019)构建了多因子量化投资策略、择时策略及统计套利策略,利用中国证券市场的相关数据,发现能够获取超额收益。黄强(2021)基于价值成长投资理论的思想,对企业基本面财务数据进行分析处理,识别出有效的定价因子,建立了能同时反映企业价值和成长性的多因子选股模型。王刚贞、李文博和朱家明(2022)基于马科维茨组合理论构建有效前沿,结合投资者在不同风险厌恶程度下的投资效用情况选取最佳的投资组合。吴迪(2022)研究表明,北向资金流动与沪深300ETF涨跌具有较强的相关性,并构建了基于北向资金流动的指数量化投资策略,经过回测发现该策略能够取得较好的超额收益。欧阳飞(2022)基于2015年至2021年所有A股股票共64个影响股票收益率的因子数据和相应的月收益率进行建模分析,构建六组量化投资策略与一组改进后的量化投资策略,研究表明,IC分析法作为因子筛选方法,基于LSTM模型构建的量化投资策略效果最佳。张笑瑜(2022)利用我国A股市场发生的资产重组、高送转、业绩预告、大股东增持、定向增发等事件,分别构建了基于事件驱动的量化投资策略,经过优化后发现策略的效果比较理想。朱睿(2023)提出了一个用于沪深300指数收盘价格预测的CP-LSTM模型,并基于预测模型构建了一个量化投资策略,旨在帮助投资者更准确地预测股票指数价格和开展投资活动。

谢江、王红兵(2008)对 α 策略做了一系列基础研究,研究成果表明,在我国股票市场上可以通过有效的选股来筛选出优质的股票,然后通过正确择时和对冲市场风险可以获得较为稳定的 α 收益。屈云香(2011)通过构建三种 α 策略投资组合,即对冲 α 策略、α 收益投资组合、积极型 α 策略,得出三种 α 策略投资组合价值均能显著战胜基准指数价值,并且对 α 策略做了统计假设检验和偏度检验,从统计意义上认定 α 策略能有效战胜市场组合,验证了 α 投资策略的有效性和稳定性。孙凯(2014)研究发现,当持有期达到1个月时重新计算 α、β,然后调整组合、剔除 α 变为负值的股票、根据变化的 β 调整对冲头寸能提高收益。刘建(2018)构建了具有 α 值的现货头寸,以股指期货为空头头寸,赚取超越市场指数的超额收益。康卓瑜(2018)探索了 α 收益的均值回归特性,并将其与对冲基金收益释放期相结合,使得对冲基金能够获得更稳定、更高的收益。

2.4.3 智能量化投资研究综述

随着大数据、云计算、人工智能的快速发展,量化投资迎来了快速发展时期,部分学者试图将计算机智能化与量化投资相结合,寻找一种简单且稳定的量化投资模式,对智能量化投资进行研究。

国外学者对智能量化投资的研究比较重视,研究成果也比较丰富。Genca(1996)运用反馈式神经网络去拟合股票收益率与移动平均指标之间的非线性关系,研究表明,即使考虑交易成本也能获得一定的超额收益。Shambora 和 Rossiter(2007)将移动平均技术指标和神经网络相结合,预测期货的价格走势。Nair、Mohandas 和 Sakthive(2010),Kumar(2011)将遗传算法与支持向量机相结合,联系股票价格的主要技术指标对股票价格走势进行预测,分别找到了能提高单一支持向量机准确性的预测系统与效果较好的投资策略。Kourentzes、Barrow 和 Crone(2011)在神经网络和集成学习进行研究,提出了一种模式集成算子(Mod Ensemble Operator),通过集成学习来提高单一的神经网络模型的准确性。Kazem 等(2013)运用若干统计技术指标与基于混沌映射、萤火虫算法和支持向量回归的股票价格预测模型,成功预测了美国股票市场上不同的三只有代表性的股票在两个月内价格的涨跌。Persio 和 Honchar(2016)将多层感知机(Multi-Layer Perceptron)、卷积神经网络和循环神经网络应用到标普 500 指数上,提出基于小波和卷积神经网络的一种新算法,研究证明该算法在价格预测中具有优势。Heatona、Polsonb 和 Wittec(2017)对智能量化投资的发展前景进行了分析和展望。Rebagliati 和 Emanuela(2017)等采用 HMM 和 GA 算法对技术分析中常用的模式进行识别研究,如头肩顶、头肩底、双顶、双底等,通过结合 HMM 和 GA 算法,其识别准确率可达 93%。Picasso(2019)等采用神经网络结合技术指标和新闻挖掘的情绪指标,研究了对市场趋势的预测能力,该研究以纳斯达克 100 成分股的 20 只股票为标的,在采用神经网络和特定字典的情绪挖掘时,结合技术指标,年收益率可以达到80%。Sang 等(2019)采用 Tensor Flow 平台和 LSTM 神经网络模型,选取 MA、RSI、MACD 技术指标进行学习和训练,研究表明,LSTM 神经网络模型的效果比传统的技术分析方法更好。Ellaji(2021)开发一个人工智能在线证券交易平台,提出基于情绪和快速交易的预测交易模式,将混沌理论与自动化理论运用于证券投资,通过识别市场趋势从高频交易订单中获利。

国内学者对智能量化投资的研究起步较晚,但研究成果不少。王文波、费浦生和羿旭明(2010)应用 EMD 分解算法、混沌分析和神经网络理论,提出了一种中国股票市场建模及预测的 EMD 神经网络模型。陈荣达、虞欢欢(2014)提出了启发式算法,该方法要求对所选取的财务指标进行先行处理,在不破坏原有信息的基础上帮助支持向量机模型提高准确率,发现该模型构建出的投资组合比基准组合具有一定的优势。陈艳、王宣承(2015)采用 LASSO 方法对技术指标进行筛选之后,运用遗传网络规划和强化学习方法,预测三只主力期货合约的价格走势并构建交易策略。张贵勇(2016)建立卷积神经网络和支持向量机融合的混合模型,并有效地对股票指数和汇率进行预测。在深度学习算法方面,苏治等(2017)分别从预测金融市场运动、文本信息处理、交易策略改进方面,探究了深度学习在金融领域的可行性与有效性。冯永昌、孙东萌(2017)通过对国内外智能投顾行业历史与现状的挖掘,进行对比与反思,提出了行业目前发展的机遇以及挑战,并提出相应建议。李斌、林彦和唐闻轩(2017)基于机器学习和技术指标设计了ML-TEA算法,以技术指标作为变量,运用不同的机器学习算法来预测股票数日之后的涨跌情况,并构建投资组合。韩山杰、谈世哲(2018)基于谷歌的人工智能学习系统,构建多层感知器神经网络模型,将苹果公司的每日开盘股价作为数据集输入到神经网络,收盘价格作为神经网络学习的样本,构建出了具有较高预测精度的神经网络模型。雷祥善(2019)提出了一种包含预测、资金分配和风险管理的智能量化交易系统。张旸(2019)为探索新的量化选股方法,将智能算法用于量化选股建模。王望等(2019)对智能量化投资进行模拟分析,根据GARCH模型拟合得到最优套保比率。任君、王建华和王传美(2019)提出将Lasso方法与支持向量机和改进的长短期记忆网络相结合,形成两个投资组合模型,并对沪深300中所有股票进行涨跌预测。李斌、邵新月和李玥阳(2019)运用12种机器学习算法,构建股票收益预测模型及投资组合。研究表明,机器学习算法能够有效地识别异象因子与超额收益之间的复杂模式,且投资效果更好。孟叶、于忠清和周强(2019)运用集成学习算法,选取K近邻、梯度提升和自适应提升这3个分类器,对沪深300指数的历史行情数据进行建模,提升了股指预测的准确度。杨青、王晨蔚(2019)基于深度神经网络优化技术,构造了一个深层LSTM神经网络,对全球30种股票指数的三种不同期限进行预测研究,论证了LSTM神经网络在预测精度和稳定度两方面的优势。黄亚兰(2021)采用期权市场中交易复杂程度较高的上证50ETF期权作为研究目标,结合长期短期记忆网络模型和支持向量回归模型来预测50ETF的价格,研究表明,基于深度学习的定量量化投资策略比传统的投资策略具有更高的回报,收益曲线也更稳定。

此外,也有部分学者对量化投资过程中所涉及的法律及监管问题进行了研究,并提出相应的建议及对策(方浩文,2012;郭喜才,2014;Michel, et al., 2015;彭志,2016;张妮妮,2017;李文莉,2017;Spelta,2017;Masaya & Hideki,2018;周伯成、刘毅男,2019等)。

2.4.4 文献研究述评

综上所述,国内外学者对量化投资的研究主要体现在量化投资理论、量化投资策略、智能量化投资、量化投资监管等方面,并产生了不少价值较高的研究成果。相对来说,国外资本市场发展时间较长,市场比较成熟,对量化投资的研究已成体系,并运用在资本市场中,取得了较好的成绩。

我国资本市场仍处在发展初期,各项体制机制还有待完善,对量化投资的研究还处于起步阶段,还存在不少问题,主要表现为:在影响因子的选取方面,国内学者大多利用财务指标这一维度来选股,且一般不考虑不同类型投资者的投资需求。而影响股票价格的因素,除了财务指标外,还与宏观经济、技术指标、投资者情绪、资金流向等维度有关,影响因子的选取应该从多维度进行考虑,不应仅仅局限于财务因子。

鉴于此,本书将选取多个维度的因子,主要包括财务指标、技术指标、市场指标等,来构建基于大数据的多维度量化选股策略,同时,构建不同类型的选股模型,将从中期投资者和短期投资者的角度来进行量化选股,并构建多种不同的投资组合,以满足不同类型投资者多元化的投资需求,从而弥补大多数量化投资策略在全面性、灵活性等方面的不足,使研究更为全面、合理,拓展研究新的视野和思路。另外,我国很少有学者利用大数据、机器学习算法进行量化投资策略研究,在统计套利交易、事件驱动交易等方面的研究也较少。为此,本书将对基于大数据的多因子量化投资策略进行研究。

第3章 量化投资产生的背景与发展状况

研究量化投资策略,有必要先了解一下量化投资产生的背景与发展状况。本章将在探究证券市场量化投资产生的理论背景、技术背景和市场背景的基础上,揭示国外量化投资基金的发展历程和国内量化投资基金的发展状况,并对量化投资存在的过度拟合、策略深度不够、模型缺陷、系统故障、数据陷阱等问题进行比较全面、深入的分析。

3.1 量化投资产生的背景

3.1.1 理论背景

量化投资的理论背景最早可以追溯到20世纪50年代,马科维茨(1952)第一次把数理工具引入到金融研究领域,提出了均值-方差模型和风险报酬与有效前沿的相关概念,运用均值方差分析确定最优投资组合,并提出了风险分散的原理,这标志着现代投资组合理论的开端,代表理论领域量化投资的萌芽,正式打开了现代金融研究与量化投资的大门。Sharpe(1964)、Litner(1965)、Mossin(1966)在马科维茨研究的基础上得出了资本资产定价模型(CAPM)。它主要用于研究证券市场中资产的预期收益率与风险资产之间的关系,以及均衡价格是如何形成的,并成为度量金融投资绩效的理论基础,是现代金融市场价格理论的支柱,也是度量证券风险基本的量化模型。

20世纪60年代,Samuelson(1965)与Fama(1965)提出了有效市场假说(Efficient Markets Hypothesis,EMH),该假说有三种表现形式:(1)弱式有效市场假说,认为市场价格已充分反映出所有过去历史的证券价格信息,包括股票的成交价、成交量、成交金额、融资金额等;(2)半强式有效市场假说,认为价格已充分反映出所有已公开的有关公司营运等方面的信息;(3)强式有效市场假说,认为价格已充分地反映了所有关于公司的各种信息,这些信息包括已公开的或内部未公开的信息。有效市场假说为后来的量化交易等提供了思路和理论支持。

20世纪70年代,金融衍生品不断涌现,衍生品的定价成为当时研究的重点。Black和Scholes(1973)将数学方法引入金融定价,他们建立了期权定价模型(B-S模型),为量化投资中衍生品的定价奠定了理论基础。在该理论之后,Ross(1976)根据无套利原则提出了套利定价理论(APT),该理论对资本资产定价模型(CAPM)进行了一般化推广,是资本资产定价模型的完善和发展,为量化投资中的多因素定价模型提供了基础,这也是 α 套利的思想基础。

20世纪80年代,期权定价理论的应用和发展,促进了一类新的随机微分方程——倒向随机微分方程理论的出现、发展和逐步完善,金融工程概念得以产生,金融工程着力于研究量化投资和量化交易。同一时期,学者们从有效市场理论的最基本假设着手,放宽了假设条件,从而形成了金融学的另一个重要的分支——行为金融学。该理论以人的有限理性和市场有限套利为基础,提供了描述和理解市场的新范式。它认为股票价格并非只由企业的内在价值所决定,还在很大程度上受到投资者主体行为的影响,即投资者心理与行为对证券市场的价格决定及其变动具有重大影响。

20世纪90年代,学术界更加注重对于金融风险的管理,产生了不少数量化模型。1992年,Fama和French提出了Fama-French三因子模型,该模型用市场因子、规模因子和价值因子来解释股票回报率。三因子模型对投资界具有深远的影响,也是量化投资的基础。1993年G30集团提出了在险价值(Value of Risk,VaR)风险管理方法,VaR方法由于其简洁直观、标准统一的特点,成为现代风险管理最主流的方法,是量化投资对于风险控制的重要理论基础,目前VaR模型已被广泛运用于各金融机构的市场风险计量和管理。

20世纪末,数理金融对于数学工具的引入更加迅速,其中,最为重大的突破无疑是非线性科学在数理金融上的运用,非线性科学的出现为金融科学量化手段和方法论的研究提供了强有力的研究工具,尤其在混合多种 α 模型而建立混合模型时是非常有效的一种技术。

总的来说,各种金融学理论和模型的不断出现,为量化投资的产生和发展提供了强大的理论支撑和理论背景。

3.1.2 技术背景

计算机及互联网技术的兴起和不断发展,使得投资者可以更为便捷地获得投资相关的各种资料和信息,比如,宏观经济与政策信息、行业信息、公司基本信息、财务状况、重大事项、市场信息、突发事件、行业及公司的深度研究报告以及即时跟踪报告等。同时,金融信息服务商的崛起,为证券投资者提供了更为丰富的金融数据。而金融数据分析的算法、软件、平台的诞生与发展,让海量数据的高效分析与挖掘成为可能。此外,新兴的在线投研平台,让有一定计算机编程基础的投资者,可以方便地编写自己的交易策略,并高效地进行历史数据的回测,以检验策略的有效性。

量化投资模型的建立需要运用大量的数学和计算机技术,主要有随机过程、人工智能、分形理论、小波分析、支持向量机等。随机过程可以用于金融时间序列的预测,在现实中经常用于预测股票市场未来趋势,在投资组合模型构建的过程中,可以优化资产投资组合;人工智能的很多技术,比如专家系统、机器学习、神经网络、遗传算法、自然语言处理、机器人技术等,可以运用于量化投资模型;分形理论可以有效地描述时间序列的有关特征,用于时间序列预测和分析;小波分析主要用于波形的处理,从而预测股票市场未来的走势;数据挖掘技术可以运用于数据驱动模型,还可以运用于设置模型的细节;支持向量机可以分析数据、识别不同的模式,可以用于股票市场的分类和回归分析。

可见,数学、计算机技术、互联网、大数据、人工智能、云计算等的不断发展和运用,为量化投资奠定了坚实的技术基础。

3.1.3 市场背景

随着证券市场的不断发展,上市公司的数量在不断增加,使得仅靠传统的投资方式选择投资标的变得越来越困难;而投资者队伍的不断壮大,尤其是机构投资者的不断增加,以及管理资产规模的不断扩大,传统的投资方式难以满足投资者多样化的投资需求,市场迫切需要出现新的投资方式。在这样的市场背景下,具有多种优势的量化投资便应运而生了。同时,证券市场上各种金融衍生品的不断推出,金融产品越来越丰富,为量化投资的风险控制和套利交易提供了重要的市场保障。

1973年4月,由美国芝加哥期货交易所(CBOT)部分会员组建的芝加哥期权交易所(Chicago Board Options Exchange,CBOE)正式成立,首批推出16只股票的买权交易拉开了全球场内期权产品创新的序幕。紧随CBOE之后,美国其他交易所也相继推出了股票期权产品。例如,美国证券交易所(AMEX)、费城证券交易所(PHLX)和太平洋证券交易所(PSE)分别于1975年、1975年和1976年相继推出了股票期权产品。

除美国之外,全球部分发达国家的证券市场也紧随其后,陆续推出了以本市场个股为标的的股票期权。例如,加拿大的蒙特利尔交易所(ME)和多伦多证券交易所(TSE)分别于1975年和1976年推出了股票期权交易;而澳大利亚期权市场(AOM)、英国伦敦期权交易市场(LTOM)、荷兰的欧洲期权市场(EOE)也分别于1976年、1978年和1978年推出了股票期权产品。

1982年2月,美国堪萨斯城市交易所(KCBT)推出了以价值线综合股票指数为标的的股指期货合约,成为全球首个股指期货产品。1982年4月,美国芝加哥商品交易所(CME)也推出了标准普尔500股指期货。全球其他市场紧随其后,推出了以本地区股票指数为标的的股指期货产品。例如,澳大利亚悉尼期货交易所(SFE)、英国伦敦国际金融期货和期权交易所(LIFFE)、中国香港期货交易所(HKFE)分别于1983年、1984年和1986年上市了股指期货产品。

在股指期货出现之后,以股指期货合约或直接以股票指数为标的的股指期权产品也随之诞生。1983年1月,美国芝加哥商品交易所(CME)和美国纽约期货交易所(NYFE)上市了以股指期货合约为标的的期权产品,标的资产分别为标准普尔500股指期货合约和NYSE综合指数期货合约。同年3月,美国芝加哥期权交易所(CBOE)上市了以股票指数为标的的期权产品,标的资产为CBOE-100指数(后更名为标准普尔100指数)。英国、澳大利亚、瑞典、荷兰和法国等国家也纷纷推出以本地区股票指数期货或股票指数为标的的股指期权合约,股指期权成为一个全球性的交易品种。

各类金融衍生品的推出丰富了证券市场,也为量化交易提供了更加多样化的投资标的和对冲工具,促进了量化交易在投资领域的发展,为量化投资提供了强大的市场背景。

3.2 国外量化投资基金的发展历程

3.2.1 量化投资基金的产生(20世纪60—70年代)

1969年,美国麻省理工学院数学系教授爱德华·索普(Edward Thorp)成立了第一个量化对冲基金,进行可转债套利,产生了量化投资基金的雏形。

1971年,一名叫作约翰·麦金恩(John McQueen)的电子工程师利用美国富国银行的信托投资平台建立了第一个定量投资系统,这一信托投资平台经不断改进演变为巴克莱国际投资管理公司(Barclays Global Investors,BGI)。1971年,该公司发行了世界上第一只被动量化基金,标志着量化投资方法正式进入资本投资领域。之后,量化投资方式慢慢被人们所熟知,并逐渐运用到基金产品的设计之中。

1977年,世界上第一只主动量化基金也是由巴克莱国际投资管理公司发行的,发行规模为30亿美元,增加了量化投资应用的广度和深度。同年,美国的富国银行指数化跟踪了纽约交易所的1500只股票,成立了一只指数化基金,开启了量化投资的新纪元。

3.2.2 量化投资基金的兴起(20世纪80年代)

1983年,格里·班伯格(Gerry Bamberger)发明了配对交易策略,把复杂的统计计算方法转化为一套计算机自动交易程序,通过自动化交易系统来进行交易,并取得了成功。

曾任美国伯克利大学数量经济学教授的巴尔·罗森伯格(Barr Rosenberg),被称为量化投资领域的先行者和奠基人。他利用电脑分析大量的数据与资料,创建了投资组合业绩和风险管理模型。1985年,他和另外三位合作伙伴创立了管理多样化股票投资组合的罗森伯格机构股权管理公司(Rosenberg Institutional Equity Management,RIEM)。此后,他继续开发了多种类型的量化投资模型,并创造了著名的"综合α"模型。

1988年,詹姆斯·西蒙斯(James Simons)成立了大奖章基金,从事高频交易和多策略交易。大奖章基金是华尔街量化投资最成功的对冲基金,从1988年到2009年,大奖章基金的平均年化收益率高达35%,而沃伦·巴菲特(Warren Buffett)所管理的基金同期的平均年化收益率大约为20%,标准普尔500指数同期平均每年上涨5%左右。西蒙斯也因此被称为"量化对冲之王"。

3.2.3 量化投资基金的发展(20世纪90年代)

1991年,彼得·穆勒(Peter Moller)发明了α策略,α策略是一个典型的对冲策略,它主要通过构建相对价值策略来超越指数,然后通过指数期货或期权等风险管理工具来对冲系统性风险,属于中性偏高的积极策略。

1992年,克里夫·阿斯内斯(Cliff Asness)发明了价值和动量策略。价值策略侧重于股票的价值,寻找预计会随着时间推移而增加价值的当前被低估的股票;动量策略是预先对股票收益和交易量设定过滤准则,当股票收益或股票收益和交易量同时满足过滤准则就买入或卖出股票的投资策略。

1994年,约翰·梅里威瑟(John Merriwether)成立长期资本管理有限公司(Long-Term Capital Management,LTCM),创立期权定价模型(OPM)并获得了诺贝尔经济学奖的迈伦·斯科尔斯(Myron Samuel Scholes)和罗伯特·莫顿(Robert C. Merton)加入。该公司擅长相对价值交易,搜寻价格偏离理论均衡水平的证券,并利用高杠杆放大收益。1998年,由于采用了过高的杠杆并遭遇了小概率事件,长期资本管理有限公司破产。

3.2.4 量化投资基金在波折中前行(21世纪以来)

2000年,互联网泡沫破灭,更多资金逐渐进入量化对冲基金之中。彭博数据显示,全球对冲基金的规模由2000年的3350亿美元上升到2007年的1.95万亿美元。

2008年,由美国次级贷款引发的全球金融危机,使得许多量化对冲基金受到重创,全球对冲基金规模出现较大的回落,到2010年,全球量化投资基金的总规模下降到1万亿美元左右。

2011年,在全球经济复苏的大背景下,量化投资基金再次受到热捧,当年全球由量化投资基金管理的资产约为2.5万亿美元。2016年底,全球量化投资基金总规模已超过3万亿美元,占全球基金规模的比例接近30%,量化投资基金已经成为全球资产管理领域的一支重要力量。2022年底,全球对冲基金管理资产规模达3.3万亿美元。

摩根士丹利在近期研报中表示,当前更严厉的监管以及激烈的竞争,令很多流行的量化投资策略不再有效,导致量化投资超额收益大幅降低。对投资者来说,或许使用单一策略和传统策略的做法已经难以为继,混合策略和策略创新是量化投资未来的发展方向。

3.3 国内量化投资基金的发展状况

3.3.1 量化投资基金的萌芽期(2004年至2009年)

由于我国证券市场起步较晚、个人投资者占比太大等原因,我国量化投资基金的出现也晚于西方发达国家。2004年8月光大保德信发行"光大保德信量化核心证券投资基金",该基金的投资理念是以量化投资为核心的理性投资管理、以控制风险为前提的积极投资管理和以稳健收益为目标的长期投资管理,这是我国最早的涉足量化投资的产品。

受限于我国金融市场政策制约,量化工具缺乏、股票数量有限,早期的量化投资产品大部分以套利策略为主。由于套利策略有着规模限制的先天缺陷,因而在此后5年的时间内量化基金的发行一直处于空窗期。

3.3.2 量化投资基金的成长期(2010年至2015年5月)

2010年4月沪深300股指期货挂牌上市,量化投资策略拥有了对冲工具,改变了以前我国证券市场只能单边做多的情况,各种量化投资策略,如 α 策略、股指期货套利策略等才真正有了发展空间。由于当时小市值风格的异常强势以及股指期货长期升水,绝对收益量化策略开发难度不大,使得量化投资基金的发展进入成长期。

2013年创业板的持续上涨让 α 策略量化投资基金风光无限,但是其中也隐藏了一些问题,比如同质化的问题和权重依赖创业板的问题,这些问题在后来创业板走弱时就逐步暴露了出来。2014年基金业协会推行私募基金管理人和产品的登记备案制,推动了私募基金的全面阳光化,加速了私募基金产品的发行,其中也包括量化对冲型私募产品。

2015年2月9日,上证50ETF期权正式推出,这对于我国的量化投资有着极大的促进作用。2015年4月16日,上证50与中证500两只股指期货新品种的上市,给量化投资带来更多的策略运用。我国金融衍生品的不断丰富和发展,为量化投资提供了更多更丰富的对冲手段,也提供了更多的套利机会。

从2014年7月至2015年5月,沪深A股经历了一波较大的牛市行情,在此期间,几乎所有的量化投资产品都表现不错,取得了较好的收益。同时,大批海外量化投资者不断回国,纷纷进入我国量化投资领域,使得我国量化投资基金得到了较快的发展。

3.3.3 量化投资基金的低迷期(2015年6月至2018年)

2015年6月至8月股灾期间,股指期货被很多人指认为"元凶",所谓存在许多金融机构"恶意做空"股指期货。为了应对股灾带来的影响,2015年9月2日,中金所推出一系列针对股指期货的严格管控措施,比如提高保证金比例、持仓限制、日内交易限制等。通过政策干预对市场作用进行限制,但极大地影响了投资者的情绪,导致市场流动性趋于枯竭,使得量化投资基金进入低迷期,大量 α 策略量化基金转型相对价值复合策略。

在此情境下,市场上已经聚集起来的比较有实力的量化团队开始逐步转型。一方面,从低收益、低风险的套利对冲策略,逐步向多空策略、股票多头策略转变;另一方面,从股票对冲向商品期货、国债期货等品种的CTA策略转变。

3.3.4 量化投资基金的发展期(2019至今)

2019年6月,证监会发布公募基金转融通业务指引,不久之后,沪深交易所公告了两融标的扩充,丰富了融券券源的种类和规模。标的证券的扩容有助于改善股票的流动性和波动率,为T+0交易策略提供了更广阔的空间,扩大了配对交易的股票池,进一步丰富了量化交易策略;在市场方面,股票分化和成交量的连续攀升成就了丰厚的 α 收益空间,量化基金规模借此契机得以快速扩张。

近年来,随着我国证券市场对外开放步伐的不断加快,海外知名量化投资机构陆续登陆A股市场。2019年4月,全球前十大知名对冲基金之一的德劭集团在中国证券投资基金业协会完成私募管理人登记。2019年9月,该公司旗下的首只私募产品——德劭锐哲中国私募证券投资基金成立。2019年9月,全球量化对冲基金巨头Two Sigma在华外商独资公司——腾胜投资管理(上海)有限公司,在中国证券投资基金业协会登记成为私募基金管理人。2020年1月,该公司旗下首只私募产品——腾胜中国聚量宏观策略1号私募证券投资基金成立。2021年9月9日,该公司旗下第二只产品——腾胜中国瀚量多元资产1号私募证券投资基金成功备案。

随着金融工具的日渐丰富,以及金融科技的发展,我国的量化投资迎来了蓬勃发展的阶段。据统计,截至2022年底,我国公募量化基金约4475亿元,私募量化基金约1.4万亿元,量化投资金额占整个证券交易的比例超过20%。目前,我国知名的量化公募基金主要有:华夏基金、南方基金、广发基金、银华基金、易方达基金、天弘基金、工银瑞信基金、汇添富基金等;知名的量化私募基金主要有:上海宽德、思勰投资、珠海致诚卓远、展弘投资、千宜投资、九章资产、黑翼资产、白鹭资管、诚奇资产、金锝资产等。

3.4 量化投资存在的问题

3.4.1 过度拟合

过度拟合指的是量化策略的开发者,通过不断增加或优化参数,找到表现最好的股票。过度拟合的策略往往具有以下几个特征:(1)回撤很小,甚至几乎没有回撤;(2)交易次数很低;(3)参数很多;(4)符合条件的标的很少。如果回过头去看过去的股市行情,可以清楚地知道哪个阶段是什么样的行情,市场是什么样的风格,如果在策略中故意表现出相应的风格去拟合过去的行情,那么回测效果必然会很好,但这种效果是难以持续的。过度拟合是在追求低回撤且稳健回报的目标导向下,添加了太多的参数,对历史行情进行了过多的拟合,尤其是考虑了很多偶然的参数,比如公司重组、高送转等,以至于难以刻画出下一个符合策略标准的股票。过度拟合的一种表现形式是幸存者偏差,量化策略的开发者一般都倾向于用指数的当前成分股来做回测,但这些留在成分股中,且有足够多的过往数据做回测的股票,其本身质地就不错,而质地不佳的股票已从成分股中剔除了,这将导致回测的效果比实际情况更好。

3.4.2 策略深度不够

量化投资虽然比传统的投资方式具有更大的投资视角和广度,能够快速高效地在全市场范围内进行海量信息处理和挖掘,从中选取理想的投资标的。但在投资决策深度上却不如传统的投资方式,比如,主动型基金往往会对个股有着深入的研究,有的基金经理或研究员还会到上市公司去进行实地调研,以获取第一手资料,对准备投资标的一般都会有相应的估值、收益、风险等方面的分析;但量化投资往往很难做到类似的深度,对公司基本面的研究深度不足往往容易进入某些误区。比如某些有严重财务隐患或利空信息的个股,因符合量化策略规则和条件,由于没有进行深入分析,很有可能难以发现个股存在的问题而被量化策略选出并买入,这样就容易导致量化投资策略失败。

3.4.3 模型缺陷

资本资产定价模型是量化投资的基础之一,如果定价模型有缺陷,就会导致量化策略出现问题。尤其是小概率事件对资产价格的影响很容易错估。如果量化模型不适合市场环境,量化投资基金不仅容易增加交易费用,而且容易增加亏损的概率。比如美国长期资本管理公司(LTCM)从基本面出发获取方向性判断,然后根据价差的历史数据进行简单的正态分布建模,并用来测算资金管理,卖出高估的债券,买入低估的债券。LTCM采用简单频率统计的方式假设其符合正态分布,其结果导致严重低估了价差朝持仓反方向运行的概率。1997年至1998年,各种国际突发事件恰好验证了金融资产价格走势的"肥尾"特征,即正态分布假设下的"小概率"事件也具有很大的现实概率。由于定价理论有缺陷,且在进行相对价值投资时对价差走势假设过于自信,缺乏必要的风险控制和止损设定,过度使用了杠杆,导致拥有诺贝尔经济学奖获得者罗伯特·默顿(Robert Merton)和迈伦·斯科尔斯(Myron Samuel Scholes)的LTCM破产清算。此外,量化投资需要借助模型,而建立模型需要设定各种参数,而这些参数很难精准估计,估计不准的时候可能会带来巨大的损失。

3.4.4 系统故障

量化投资需建立在一套完善的计算机系统、网络系统以及智能系统之上。但由于当前的量化投资分析系统仍存在较多不足之处,且尚未统一不同投资机构采用的量化投资交易系统,交易前未对系统进行有效性测试,因而,系统故障时有发生。对于量化投资而言,最重要的就是风险控制,如果风险控制不严,出现系统故障,瞬间产生的错误交易将会带来不可估量的损失。比如,2013年8月16日11时5分8秒至5分10秒,短短两秒钟内,由于光大证券量化投资系统中的订单生成系统发生故障,瞬间产生了26082笔预期外的市价委托订单,同时订单执行系统亦出现问题,导致这些订单被直接送至交易所。11时7分,光大证券交易员发现问题并接到交易所问询电话,终止了系统运行并进行批量撤单。但短短几分钟内,仍然产生了72.7亿元的巨量交易,导致相关股票价格短期内暴涨,并引发整个股票市场的大幅上涨。此外,由于交易所使用的处理系统存在一定的延时问题,导致在对交易订单进行验证时需占用额外的资源。除交易系统问题外,在构建量化投资数学模型时,由于未考虑资金配置及仓位是否匹配,还有可能会导致爆仓问题。因此,必须加强对系统故障风险的管控,尤其需要注重加强对量化投资交易系统的完善及风险管控。

3.4.5 数据陷阱

由于量化投资对数据的依赖性强,而量化投资数据同时具备较强的历史性特征,导致量化投资的安全性有所降低。尤其在当今信息技术高速发展的时代,随着大数据技术的应用范围越来越广泛,量化投资的数据量不断增加,加大了精准分辨数据真实性及有效性的难度。而一旦建模过程中运用到虚假或无效数据,将导致分析结果产生较大偏差,从而误导投资者,使投资者面临较大的风险。据调查统计,在资本市场量化投资的各类问题的排名中,数据陷阱问题往往排在前面。对于投资者而言,在进行量化投资的过程中,有必要加强对数据陷阱问题的防范,以确保投资分析结果的准确性,降低投资失误率,实现对投资者合法利益及资本市场稳定性的保护。

3.4.6 因素的量化问题

量化投资主要通过对影响股票的各种因素进行量化,从理论上讲是完全可行的,但现实中不是每个因素都可以被量化的,有的因素难以量化,主要表现在三个方面:(1)宏观的事件。宏观事件的因素不是太少,而是太多,多到难以量化,或者量化的性价比不高,比如有的宏观经济政策就难以量化。(2)过去出现次数太少的事件。比如,某个事件只出现过一次,那么很难知道这个事件具体受到什么因素的影响,也就难以进行量化。(3)未知事件。在量化策略设计时,对已经发生过的事件考虑得比较充分,每个突发事件都会有相应的处理方法,但是对于没有发生过的事件,几乎没有办法考虑,往往会做出错误的决定。可见,要对各种因素都进行量化不是一件容易的事,存在不少问题。

3.4.7 策略的容量问题

对于承载较大资金规模的策略而言,如果没有充分考虑量化投资策略的市场容量问题,可能会导致交易结果与预期偏差较大。例如,涨跌停板和流动性中断时,大资金常常很难成交,这在策略回测时很难纳入考量。实际品种的市场容量有限,大单不能全部以指定价格成交,这也会影响最终的交易结果。一般来说,量化CTA和套利策略的容量都比较小,几乎每个CTA策略的市场容量都是有限的,尤其是在中国,由于各商品期货策略的相关性高,100个期货品种里面差不多能分成3~5个大类,规模上限比较明显。期权策略则呈现两极分化,无论是实际隐含波动率的套利,还是波动率曲面的套利,这两个策略的容量都不会太大。市场容量约束往往还会引发策略共振的负作用,比如,长期资本系的基金就发生过策略共振,这是一帮由长期资本管理公司出来的一批人创办的多家基金公司,交易标的和策略十分相似,在2007年下半年,长期资本系的基金发现了日本债券收益率的机会,由于它们的策略大同小异,都建立了相似的头寸,结果这个市场容纳不了这么多头寸,最终导致了市场崩溃。2014年11月,在沪港通政策出台和加息的背景下,存在高度同质化却又隐藏着"错位对冲"的α策略受到了致命打击。此外,根据策略持仓的时间长短,又可以分为超高频、中高频、中短周期和中长周期。一般来说,交易的频率越高,策略的容量就会越小;反之,周期越长,容量就越大。

第4章 基于大数据的量化投资策略的开发与评价

研究量化投资策略,需要了解策略的开发流程才能进行合理的开发,同时,还需要知道量化投资策略的评价标准才能判断其优劣,并进行优化和完善。首先,本章将介绍量化投资策略的开发流程,主要包括:数据的提取与清洗、量化投资策略的构建、回测、优化、模拟交易及交易;然后,将揭示量化投资策略的几种常见的陷阱,如幸存者偏差、前视偏差、认知偏差、回测与现实的差异等;最后,将从收益率指标、风险调整后的收益指标、风险指标三个方面分析量化投资策略的评价标准。

4.1 量化投资策略的开发流程

开发量化投资策略不是一件容易的事,需要一套完整的开发流程。一般来说,这些流程主要包括:数据的提取与清洗、量化投资策略的构建、量化投资策略的回测、量化投资策略的优化、量化投资策略的模拟交易以及量化投资策略的交易。策略的开发流程图如图4.1所示。

```
┌─────────────────────┐
│   数据的提取与清洗    │
└──────────┬──────────┘
           ↓
┌─────────────────────┐
│   量化投资策略的构建  │
└──────────┬──────────┘
     ┌─────┼─────┬─────┐
     ↓     ↓     ↓     ↓
  量化选股 量化择时 风险管理 仓位控制
     └─────┴──┬──┴─────┘
              ↓
┌─────────────────────┐
│   量化投资策略的回测  │
└──────────┬──────────┘
           ↓
┌─────────────────────┐
│   量化投资策略的优化  │
└──────────┬──────────┘
           ↓
┌─────────────────────┐
│  量化投资策略的模拟交易│
└──────────┬──────────┘
           ↓
┌─────────────────────┐
│   量化投资策略的交易  │
└──────────┬──────────┘
     ┌─────┼─────┐
     ↓     ↓     ↓
  最后的检验 策略绩效的评估 严格的纪律性
```

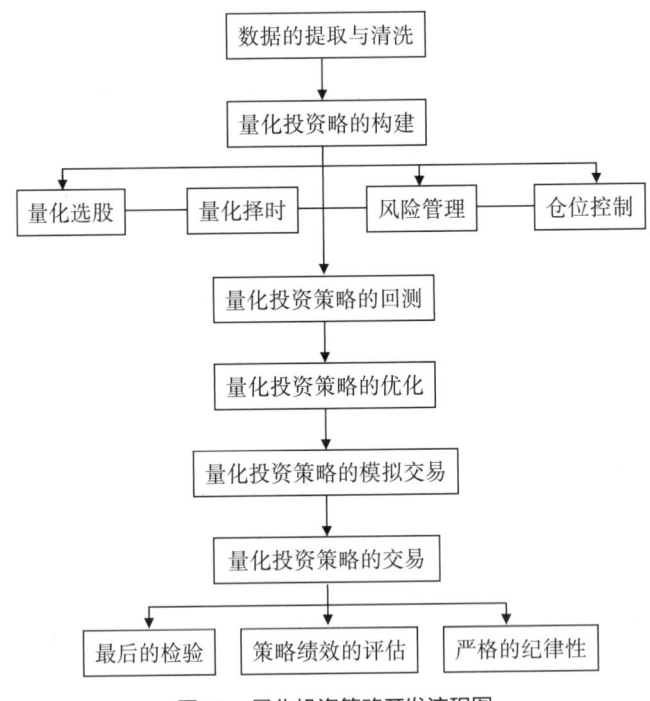

图 4.1　量化投资策略开发流程图

4.1.1 数据的提取与清洗

量化投资策略的开发，离不开大量数据的支持，数据是量化投资策略的前提和基础，直接影响量化投资是否具有价值、是否具有科学性。量化投资策略开发需要基于较长时间段的稳定的市场数据，不仅在于历史模式的统计归纳，也包括样本外检测的数据长度要求。选择合适频率和长度的市场数据不仅为建立量化投资策略的有效性提供了统计意义上更强大的支持，同时也为摈弃外部因素对证券市场的影响，更好地观测市场微观结构提供了途径。数据的准备主要包括数据的提取和数据的清洗两部分。

(1) 数据的提取。量化投资策略开发需要选择合适频率的数据，宜采用统一数据源的数据，可以避免不同数据来源的数据因整合方式的不同导致的不匹配现象。在提取数据时应避免在原始数据中用到未来的数据信息。一般来说，数据的来源主要有两种：一种来源于数据库，国内主流的金融数据库有 Wind 数据库、CSMAR 数据库、Choice 数据库、恒生聚源数据库、锐思数据库、国家统计局数据库、巨潮数据库和巨灵数据库等；国际上主流金融数据库主要有彭博数据库、路透社数据库、CEIC 数据库和 Capital IQ 数据库等。另一种来源于数据采集，可以通过问卷调查、网络爬虫等方式进行数据收集。

(2) 数据的清洗。提取数据后，需要对数据的异常值、缺失值以及不符合要求的进行严格的筛选、处理、清洗。为了保证量化投资策略的可复制性，对数据清洗应按照统一的规则进行，一般有逻辑处理和自主处理两种处理方式。逻辑处理是采用市场公认的逻辑判定对数据进行初步处理,包括非交易日或非交易时间的冗余数据剔除,同一时点重复数据或冲突数据的剔除,对高开低收的大小关系进行判定,对股价日波动幅度的限制,对涨跌幅的判定结合是否是上市首日等。自主处理是股票因停牌而缺省的数据沿用上一个有交易时点的数据,由于技术原因未录入的缺省数据可用线性插值法,没有末端数据的情况可采用对应指数收益率补齐。量化投资数据分析的过程中对于数据来源的真实性、数据的有效性以及数据研究分析的科学性等,都会有严格的评判标准。

4.1.2 量化投资策略的构建

构建量化投资策略先要考虑其理论逻辑基础,看一下该策略是否具有可论证的经济理论、投资逻辑或市场经验。理论逻辑基础可以来自学术论文、研究报告或自身对市场的观察。然后,确定投资理念,是价值投资、趋势投资还是市场投机。如果是价值投资,通过什么指标来确定这个价值是高还是低;如果是趋势投资,需要找到判断趋势的指标;如果是市场投机,需要什么指标来确定有机可投。不管是基本面、技术面还是资金面的指标,都需要明确的、可量化的指标。最后,也是最为重要的一个环节,就是要构建相应的交易策略。交易策略是根据投资理念再细化的过程,要确保策略开发者的投资理念可以被量化,投资理念越能够被精确量化,构建的策略与理念的贴合度就越高。一个完整的策略构成主要包括四个部分:量化选股、量化择时、风险管理以及仓位控制。

(1)量化选股

量化选股是用量化的方法来选择股票投资组合,期望股票投资组合实现超过基准收益的投资行为。量化选股策略可以分为基本面选股和市场行为选股。

基本面选股主要有多因子量化选股策略、风格轮动策略和行业轮动策略三种。第一,多因子量化选股策略。该策略是采用一系列的因子作为选股标准,满足这些因子的股票则被买入,不满足的则被淘汰。多因子模型相对来说比较稳定,因为在不同市场条件下,总有一些因子会发挥作用。第二,风格轮动策略。该策略是利用市场的风格特征进行投资,比如,有时候市场偏好大盘股,有时候偏好小盘股,如果是风格转换的初期介入,则可以获得较大的超额收益。第三,行业轮动策略。由于经济周期的原因,总有一些行业先启动,有的行业跟随,有的行业后启动。在经济周期过程中,依次对这些轮动的行业进行配置,则比买入持有策略有更好的效果。

市场行为选股主要有资金流策略、动量反转策略、一致预期策略、趋势追踪策略和筹码选股策略。第一,资金流策略。该策略的基本思想是利用资金的流向来判断股票的涨跌,如果主力资金流入,则股票可能会上涨,如果主力资金流出,则股票可能会下跌。所以将主力资金流入流出的情况编成指标,则可以判断和预测未来一段时间股票的涨跌情况。

第二,动量反转策略。过去一段时间强的股票在未来一段时间继续保持强势,过去一段时间弱的股票在未来一段时间继续弱势,这叫作动量效应。过去一段时间强的股票在未来一段时间会走弱,过去一段时间弱势的股票在未来一段时间会走强,这叫作反转效应。如果判定动量效应会持续,则应该买入强势股,如果判断会出现反转效应,则应该买入弱势股。第三,一致预期策略。该策略是指市场上的投资者可能会对某些信息产生一致的看法,利用大多数分析师的看法来选择股票。第四,趋势追踪策略。该策略本质上是一种追涨杀跌策略,当股价出现上涨趋势的时候,则追涨买入;如果出现下跌趋势的时候,则杀跌卖出。第五,筹码选股策略。该策略根据筹码的分布和变动情况,可以预测股票的未来是上涨还是下跌,从而选择相应的股票。

(2)量化择时

量化选股之后,并不意味着马上进行买卖,需要选择恰当的买卖时机,即量化择时。在量化投资策略中,量化择时的判断基础可以是比较简单的原则,如采用的"在MACD指标中,当DIF上穿DEA时买入,当DIF下穿DEA时卖出";也有更加复杂的原则,其中包括了许多数量模型,当一个或者几个条件同时触发时才释放买卖信号。本质而言,买卖策略原则的简单与复杂并不是策略好坏的判断标准。但是,随着大数据、人工智能、云计算的发展,越来越多的专业人士开始从更加复杂的理论技术中寻求买卖策略的原则,并且普遍从中能够获得更好的收益。需要注意的是,模型的条件和原则越复杂,量化策略编程实现和回测交易的难度就越大,同时,也会面临着过度拟合等陷阱。

量化择时策略较多,主要有:趋势择时策略、市场情绪择时策略、有效资金择时策略、牛熊线择时策略等。趋势择时的基本思想来自于技术分析,技术分析认为趋势存在延续性,因此只要找到趋势方向,跟随操作即可,主要指标有MA、EXPMA、MACD等。市场情绪择时就是利用投资者的热情程度来判断大势方向,当投资者情绪高亢、积极入市时,大盘可能会继续涨;当投资者情绪低迷、不断撤出市场的时候,大盘可能继续下跌。有效资金择时策略主要通过判断推动大盘上涨或者下跌的有效资金来判断走势,因为在顶部和底部时资金效果具有额外的推动力。牛熊线择时的思想就是将大盘的走势划分为两条线,一条为牛线,一条为熊线。在牛熊线之间时大盘不具备方向性,如果突破牛线,则可以认为是一波大的上涨趋势的到来;如果突破熊线,则可以认为是一波大的下跌趋势到来。

(3)风险管理

风险一般被定义为"不确定性",这种"不确定性"会对量化投资策略的业绩产生影响,通常用来衡量风险的指标为波动率。而在投资领域,人们更加关注风险作为"不确定性"中的"负的不确定性"的情况,即会对投资策略造成潜在损失的风险。典型的风险可分为策略风险和技术风险。第一,策略风险。策略风险主要是指使用某种量化投资策略或者投资模型的潜在风险。市场环境瞬息万变,任何策略都有可能在一段时间后失效,如量化策略在执行一段时间后,市场条件便不能够满足模型设计时所依赖的假设,这就会导致模型的失效。此后,许多量化策略开始注重市场风格转换的监控。此外,过度拟合、前视偏差都会对策略产生重要影响,也是策略风险的重要内容。第二,技术风险。技术风险主要是指量化策略的开发和实践中所需要的许多基础设施与重要技术的潜在风险。首先,量化投资面临的一个技术风险就是策略开发、回测与交易技术的问题。在策略开发、回测与执行过程中,对于编程语言的掌握程度会对策略产生重要的影响,语言的使用不当和错误使用会导致开发过程出现策略无法执行、回测效果不准确,或者更为严重的错误交易行为,同时操作不当也可能会导致巨大的损失。投资者有时会出现回测效果与实盘效果差距很大的问题,很大的原因便是回测平台出现了问题,好在随着国内平台数量的增多,各个平台也都在不断完善,技术风险出现的可能性也在不断降低。此外,数据的问题也是产生技术风险的重要来源。量化投资策略对于数据的要求非常高,许多免费的数据普遍存在数据缺失、错误等问题,而依据这些数据设计的策略就会出现风险。因此,针对在量化投资策略开发及执行过程中面临的各种风险,需要针对性地采取措施进行严格的风险控制和管理,以保障策略的有效性。

(4)仓位控制

仓位控制与选择是投资策略的一个重要问题,仓位过重可能会导致潜在的损失过大,仓位过轻又会导致潜在的盈利过少。仓位控制实际上也是一种风险控制的手段,一般来说,在高位时通过局部减仓来保证所获得收益的稳定性,在低位时局部加仓来获取低位上涨的收益。也就是说,在市场连续上涨后有一定的回调压力时,通过减少整体仓位来防范系统风险,在市场连续下跌后,通过增仓提前捕捉市场机会。过去主观投资者根据经验总结了多种仓位控制和资产配置的方法,并将其视为交易系统中的重要组成部分。而在量化投资策略的开发与构建过程中,对于仓位控制和资产配置的实现通常是通过科学可量化的手段进行的,更多是借助数学模型和方法的应用来实现的。

4.1.3 量化投资策略的回测

通俗来说,量化投资策略的回测就是测算交易策略在历史行情中的表现,利用历史数据检测策略的投资效果。量化投资策略可以借助计算机对策略的不同参数,反复进行回测,找到"最优参数"。同时,通过策略的回测,可以检验策略的稳定性及可行性。量化投资策略的回测仅仅是具有一定的参考价值,并不代表量化投资的实盘收益,尤其是对于交易频率高、持仓短、交易逻辑复杂的策略,回测的参考价值相对偏低。

回测的原理是把策略模型放到历史数据当中,模型会不断发出买卖信号,量化平台当中会维护一个虚拟账户,账户里的钱会买入证券,卖出证券后钱会回来账户,记录下每一日的账户资金和持仓的证券市值,形成一条以时间为横坐标的资金曲线。为了方便起见,可以转化为起始净值为1的净值曲线,进而统计出年化收益率、最大回撤、标准差、夏普比率等收益风险指标。

在策略回测和策略实现中最需要回避的就是未来函数的问题。未来函数就是在策略中使用了未来的信息。由于证券价格都属于时间序列,站在历史中某个时点是看不到其后的数据的,但是在回测中我们是可以提前获取全部历史数据的,由于人为失误在历史某个节点调用了未来的数据,获取了属于未来的信息。比如,开发了一个低买高卖的策略:每日尾盘买入股票A,在第二日最高价的时候卖出。净值曲线非常完美,收益率高回撤小,但是明显犯了未来函数的错误,因为在第二日的时候,只要该日行情未走完就无法确定该日的最高价,按照最高价卖出,就相当于使用了未来信息。典型的未来函数错误还有:在当前年度调用当前年度的财报数据,使用前复权数据做策略回测,不完整周期调用完整周期数据。

4.1.4 量化投资策略的优化

量化投资策略的优化主要是参数优化,也是量化投资策略构建时的一个基础问题。参数优化的目的在于通过调整模型参数来提高投资策略收益,并减少收益率曲线的波动性,从而构建获得高风险调整后收益的策略。在构建投资模型时,参数优化是其中一个必不可少的环节,合理的参数优化可以使得投资模型在整个交易过程中均有良好的表现。然而,无效的参数优化会使投资模型在样本内测试阶段获得非常好的收益率,但是这个高收益率不能在样本外延续,进而影响在实战阶段的投资业绩。

在策略回测后,如果策略收益和风险指标不理想,也不要灰心,很可能只是策略参数没有选好。因为不同的股票、不同的期货品种,它们都有各自的特性,不能"一视同仁",可能要加以"特殊对待",为不同类型的证券选用不同的参数。比如说,开发一个股票动量策略,当个股在一定期限内(比如20个交易日)上涨幅度达到某个阈值,便买入。对于小盘股和大盘股来说,这个上涨幅度的阈值明显是不一样的,小盘股的波动率比较高,一个月涨20%都很正常,但是对于大盘股来说,一个月上涨20%的概率比较小。因此,不同类型的股票所设置的参数可能会有所不同,需要对参数进行优化。但也不能矫枉过正,这样会引发"过度拟合"或"过度优化"问题。过度拟合,就是拟合得太过分了,专门针对样本内的数据进行优化,不顾这个策略的通用性能否推广到样本外的数据上。解决过度拟合的问题可以采用增加样本数据,或者参数敏感性测试,不让策略参数陷于"参数孤岛"。

最优化问题一直是学术界研究的一个热点问题,随着研究的深入,许多复杂的最优化理论方法也被提出,并且都有着各自的优势和劣势。本书主要介绍两种常见的最优化方法。(1)交叉验证。交叉验证是一种常用的策略优化技术,用于评估模型如何推广到新数据之上,这种策略经常用于预测模型。从根本上讲,交叉验证的目标是最大限度地减少样本数据的误差,从而减少过度拟合的问题。交叉验证方法一般有两种:第一,双重交叉验证。双重交叉验证就是将历史数据集拆分成两个分量,而常见的分割比例通常在0.5~0.8。例如,当分割比例是0.8的情况下,就意味着80%的数据用于训练,20%的数据用于测试。所谓的测试集就是只利用这20%的历史数据进行计算来得到模型的具体参数,值得注意的是,在计算模型参数时并没有用到训练集的历史数据,而是在得到参数之后再利用80%的训练集进行交叉验证进而减少过拟合现象。第二,K折交叉验证。K折交叉验证是对双重交叉验证的进一步扩展。这种验证是将该集合随机划分为k个相同大小的子样本,而不是将集合只划分为训练集和测试集两个部分。对于每次迭代,将k个子样本中的一个保留为测试集,而剩余的$k-1$个子样本一起形成训练集。通过k次折叠进而减少过拟合问题,主要好处是多次交叉验证效果更佳。(2)网格搜索。虽然双重交叉验证和K折交叉验证都有助于避免数据的过拟合问题,但是对于优化特定统计模型的超参数问题同样不能忽视。对于这个问题,最优化常使用网格搜索的方法。其基本思想是采用一系列参数并评估范围内每个参数的性能。可以利用Python语言对一个对象产生一个Python字典列表,并将其输入统计模型,从而得到最终结论。

4.1.5 量化投资策略的模拟交易

模拟交易的目的就是对量化投资策略的检验,查漏补缺,在策略开发中考虑得再细致,也可能忽略现实当中的一些细节,需要在模拟盘中与实时行情对接后才能发现并及时修正。模拟交易的好处是交易行情与真实行情是完全一致的,只是资金是虚拟的,这样的结果可以在现实中检验策略的有效性,而不用承担损失,即使模拟交易出现亏损也无所谓,因为不会造成实际亏损。在模拟交易过程中,如果发现问题可以对量化投资策略进行及时调整和完善。一般策略在模拟盘中获利比较稳定了,才进入实盘交易。

一般来说,在模拟交易中,需要注意以下几点:(1)在策略开发中如果没有考虑到品种的流动性问题,可能会导致模拟盘无法成交或不能全部成交。比如,当股票出现涨跌停板时,就难以正常交易。(2)对于短线策略,模拟盘实际成交滑点(下单价与实际成交价之间的差价)过大,策略的效果可能会大打折扣。(3)实时行情不像清洗整理好的历史数据那么"干净",可能会出现噪声数据、数据延迟和无数据的现象,如果策略中没有完善的数据确认和对齐机制,可能会出现"频繁发单"和"乱发单"等问题。(4)如果自建或第三方量化平台系统的行情不稳定,可能无法正常交易。

2.1.6 量化投资策略的交易

经过一系列复杂的策略设计、回测、优化、模拟交易等过程之后,该量化投资策略便可以进行实盘交易了。一个完整的量化交易过程是程序化的,交易行为通常也由计算机来控制,但是这并不代表量化投资的交易过程完全不需要人的参与和控制。在量化策略的交易过程中,交易人员应做好以下几项工作。

(1)最后的检验

真正进行交易,通常涉及的资金量较大,一旦策略运行不佳出现亏损,往往付出的代价较大。因此,最好对经过多次筛选、准备进行实盘交易的策略最后进行一次检验。主要的方法就是利用较少的资金,对策略进行实盘交易。通过一段时间小资金实盘交易对策略进行评估,进而决定是否加大资金量。当然,小资金的实盘交易有一定的弊端,无法完全代表真正的实盘交易行为,但是会起到一定的辅助验证作用。

(2)策略绩效的评估

当进行实盘交易时,交易员要时刻关注该策略的情况,发现策略在实盘交易中的问题,并找到出现问题的原因。问题主要是从策略业绩评估指标中发现。对于策略收益的观测和评价要结合整个市场的情况来看,如果策略收益差强人意,要分析是市场的原因还是策略自身的原因所导致。比如,过去A股市场较少出现如2017年白马股的行情,量化投资策略模型在开发和优化过程中很难捕捉到这种趋势,因此,导致2017年股票量化基金的收益普遍较低,这种未曾见过的行情也是导致收益不佳的一个重要原因,交易员和策略开发人员要注意这些问题。而在风险方面,交易员要时刻观察策略面临的风险情况,确定在风险或者亏损达到什么程度时,暂停交易。交易员观察策略运行情况、评估绩效的一个重要原因就是要发现实盘交易与过去回测之间的差异,并找到这种差异的原因,对策略情况作出客观、正确的判断。

(3)严格的纪律性

严格的纪律性是交易成功与否的一个极为重要的因素。虽然量化投资在很大程度上规避了人的主观作用。但是,即使是程序化交易,也离不开人的参与,交易员还是能够决定策略的执行与停止的。此外,还有许多量化投资策略仍旧采用人工交易,人的参与部分更多。因此,严格的纪律性就变得十分重要。交易员对于策略的细节要有着详细的了解,不能被情绪所左右。对于策略的跟踪和评估要谨慎与仔细,特别要能够区分哪些收益是靠运气,哪些收益是符合策略预期的。可以说,严格的纪律性也是策略成功与否的关键。即使策略已经开始进行交易,也不能够停止对于策略的监控与优化。监控的目的是时刻对策略可能面对的风险保持警惕,而持续的优化和完善是为了让策略能够取得更好的效果。

4.2 量化投资策略的陷阱

4.2.1 幸存者偏差

幸存者偏差(Survivorship Bias)是指样本数据并不是完全随机的统计问题,在进行统计分析时,人们往往关注于那些"幸存者"数据,而未能"幸存"的数据并不在样本内,因此统计的结果更加偏向于幸存者。幸存者偏差是投资者面对的最普遍问题之一,很多投资者都知道幸存者偏差的存在,但投资者很少重视它所产生的效果。

在对量化投资策略进行回测时,一般倾向于只使用当前还存在的上市公司,这就意味着剔除了那些因为各种原因而退市的公司所产生的影响。在对历史数据进行调整时,一些破产、退市、表现不佳的股票定期都会被剔除,而这些被剔除的股票没有出现在量化投资策略的股票池里,也就是说对过去做回测时只利用了现在还存在的公司,结果就会出现一定的偏差。因此,如果研究样本的选取只保留当前市场上的股票,而不包括那些被淘汰掉的股票,那么研究样本就无法反映证券市场的真实情况,导致研究样本中股票的收益率高于市场的实际情况,这被称作幸存者效应。如果研究的期限较长,退市的公司较多,幸存者偏差就会比较严重。

在投资领域中,幸存者偏差是非常典型的现象,通常容易对策略或者基金产生过高的评价。最典型的例子就是对于基金行业的评价,基金行业竞争非常激烈,许多业绩不佳的基金都被清盘关闭或者被合并,那么,在统计基金业绩数据的时候就无法得知该类基金的收益情况。因此,最后统计基金收益的样本是用那些因为业绩较好而得以"幸存"的基金,从而出现了基金业绩普遍较好的假象。

在量化投资策略的回测过程中也容易受到幸存者偏差的影响,比如建立一个简单的量化投资策略:选择近1年间股价涨跌幅不超过10%的股票构成股票池,按照股价由小到大排列,选择排在前10名的股票构建投资组合。在该策略中,如果选用的数据库已经剔除了退市股票的数据,就会存在幸存者偏差,由于该策略投资组合股票的股价很低,因此,在未来有更大的概率上涨,从而使回测效果看上去很好。但是,策略回测时忽略了那些股价极低并已经退市了的股票,从而造成对策略效果的高估。

如何解决幸存者偏差问题是学术界研究的一个重要问题,最有效的一种方法就是在回测时运用包括"非幸存者"的完整数据。这在现实中也是可行的,有许多提供有偿数据服务的公司有完整数据,但是普遍售价高昂,增加量化投资者的成本。另一种方法便是使用更近期的数据,距离当前日期越近,数据剔除"非幸存者"的可能性就越小。

4.2.2 前视偏差

前视偏差(Look-ahead Bias)是指在回测时,使用了回测时还不可用或者还没有公开的数据,即用到了在某个时间点实际上不存在的信息,这也是回测中最常见的错误。前视偏差意味着你在回测时用了未来的价格来决定今天的交易信号,或者从更一般的意义上,回测的过程中使用了未来信息来预测当前情况。比如,在回测当天数据时,用一天的最高价或最低价作为入场信号,实际上,在结束一天的交易之前,是无法确定当天的最高价和最低价的。前视偏差犯了一个基本的编程错误,它只能影响回测程序而不是实盘程序,因为在实盘过程中是没有办法获取未来信息的。

前视偏差的一个很明显的例子体现在财务数据上,而对财务数据的修正则更容易造成难以发现的错误。一般来说,上市公司财务报表的发布往往有一定的滞后性,当年的财务报表并不是在当年12月31日发布的,通常要推迟几个月。如果某家上市公司在2022年4月发布了2021年的年度财务报表,意味着实际上是不能够在2021年底得到2021年度的财务数据的,而在进行回测时则不然,程序可以自动在2021年12月获得2021年度的财务数据,因此便引入了未来的信息,很容易导致策略效果被高估。同时,有的上市公司财务报表发布之后可能还会被修正,而投资者并不知道将来会被修正,在回测时往往根据每家上市公司数据发布的时间点去评估公司的财务状况,这样投资者可能会受到这些财务报表的影响,进而在选择股票时可能被误导。所以,前视偏差是对信息的非自然预期,而这可能会导致错误的投资决策。

前视偏差在量化策略的开发中需要得到足够的重视,并且要通过各种办法进行规避。首先,一个有效的办法就是尽可能获得规避前视偏差的数据,数据在每个时点仅包含当时真实可获得的信息。在策略参数优化的过程中,选择一部分样本数据进行优化,另一部分作为样本外数据来检验策略效果。此外,如果数据本身的未来信息不容易规避,可以选择将数据信息滞后,比如在选择涉及收盘价数据时,可以选择前一日的收盘价数据。通常导致前视偏差的一部分原因是在编程过程中的一些技术错误。因此,策略开发者应小心谨慎,目前许多量化策略开发平台也在通过各种方法规避前视偏差的出现。此外,最直接的处理前视偏差的方法就是将策略进行模拟或者小资金实盘检验,从而可以更直观地看到是否存在前视偏差。

4.2.3 认知偏差

认知偏差(Cognitive Bias)是人们在知觉自身、他人或外部环境时,常因自身或情境的原因使得知觉结果出现失真的现象。典型表现有显著性偏差、生动性偏差等。受限于人类自身的生理局限与思维局限,人类无法感知到真实的世界,只能看到世界的一部分。认知偏差是人类无法避免的,只能用尽全力减少与真实世界的认知偏差。如何解释认知偏差是一个非常棘手的难题。经济学家认为,大脑通常采用简单程序应对复杂环境,因此出现偏差在所难免。而社会心理学家则认为,认知偏差跟自我中心的思维倾向有关,是为了维持积极的自我形象,保持自尊或者维持良好的自我感觉。不过,进化心理学家哈瑟尔顿(Haselton)和列托(Nettle)认为有的解释难以令人满意,给出的都是表面答案。他们提出了错误管理理论,认为通常的决策不是犯不犯错误的问题,而是犯哪种错误的问题。

一般来说,认知偏差更容易出现在主观交易中,而量化投资的优点之一便是能够在一定程度上规避认知偏差。但是在回测和实盘交易过程中,认知偏差也会对投资对策产生重要的影响。比如某量化投资策略回测时,5年的总收益率高达200%,同期大盘上涨50%,但最大回撤为-40%。当策略开发者面对这样一个策略时一般是可以选择接受的,即使面对着-40%的最大回撤,毕竟收益很高,接受这样的策略也是没什么问题的。但是,在实盘交易中,投资者对于该策略的认知就会与回测的认知发生偏差。当在实盘交易中面对-40%的回撤时,就很容易让投资者对策略产生怀疑,尤其是作为基金,即使事先可能已经知道该策略会有大的回撤,但当真的出现-40%的回撤时,也十分容易面临基金投资者的赎回压力。可以看出,即使量化投资策略尽力将许多投资过程做到客观,减少人的认知上的干预,但是仍旧无法完全规避心理因素。

4.2.4 回测与现实的差异

(1)信号衰减与交易成本

信号衰减(Signal Attenuation)是指信号在传递过程中其功率逐渐减小的过程,在量化投资中指的是一个因子产生后对未来多长时间的股票回报有预测能力。一般来说,高换手率和信号衰减有关。不同的股票选择因子往往具有不同的信息衰减特征。越快的信号衰减往往需要更高的换手率去攫取收益。然而,更高的换手率往往也意味着更高的交易成本(佣金、印花税、过户费)。在组合构建中添加交易成本约束是一个相对简单的方法,但并不是最理想的方法,因为交易成本限制有时会帮助投资者锁定收益,有时也会损害既定的组合表现。进行策略测试时,交易成本是否计入,资金曲线可能会产生巨大差异,甚至不计交易成本时盈利的策略,在计入交易成本后可能产生亏损。因此,信号衰减、交易成本以及模型预测能力是构建量化投资组合的重要权衡因素。

(2)偷价

偷价(Steal Price)是指在交易的时候使用了当时已不存在的买卖条件,也就是说策略利用了信号触发前的价格进行交易。比如量化投资策略规定,如果最高价大于某个固定价位即以开盘价买入。其实,如果最高价大于某个价位时,往往已经开盘一段时间了,这时再回过头来用开盘价买入是做不到的。但是在用历史数据对策略进行测试时,却存在买入信号并且是可以买入的,这样就会出现策略的回测与现实之间的差异。

有一些偷价问题很隐蔽,还是以最高价大于某个固定价格买入策略为例,如果用此策略作为进场买入信号,看起来没有什么问题。但如果行情出现一开盘就跳空高于固定价格的情形,策略就不可能再以这个固定价格买到了。此时,量化投资策略应改为用开盘价与固定价格之中的最大值作为买入价格,这样就能避免偷价问题的发生。信号闪烁与偷价对短线交易策略的影响是致命性的,投资者一定要对策略信号的真伪加以甄别。从理论上讲,通过偷价可以获得表面上非常高的成功率,但在实际操作中却不具有操作性,是一种交易欺骗行为,往往会给投资者带来意想不到的损失和后果。

(3) 未来函数

未来函数(Future Function)是指可能引用未来数据的函数,即引用或利用当时还没有发生的数据,对之前发出的判断进行修正的函数。具体地说,交易策略中如果包含了未来函数,运行后表现为:某天出现的交易信号会在一段时间后消失,之后可能会在其他位置出现相同或不同的信号。出现这种情况的原因是,函数在判断是否发出信号以及发出何种信号时,利用了未来还不确定的行情信息。

有三类函数属于未来函数:一是以"之"字转向为代表的ZIG类函数;二是准未来函数类;三是使用跨周期数据函数类,这是一种最为隐蔽的方法,它的危害较大。含有未来数据指标的基本特征是买卖信号不确定,常常是某日或某时点发出了买入或卖出信号,第二个交易日或下一个时点如果继续下跌或上涨,则该信号消失,并在以后的时点位置又显示出来。比如,一个量化投资策略定义为日K线收盘价大于均线时买入,反之卖出。由于日K线的收盘价在当天交易结束前表现为最新价,它随着行情的变动而变化,盘中的日收盘价以及由此计算出来的均线价格也会变动。当最新价离均线价格非常近时,就会出现盘中的日收盘价忽而高于均线价格,忽而低于均线价格。这样,策略就会在图表上一会儿发出买进信号,一会儿买进信号消失出现卖出信号,反复交替,即出现信号闪烁现象。信号闪烁的问题会对策略开发者造成极大的困惑。但在用历史数据测试时,只会有一次信号出现,导致实盘交易结果和测试结果有很大差异。很多量化投资策略在测试时表现很好,但进行实盘运行让人大跌眼镜,就是买卖信号出现反复所引起的。

(4) 滑点

滑点(Slippage)是指交易者下单时,预期交易价格与实际交易价格有差别的一种交易现象。当下单时,价格可能会发生变化,从而导致交易者以高于或低于预期的价格进行交易。这种情况时有发生,因为买入指令价格和交易规模都必须与同等价格和规模的卖出指令匹配。当买卖双方、价格和交易量出现不平衡时,价格就需要调整,交易订单也需要调整到下一个最佳可得价格。

滑点产生的原因主要有两个:第一个原因来自网络延迟。通常来说,客户在提交订单之后,通过服务器提交至交易所。而在这个传输过程中,往往有一个比较微小的延迟,平时可能看不出来,但是一旦碰到剧烈波动的行情,服务器响应不及时,产生的延迟就会比较明显。第二个原因是市场报价断层。流动性可以说是金融市场的空气,一个失去流动性的市场必定是一个没有活力的市场。在正常情况下,如果市场的流动性充足,那么报价就是连续的;但是在行情剧烈波动或者出现大单直接进出的时候,市场容量不够就会出现价格的断层。如果设置的止损/止盈正好处于空白区间之内,就没有办法在设定的价格成交,最终的成交价格只会跳至最新的市场报价。

(5)涨跌停板制度

涨跌停板(Price Limit)制度是为了防止证券市场的价格发生暴涨暴跌而影响市场的正常运行,证券市场的管理机构对每日股票买卖价格涨跌的上下限作出规定的行为。我国股票市场和期货市场都实施了涨跌停板制度,而欧美等国的股票市场没有实施涨跌停板制度。因此,在对不同国家的证券市场进行策略建模时,应该考虑到每个国家和地区的交易制度与规则的问题。我国股票市场的涨跌停板制度规定:沪深主板市场的股票单日波动幅度不可超过±10%,创业板、科创板的股票单日波动幅度不可超过±20%,北交所的股票单日波动幅度不可超过±30%,ST股票单日波动幅度不可超过±5%。股票如果出现了涨跌停板,策略在回测时是可以进行交易的,但实盘却往往难以进行交易,这样就会导致回测与现实之间的差异。

4.2.5 过度优化

过度优化(Over Optimization)是指为了迁就历史数据的噪声而将一个策略的参数或者规则反复优化到最佳的情况。过度优化有多种操作方法,例如,策略交易者可以针对某段特定的行情,或短时间的行情进行参数优化,之后将分段行情对应的资金曲线拼接起来,得到一个表现更出色的资金曲线;策略交易者指定过去某几个表现较差的交易日不进行交易;策略交易者对过去的行情进行过度拟合,却并不考虑这个拟合不适用于未来。总的来说,经过加工的回测时的优异表现,都会与策略未来的运行结果存在较大差异。因此,根据过度优化得到的最佳参数来制定策略和控制风险,在实盘中的效果往往不佳。

避免过度优化的方法有以下几种:(1)减少模型参数。一般而言,策略的规则越多,模型的参数越多,就越可能出现过度拟合问题。因此,采用的参数越少,可以优化的规则越少,过度优化的情况就能够得到一定程度的避免,而且模型的参数越少越稳健。(2)合理选择样本。有些策略覆盖的股票品种太少,时间周期太短,不能充分展现策略效果。比如策略只用于个别品种上,或者仅仅覆盖了一种类型的行情。这些策略在遇到截然不同的市场情况时,表现可能会大相径庭。(3)进行样本外测试。构建量化投资策略时,将历史数据根据时间先后分为两段。参数优化和定性选择使用前一段数据,策略的测试使用后一段数据。

4.2.6 后视偏差

后视偏差(Hindsight Bias)与前视偏差相反,后视偏差主要体现在错误地运用了历史信息对量化投资策略进行构建和完善。后视偏差是量化投资中十分常见的一种错误,产生的主要原因在于策略开发人员在工作中的疏忽以及对于策略完善手段缺少检验和推敲。比如,假设策略开发人员在利用2014—2015年A股数据进行量化投资策略构建时发现,其构建的策略在2015年随着"股灾"的发生出现了大幅度的回撤。因此,开发人员往往会思考通过设立止损点来解决回测出现的问题,假设其设立了当收益回撤超过10%时清仓止损,并写成代码加入策略中,之后在该样本区间再次进行回测,此时发现策略的收益率出现了大幅度的提高,因为在"股灾"发生时期,该策略进行了清仓止损,保留住了收益。而当策略开发人员将策略放入实盘进行模拟时却发现,实盘收益率的效果不佳。量化投资策略开发者的错误在于,对策略完善的同时也隐含了一个假设,即回测时市场的走势和情形在未来会再次出现,但实际上并没有出现,这就是后视偏差的问题。

当构建出一个量化投资策略并进行回测后,会不断优化策略以使回测效果得到提高。很多策略开发者想到一个优化方法后,便急于加入到策略之中,得到回测效果提升的结果后,却没有进行全面的检验和分析,这样就容易造成后视偏差。对于后视偏差陷阱,量化投资策略的开发人员应该尽量避免,尤其是在对策略进行优化的时候,应该反复多次进行验证,并且通过在不同区间进行观察和检验,从而确定后视偏差不会出现。此外,在构建策略时要鉴别策略的某些执行条件的适用性,了解某个优化方法的使用环境和条件,只有当该条件出现时才能执行该种策略。

4.3 量化投资策略的评价标准

4.3.1 收益率指标

收益率指标是评价一个量化投资策略优劣的最基本指标,也是策略投资者十分看重的指标。在量化投资策略的评价中,主要有以下几种收益率指标。

(1) 总收益率

策略的总收益率(Total Yield)是评价策略盈利能力的最基本指标,它是策略在整个投资期间所获得的总收益率,其计算方法为:

$$R = \frac{(V_1 - V_0)}{V_0} \times 100\% \tag{4.1}$$

式(4.1)中,R表示策略的总收益率;V_1表示策略最终的证券和现金的总价值;V_0表示策略最初的证券和现金的总价值。

(2) 年化收益率

策略的年化收益率(Annualized Rate of Return)也是衡量策略投资收益的常用指标,是指投资期限为一年所获得的收益率,是把当前收益率换算成年收益率来计算的一种理论收益率,它并不是真正已取得的收益率。策略的年化收益率能让投资者更加直观地看出策略的表现,其计算公式为:

$$R_a = \left[(1 + R)^{\frac{250}{n}} - 1\right] \times 100\% \tag{4.2}$$

式(4.2)中,R_a表示策略的年化收益率;R表示策略的总收益率;n表示策略的执行天数。

(3) 基准收益率

在对策略的收益率问题进行分析时,通常需要将策略的收益率与基准收益率(Benchmark Yield)进行对比,从而可直观地看出策略超额收益率的情况。策略的基准收益率、基准年化收益率与策略的总收益率、策略的年化收益率计算公式类似。

4.3.2 风险调整后的收益指标

判断一个策略的好坏最显著的指标就是收益率,然而,不考虑风险只单纯关注收益并不能对投资策略构成有效的评价。因而,需要更多的评价指标来综合考量策略的效果。风险调整收益是重要的考量办法,它综合考虑了风险与收益的情况。下面介绍几种常见的风险调整收益的评价指标。

(1) 夏普比率

夏普比率(Sharpe Ratio,SR)的理论基础为理性的投资者在风险相同的情况下,会选择收益更高的资产;而在收益相同的情况下,会选择风险更小的资产。夏普比率是用资产组合的长期平均超额收益除以该时期的标准差,它测度了对总波动性权衡的回报。夏普比率的计算公式为:

$$\text{SR} = \frac{r_p - r_f}{\sigma_p} \tag{4.3}$$

式(4.3)中,SR 表示夏普比率;r_p 表示策略投资组合的收益率;r_f 表示该时期的无风险收益率;σ_p 表示策略投资组合收益率的标准差。

夏普比率用来衡量投资收益与风险的关系,表示每承受一单位风险,预期可获得多少超额收益。如果夏普比率大于1,说明收益大于风险;如果夏普比率小于1,说明收益小于风险。可见,夏普比率越大越好。

一般来说,夏普比率越大,表明在同等的风险下,获得的超额收益就越高,说明策略的绩效越好;反之,夏普比率越小,表明在承担一定风险的情况下,获得的超额收益就越低,说明策略的绩效越低。

(2)特雷诺比率

特雷诺比率(Treynor Ratio,简称 TR)与夏普比率相类似,都衡量了单位风险下的超额收益情况,但是在风险的衡量问题上,特雷诺比率使用的是系统性风险,而夏普比率使用的是总风险。特雷诺比率公式为:

$$\text{TR} = \frac{r_p - r_f}{\beta_p} \tag{4.4}$$

式(4.4)中,TR 表示特雷诺比率;r_p 表示策略投资组合的收益率;r_f 表示该时期的无风险收益率;β_p 表示系统性风险。

特雷诺比率衡量的是单位系统性风险下的超额收益。特雷诺比率越大代表策略的绩效越好。该指标存在一个假设前提,即非系统性风险已经通过构建投资组合的方式实现了规避,该比率能够反映出策略对于市场的调整能力。因此,存在策略分散非系统性风险能力较强而特雷诺比率不大的情况。而夏普比率由于包含了系统性风险和非系统性风险,因此,除了能够反映策略对市场的调整能力以外,还能够反映策略分散非系统性风险的能力。

(3)詹森指数

詹森指数(Jensen's Performance Index)是测定投资组合绩效的一种指标,是投资组合的实际收益率与期望收益率之差。詹森利用美国1945—1964年间115只基金的年收益率资料以及标准普尔500计算的市场收益率进行了实证研究。詹森指数的计算公式为:

$$\alpha = r_p - \left[r_f + \beta \cdot (r_m - r_f)\right] \tag{4.5}$$

式(4.5)中,α 表示詹森指数;r_p 表示投资组合的收益率;r_f 指的是无风险利率;r_m 表示市场收益率;β 表示投资组合所承担的系统风险。

詹森指数代表的是超额收益,它的数值越大,说明投资策略获得超额收益的能力也就越大。比如一只基金通过模型测算后,按市场平均水平,每年应该大概获得10%的回报,但在基金经理的努力下,最终它的回报率达到了20%,这多出来的10%就是α收益,也就是战胜了市场的收益。

如果詹森指数大于0,说明这个投资策略回报能跑赢市场平均水平;如果詹森指数小于0,则说明其投资回报跑输了市场平均水平。所以对于一个量化投资策略来说,很重要的一个评价指标,就是詹森指数是否大于0。

詹森指数为绝对绩效指标,表示投资组合收益率与相同系统风险水平下市场投资组合收益率的差异,当詹森指数的数值大于零时,表示该投资组合的绩效优于市场投资组合绩效。当投资组合之间进行业绩比较时,詹森指数越大越好。

詹森模型奠定了投资组合绩效评估的理论基础,也是迄今为止使用最广泛的模型之一。但是,如前所述,用詹森指数评估投资组合整体绩效时隐含了一个假设,即投资组合的非系统风险已通过投资组合彻底分散掉了,因此,该模型只反映了收益率和系统风险因子之间的关系。如果投资组合并没有完全消除掉非系统风险,则詹森指数可能会给出错误信息。

例如,A、B两种投资组合具有相同的平均收益率和β因子,但组合A的非系统风险高于组合B,按照该模型,两种投资组合有相同的詹森指数,因而绩效相同。但实际上,组合A承担了较多的非系统风险,因而组合A的经理人分散风险的能力弱于组合B的经理人,组合A的绩效应该劣于组合B。由于该模型只反映了收益率和系统风险的关系,因而投资组合经理的市场判断能力会导致β值呈时变性,使投资组合绩效和市场投资组合绩效之间存在非线性关系,从而导致詹森模型评估存在统计上的偏差。因此,特雷诺(Treynor)和梅伊(Mazuy)在模型中引入了二次回归项,默顿(Merton)和亨里克森(Henricksson)也提出了双β值市场模型,并利用二次回归项和随机变量项,对投资组合经理人的选股能力与市场运用中的时间选择能力进行了进一步的研究。

在对以上三种模型的运用操作上,由于夏普比率与特雷诺比率均为相对绩效度量方法,而詹森指数是一种在风险调整基础上的绝对绩效度量方法,表示在完全的风险水平情况下,投资者对证券市场的准确判断能力。特雷诺比率和詹森指数在对投资组合绩效评估时,均以β系数来测定风险,忽略了投资组合中所含证券的数目(即投资组合的广度),只考虑获得超额收益的大小(即投资组合的深度),无法衡量投资策略的风险分散程度。另外,当投资组合的β系数处于不断变化的过程中时,詹森指数和特雷诺比率都无法恰当地评价投资组合的表现。而在衡量投资组合的绩效时,投资组合的广度和深度都必须同时考虑。因此,特雷偌指数和詹森指数使用的都是系统性风险,因此他们只考虑了基金风险评价的深度,夏普指数使用的是总风险,因此它考虑了基金风险评价的深度和广度。

(4)信息比率

信息比率(Information Ratio,IR)是以马克维茨的均异模型为基础,用来表示承担主动风险所带来的超额收益。信息比率衡量某个投资组合在特定指数上的风险调整后的超额回报,投资者可以在承担适度风险的情况下,尽量追求高信息比率。信息比率的计算公式为:

$$IR = \alpha/\omega \tag{4.6}$$

式(4.6)中,IR表示信息比率;α表示投资组合的超额收益;ω表示主动风险。

一般来说,信息比率越大,说明单位跟踪误差所获得的超额收益越高,因此,信息比率大的策略的表现要优于信息比率低的策略。需要注意的是,合理的投资目标应该是在承担适度风险的情况下,尽量追求高信息比率,而不仅仅是单纯追求高信息比率。过低和过高地承担主动性风险都不是策略的理性选择。

4.3.3 风险指标

评价量化投资策略的优劣,除了收益率指标外,还要考虑风险指标,风险指标也是评价策略的基本指标之一。在量化投资策略的评价中,主要有以下几种风险指标。

(1)标准差

标准差(Standard Deviation)在概率统计中经常作为统计分布程度上的测量,是各数据偏离平均数的距离的平均数,一般用σ表示,反映一个数据集的离散程度。在投资策略中,可以用标准差来判断实际可能的收益率与期望收益率的偏离程度,也可以用来反映投资策略的风险程度。由于策略的收益不能事先确知,投资者只能估计各种可能发生的结果及每一种结果发生的概率,因而策略的收益率通常用统计学中的期望收益率来表示。其计算公式为:

$$\bar{R} = \sum_{i=1}^{n} R_i P_i \tag{4.7}$$

式(4.7)中,$\bar{R}$为期望收益率;R_i为第i种可能结果的收益率;P_i为第i种可能结果的概率;n为可能结果的数目。

然后,再计算各个时期的投资收益率与期望收益率的偏差程度,反映其离散程度。其计算公式为:

$$\sigma = \sqrt{\sum_{i=1}^{n} (R_i - \bar{R})^2 P_i} \tag{4.8}$$

标准差同时包含了系统性风险与非系统性风险。一般来说,标准差越大,说明实际可能的结果与期望收益率偏离越大,实际收益率不稳定,该策略的风险越大;标准差越小,说明实际可能的结果与期望收益率偏离越小,实际收益率比较稳定,该策略的风险越小。

(2)最大回撤

最大回撤(Maximum Drawdown)是用来衡量策略投资者一定时期内可能面临的最大亏损,即一定时期内策略的最高净值到最低净值时收益率的最大回撤幅度。最大回撤的公式为:

$$\text{Drawdown} = \max((D_i - D_j)/D_i) \tag{4.9}$$

其中,Drawdown 表示策略的最大回撤;D_i 表示第 i 天的产品净值,D_j 表示 D_i 后面 j 天的净值。

最大回撤用来描述策略可能出现的最差情况,衡量最极端可能的亏损,反映投资者忍耐亏损的极限。从某种角度上说,最大回撤比收益率、夏普比率和信息比率更加重要。因为每个策略都有止损线,一旦最大回撤超过止损线,将会强制平仓。当然,如果仅仅看最大回撤来判断一个策略的好坏也是不全面的,回撤并不可怕,重要的是回撤后净值能否起死回生。因此,要结合投资者的收益预期和风险承受能力来决定策略是否符合要求。

另外,最大回撤也决定了投资产品的杠杆比例。例如,一个策略的最大回撤为-20%,那么可以用20%的资金设计一个投资产品,当亏损20%的时候先从自有资金中扣除。这种产品可以获得5倍杠杆,放大了本金,可以获得更高的收益。

(3)最长回撤期

最长回撤期(Maximum Drawdown Duration)衡量的是上一次资产新高的最高点到下一次资产创新高所经历的时间,这个指标描述的是资产从回撤开始到再创新高所经历的时间。直观地说,就是资产创新高的频率是怎样的,一般来说,最长回撤期越短越好,日线级别的最长回撤期最好不超过12个月,1小时级别的最长回撤期最好不超过3个月,30分钟级别的最长回撤期最好不超过1个半月。

如果说最大回撤是在资产空间维度上描述资产的波动风险,那么最长回撤期则是在资产的时间维度上给出一个风险描述。最大回撤小,说明极限情况下亏损小,最长回撤期短,说明资产收益经常创新高,这样的策略,才是更容易长期坚持执行的投资策略。

第5章 基于机器学习算法的多因子量化选股策略

证券市场的运行受众多因素的影响,特别是科技进步带来海量信息的产生,大大增加了数据获取的难度,传统的投资策略在大数据的冲击下难以做出准确而有效的调整,缺乏灵活性和有效性。而机器学习算法的发展为量化投资开辟了新途径,在处理大数据和解决复杂性问题上具有独特优势。本章基于多因子理论,从多角度探索机器学习算法在量化选股策略中的应用,并形成有效的量化选股策略。首先,本章将介绍多因子量化选股模型的基本情况;其次,从因子池构建、多因子筛选、机器学习算法选择等方面进行研究设计;然后,对基于机器学习算法的多因子量化中期量化选股策略进行回测和优化,并对回测结果进行分析;最后,对基于机器学习算法的短期量化选股策略进行回测与优化。

5.1 多因子量化选股策略介绍

5.1.1 多因子量化选股策略的内涵

多因子量化选股策略是一种应用十分广泛的选股策略,其基本思想是利用数理化的方法找出影响股票收益率的各种因子,并借此建立股票投资组合,以期该组合可以获得超额收益。影响股票收益率的因子很多,这些因子主要涉及基本面、技术面、资金面等方面的指标和数据。基本面因子主要包括宏观经济与政策、行业周期与行业政策、公司经营状况与财务指标等;技术面因子主要包括股票的各种技术指标,如成交量、MA、MACD、RSI等;资金面因子主要包括市场主力资金净流入、外资净流入等。多因子量化策略的核心思想在于,市场影响因素是多重的、动态的,但是总会有一些因子在一定时期内较为稳定。

基于多因子量化策略发展出来的多因子模型,成为量化投资领域应用最广泛、最成熟的量化选股策略。多因子选股策略通过大量的数据模拟,寻找大概率能跑赢市场的最优组合,克服了单因素模型可持续性差的缺陷,同时更加稳定。

5.1.2 多因子量化选股策略的理论基础

多因子量化选股策略的产生离不开投资组合理论、资本资产定价模型(CAPM)、套利定价理论(APT)等现代金融投资理论,这些理论为多因子量化选股策略提供了重要的理论基础。最早对收益率的解释是资本资产定价模型,该模型假设了市场是有效的,即股价已经充分地反映了所有公开信息,并且能迅速调整到位。每个市场参与者都是理性的。在该模型中预期收益率可以分解为无风险收益率和风险收益率两部分。该模型认为所有超越无风险收益率的回报都可以用额外承担的风险来解释。同时它也给出了对于股票所承担的市场风险大小的度量。然而事实上证券市场并不是有效市场,股价对信息的反映常常是不足的或者过度的,而且常常会经历比较长的时间。并非所有投资者都是理性的,投资者对同样的信息可能会有截然不同的判断。与此同时,还有一些投资者依据无效的噪声信息进行交易。正因为如此,资本资产定价模型对现实中股票市场的解释能力并不强,人们发现很多股票存在着无法用市场收益率解释的超额收益率。

在这样的背景下,Fama-French三因子模型应运而生,该模型是资本资产定价模型之后另一个非常著名的模型,认为股票的收益率可以用市场因子、市值因子和账面市值比因子共同解释。该模型较好地解释了小市值公司和高账面市值比公司高于市场收益率的现象。这实际上是最早的多因子模型,通过在资本市场的实证研究检验,给出了将因子具体化的应用方法,成为量化投资领域的经典模型。学术界的研究通常使用Fama-French三因子模型、Carhart四因子模型(在三因子中加入动量因子)或者Fama-French五因子模型(在三因子中加入了盈利水平、投资水平因子),并取得了大量的研究成果。

投资界则通常使用Barra提供的多因子模型,Barra的因子可以分为国家因子、行业因子和风格因子三组。其中,国家因子和行业因子的暴露比较简单,取值只有1和0,属于该国家和该行业的,对应的国家因子和行业因子的暴露取为1,否则取为0。风格因子从流动性、质量、价值、成长、情绪、动量、市值、波动率、股息率九个一级因子来解释股票的收益率。每个一级因子又由若干个二级因子组成,有些还有更细分的三级因子。Barra的多因子模型是研究行业配置、收益归因、风险暴露等问题的重要工具。Barra风格因子通过良好的定义和恰当的数学处理,对股票收益率有很强的解释力,同时彼此之间的相关性很低,各个因子也都有比较明确的意义,是一种常用的股票和投资组合的风格分析方法。

进入大数据时代,面对海量的数据,越来越多的研究开始利用机器学习、人工智能等方法对大数据进行收集处理,找出影响股票价格涨跌的各种因子来进行选股。

5.1.3 静态多因子策略和动态多因子策略

按照样本窗口的选择方式、有效因子的选择和因子权重的设定方法,可以将多因子策略分为静态多因子策略和动态多因子策略。

静态多因子选股策略的建模机制仅使用固定窗口期中的样本,代入选股策略中进行拟合,估计因子权重,然后对全部样本外数据采用相同因子和权重预测下一期收益率。静态多因子策略简单易行,具有一定的稳健性,但是由于市场是变化的,风格是轮动的,而静态多因子策略过于僵化,不能根据市场的当前状况调整自己的风格。而且,静态多因子策略在设置因子权重时,许多权重的设定都是依赖于经验与主观的偏好,因而难以发挥各个因子的优势。

动态多因子选股策略的建模机制与静态策略不同,该策略每次在对当前时期股票收益率进行预测后,都要重新选择样本区间,重复策略拟合过程,然后计算出相应的因子权重,并算出下一期收益率的预测值。相较于静态多因子策略,动态多因子策略的选股机制能够对复杂多变的证券市场做出及时的反应,敏感性和灵活性强,从而能够更加贴近市场的最新变化。目前,金融市场上的多因子策略大都是静态选股策略,本章讨论的基于机器学习算法的多因子量化选股策略是一种动态选股策略。

5.2 研究设计

5.2.1 样本选取与模型设计

(1)样本选择与数据来源

本章选取了2012—2021年沪深两市A股上市公司作为样本,探讨基于机器学习算法的多因子量化选股策略。在获取到沪深两市A股上市公司的因子数据和股票收益率数据之后整理发现,数据通常是不完整的,缺失一些数据、不一致的数量级以及存在一些极端值,因而,在使用这些数据之前,需要进行一些预处理工作,从而得到有效的数据。数据主要来自CSMAR数据库及Wind数据库。为了寻求数据的准确性,在研究中对数据进行筛选:(1)剔除观测值缺失严重的样本;(2)剔除金融行业样本和ST、*ST样本;(3)剔除数据异常的样本。最终得到3109家上市公司样本与19842897个数据,这些数据属于海量的大数据,对部分数据进行对数处理。

(2)模型设计

量化模型构建的主要目标是利用上市公司的多因子来预测未来的股票收益率,考虑到所要预测的时间问题,本章用本期的多因子去预测下一期的股票收益率。因此,本章将所有因子进行滞后一期处理,即:

$$Y_t = \sum_{i=1}^{n} a_{i,t-1} X_{i,t-1} \tag{5.1}$$

其中,Y_t为本期的股票收益率,$X_{i,t-1}$为上一期的i个因子。

5.2.3 因子池构建与多因子筛选

(1)因子池构建

量化模型将股票收益率作为预测目标,因此需要寻找与收益率相关程度较高的因子作为候选因子,再考虑到因子统计时间一致性问题。结合已有研究的成果,本章将候选因子锁定在上市公司季度财务数据上,因子池由"估值""风险水平""比率结构""偿债能力""现金流量表""发展能力""利润表""资产负债表""经营能力""盈利能力"构成,共计候选因子331个,具体构成如下:

估值指标有4个,包括市盈率、市净率、市现率、市销率。

风险水平有3个,包括财务杠杆、经营杠杆、综合杠杆。

比率结构有29个,包括流动资产比率、现金资产比率、应收类资产比率、营运资金对流动资产比率、营运资金比率、营运资金对净资产比率、非流动资产比率、固定资产比率、无形资产比率、有形资产比率、所有者权益比率、留存收益资产比、长期资产适合率、股东权益对固定资产比率、流动负债比率、经营负债比率、金融负债比率、非流动负债比率、少数股东权益占比、主营业务利润占比、金融活动利润占比、营业利润占比、营业外收入占比、流转税率、综合税率、所得税率、少数股东损益净利润占比、净利润综合收益占比、其他综合收益占比。

偿债能力有26个,包括流动比率、速动比率、保守速动比率、现金比率、营运资金与借款比、营运资金、利息保障倍数、经营活动产生的现金流量净额/流动负债、现金流利息保障倍数、现金流到期债务保障倍数、资产负债率、长期借款与总资产比、有形资产负债率、有形资产带息债务比、权益乘数、产权比率、权益对负债比率、长期资本负债率、长期负债权益比率、长期债务与营运资金比率、息税折旧摊销前利润/负债合计、经营活动产生的现金流量净额/负债合计、经营活动产生的现金流量净额/带息债务、负债与权益市价比率、有形净值债务率、固定支出偿付倍数。

现金流量表有46个,包括销售商品、提供劳务收到的现金,向其他金融机构拆入资金净增加额,收到原保险合同保费取得的现金,收到再保险业务现金净额,保户储金及投资款净增加额,处置交易性金融资产净增加额,收取利息、手续费及佣金的现金,拆入资金净增加额,回购业务资金净增加额,收到的税费返还,收到的其他与经营活动有关的现金,购买商品、接受劳务支付的现金,客户贷款及垫款净增加额,存放中央银行和同业款项净增加额,支付原保险合同赔付款项的现金,支付利息、手续费及佣金的现金,支付保单红利的现金,支付给职工以及为职工支付的现金,支付的各项税费,支付其他与经营活动有关的现金,经营活动产生的现金流量净额,收回投资收到的现金,取得投资收益收到的现金,处置固定资产、无形资产和其他长期资产收回的现金净额、处置子公司及其他营业单位收到的现金净额,收到的其他与投资活动有关的现金,购建固定资产、无形资产和其他长期资产支付的现金,投资支付的现金,质押贷款净增加额、取得子公司及其他营业单位支付的现金净额,支付其他与投资活动有关的现金,投资活动产生的现金流量净额,吸收投资收到的现金,吸收权益性投资收到的现金,发行债券收到的现金,取得借款收到的现金,收到其他与筹资活动有关的现金,偿还债务支付的现金,分配股利、利润或偿付利息支付的现金,支付其他与筹资活动有关的现金,筹资活动产生的现金流量净额,汇率变动对现金及现金等价物的影响,其他对现金的影响,现金及现金等价物净增加额,期初现金及现金等价物余额,期末现金及现金等价物余额。

发展能力有24个,包括资本保值增值率、资本积累率、固定资产增长率、总资产增长率、净资产收益率增长率、基本每股收益增长率、稀释每股收益增长率、净利润增长率、利润总额增长率、营业利润增长率、综合收益增长率、营业收入增长率、营业总收入增长率、营业总成本增长率、销售费用增长率、管理费用增长率、应计项目、每股经营活动产生的净流量增长率、经营活动产生的净流量增长率、投资活动产生的现金流量增长率、筹资活动产生的现金流量增长率、可持续增长率、所有者权益增长率、每股净资产增长率。

利润表有48个,包括营业总收入、营业收入、利息净收入、利息收入、利息支出、已赚保费、保险业务收入、手续费及佣金净收入、手续费及佣金收入、手续费及佣金支出、营业总成本、营业成本、退保金、赔付支出净额、赔付支出、提取保险责任准备金净额、提取保险责任准备金、保单红利支出、分保费用、税金及附加、业务及管理费、销售费用、管理费用、财务费用、资产减值损失、其他业务成本、公允价值变动收益、投资收益、汇兑收益、其他业务利润、营业利润、营业外收入、营业外支出、利润总额、所得税费用、未确认的投资损失、影响净利润的其他项目、净利润、少数股东损益、基本每股收益、稀释每股收益、其他综合收益(损失)、综合收益总额、研发费用、其他收益、净敞口套期收益、信用减值损失、资产处置收益。

资产负债表有104个,包括货币资金、结算备付金、现金及存放中央银行款项、存放同业款项、贵金属、拆出资金净额、交易性金融资产、衍生金融资产、短期投资净额、应收票据净额、应收账款净额、预付款项净额、应收保费净额、应收分保账款净额、应收代位追偿款净额、应收分保合同准备金净额、应收利息净额、应收股利净额、其他应收款净额、买入返售金融资产净额、存货净额、一年内到期的非流动资产、存出保证金、其他流动资产、保户质押贷款净额、定期存款、发放贷款及垫款净额、可供出售金融资产净额、持有至到期投资净额、长期应收款净额、长期股权投资净额、长期债权投资净额、长期投资净额、存出资本保证金、独立账户资产、投资性房地产净额、固定资产净额、在建工程净额、工程物资、固定资产清理、生产性生物资产净额、油气资产净额、无形资产净额、开发支出、商誉净额、长期待摊费用、递延所得税资产、其他非流动资产、其他资产、短期借款、向中央银行借款、吸收存款及同业存放、拆入资金、交易性金融负债、衍生金融负债、应付票据、应付账款、预收款项、卖出回购金融资产款、应付手续费及佣金、应付职工薪酬、应交税费、应付利息、应付股利、应付赔付款、应付保单红利、保户储金及投资款、保险合同准备金、其他应付款、应付分保账款、代理买卖证券款、代理承销证券款、预收保费、一年内到期的非流动负债、其他流动负债、递延收益—流动负债、长期借款、独立账户负债、应付债券、长期应付款、专项应付款、预计负债、递延所得税负债、其他非流动负债、递延收益—非流动负债、其他负债、实收资本(或股本)、其他权益工具、资本公积、盈余公积、一般风险准备、未分配利润、外币报表折算差额、交易风险准备、专项储备、其他综合收益、少数股东权益、应收款项融资、合同资产、债权投资、其他债权投资、其他权益工具投资、其他非流动金融资产、合同负债。

经营能力有18个,包括应收账款与收入比、应收账款周转率、应收账款周转天数、存货与收入比、存货周转率、存货周转天数、营业周期、应付账款周转率、营运资金(资本)周转率、现金及现金等价物周转率、流动资产与收入比、流动资产周转率、固定资产与收入比、固定资产周转率、非流动资产周转率、资本密集度、总资产周转率、股东权益周转率。

盈利能力有29个,包括资产报酬率、总资产净利润率、流动资产净利润率、固定资产净利润率、净资产收益率、息税前利润、息前税后利润、息税折旧摊销前收入、净利润与利润总额比、利润总额与息税前利润相比、息税前利润与资产总额比、投入资本回报率、长期资本收益率、营业毛利率、营业成本率、营业利润率、营业净利率、总营业成本率、销售费用率、管理费用率、财务费用率、销售期间费用率、成本费用利润率、资产减值损失/营业收入、息税折旧摊销前营业利润率、息税前营业利润率、现金与利润总额比、投资收益率、研发费用率。

(2)多因子筛选

因子筛选的主要目的是寻找因子的最优组合,并且在一定程度上降低整个模型的计算规模,增加模型的运算效率。为了排除主观因素的影响,本章采用集成学习对因子组合进行优化筛选处理,集成学习的优势是按照不同的思路来组合基础模型,从而达到更好的目的。在因子筛选程度上,将集成学习算法所给出因子的重要程度对因子进行排序,并选取因子重要程度累积和前30%、前50%与前80%分别构成因子池进行对比。

5.2.4 机器学习算法选择

机器学习算法有多种,常用的有随机森林算法、BP神经网络与LightGBM三种算法,本章主要从这三种算法中选择一种量化选股最优的算法。

(1)随机森林算法

随机森林(Random Forest,RF)是指通过集成学习的思想将多棵树集成的一种算法。随机森林利用多棵树对样本进行训练并预测的一种分类器,既可以作为分类模型,也可以作为回归模型。在现实中更常用作分类模型,当然它也可以作为一种特征选择方法。而随机主要指两个方面:第一,随机选样本,即从原始数据集中进行有放回的抽样,得到子数据集,子数据集样本量保持与原始数据集一致,不同子数据集间的元素可以重复,同一个子数据集间的元素也可以重复。第二,随机选特征,与随机选样本过程类似,子数据集从所有原始待选择的特征中选取一定数量的特征子集,然后再从已选择的特征子集中选择最优特征的过程。通过每次选择的数据子集和特征子集来构成决策树,最终得到随机森林算法。

随机森林算法生成过程:第一,从原始数据集中每次随机有放回抽样选取与原始数据集相同数量的样本数据,构造数据子集;第二,每个数据子集从所有待选择的特征中随机选取一定数量的最优特征作为决策树的输入特征;第三,根据每个数据子集分别得到每棵决策树,由多棵决策树共同组成随机森林;第四,如果是分类问题,则按照投票的方式选取票数最多的类作为结果返回,如果是回归问题,则按照平均法选取所有决策树预测的平均值作为结果返回。

随机森林的优点:第一,由于是集成算法,模型精度往往比单棵决策树更高;第二,每次随机选样本和特征,提高了模型抗干扰能力,泛化能力更强;第三,对数据集适应能力强,可处理离散数据和缺失数据,数据规范化要求低;第四,在每次随机选样本时均有1/3的样本未被选上,这部分样本通常称为袋外数据OOB(out of bag),可以直接拿来作为验证集,无须占用训练数据。

随机森林的缺点:当决策树的数量较多时,训练所需要时间较长;模型可解释性不强,属于黑盒模型。

（2）BP神经网络

BP（Back Propagation）神经网络是1986年由Rumelhart和McClelland为首的科学家提出的概念，是一种按照误差逆向传播算法训练的多层前馈神经网络，是应用最广泛的神经网络模型之一。BP神经网络是传统的神经网络，也是深度学习经典算法之一，构造多层神经元，利用梯度下降将误差进行反向传播，即收集系统所产生的误差，并在输出端用这些误差调整神经元的权重，经过多轮传播得到最优解。

BP神经网络具有任意复杂的模式分类能力和优良的多维函数映射能力，解决了简单感知器不能解决的异或（Exclusive OR，XOR）和一些其他问题。从结构上讲，BP网络具有输入层、隐藏层和输出层；从本质上讲，BP算法就是以网络误差平方为目标函数、采用梯度下降法来计算目标函数的最小值。

BP神经网络是一种按误差反向传播训练的多层前馈网络，其算法称为BP算法，它的基本思想是梯度下降法，利用梯度搜索技术，以期使网络的实际输出值和期望输出值的误差均方差最小。

基本BP算法包括信号的前向传播和误差的反向传播两个过程。即计算误差输出时按从输入到输出的方向进行，而调整权值和阈值则从输出到输入的方向进行。正向传播时，输入信号通过隐含层作用于输出节点，经过非线性变换，产生输出信号，若实际输出与期望输出不相符，则转入误差的反向传播过程。误差反传是将输出误差通过隐含层向输入层逐层反传，并将误差分摊给各层所有单元，以从各层获得的误差信号作为调整各单元权值的依据。通过调整输入节点与隐层节点的联接强度和隐层节点与输出节点的联接强度以及阈值，使误差沿梯度方向下降，经过反复学习训练，确定与最小误差相对应的网络参数，训练即告停止。此时经过训练的神经网络即能对类似样本的输入信息，自行处理输出误差最小的经过非线性转换的信息。

BP神经网络无论在网络理论还是在性能方面已比较成熟，其突出优点就是具有很强的非线性映射能力和柔性的网络结构；网络的中间层数、各层的神经元个数可根据具体情况任意设定，并且随着结构的差异其性能也有所不同。

BP神经网络的缺点：学习速度慢，即使是一个简单的问题，一般也需要几百次甚至上千次的学习才能收敛；容易陷入局部极小值；网络层数、神经元个数的选择没有相应的理论指导；网络推广能力有限。

（3）LightGBM

LightGBM（Light Gradient Boosting Machine，lightGBM）是2017年经微软推出的高效快速、分布式学习的梯度提升树算法，可以用于分类、回归和排序，是XGBoost的升级版，在大规模数据集上运行效率更高。

LightGBM是基于GBDT(Gradient Boosting Decision Tree,GBDT)算法的改进,为解决XGBoost分裂点数量过多、样本数量过多和特征数量过多的问题而产生的。GBDT在每一次迭代的时候,都需要遍历整个训练数据多次。如果把整个训练数据装进内存则会限制训练数据的大小;如果不装进内存,反复地读写训练数据又会消耗非常多的时间。而LightGBM提出的主要目的就是为了解决GBDT在海量数据遇到的问题,它是一个实现GBDT算法的框架,支持高效率的并行训练,并且具有更快的训练速度、更低的内存消耗、更好的准确率、支持分布式可以快速处理海量数据等。

LightGBM的优点:采用基于直方图的决策树算法,该算法将遍历样本转化为遍历直方图。既降低了内存使用率,又可以利用直方图做差的方式降低计算复杂度;在训练过程中采用单边梯度算法过滤掉梯度小的样本,减少了大量的计算;采用了leaf-wise算法的增长策略构建树,减少了很多不必要的计算;采用优化后的特征并行、数据并行方法加速计算,当数据量非常大的时候还可以采用投票并行的策略;对缓存进行了优化,增加了缓存命中率;在训练过程可以将两两互斥或冲突率低的特征捆绑成一个特征进行处理,减少了特征数量,降低了内存消耗。

LightGBM的缺点:可能会长出比较深的决策树,产生过拟合;LightGBM是基于偏差的算法,所以会对异常值比较敏感;在寻找最优解的时候,没有将最优解是全部特征的综合这一理念考虑进去。

5.2.5 有效性检验设计

研究基于机器学习算法的量化选股策略,目标控制风险的情况下获得高收益,因此核心检验指标是实际收益率的高低,并与基准收益率进行对比。本章把沪深300指数同期的收益率作为基准收益率,如果策略的收益率高于沪深300指数的收益率,就认为该策略有效。同时,考虑到量化策略的风险问题,也将夏普比率作为有效性检验的另一项指标。

为了确定最优的量化投资策略,设置了多个对比试验,包括成分股的对比、因子重要程度的对比、机器学习算法的对比和训练年限对比,因而需要一套筛选方式选择出每个对照组的最优解。本章设计了最值筛选、阶梯筛选、几何筛选以及标准化筛选4种筛选模式,在其他条件不变的前提下,找到每个对比组最优条件。

在标的物选择上,本章从沪深300成分股、中证500成分股、沪深300与中证500一起构成的中证800成分股,以及沪深两市全A股票进行设置。在年份设置选择上,将训练年限分为2年、3年和4年,假设其他条件不变,分别以其实际收益率的均值作为评判标准,寻找到最优训练年限。

通过4种标的物和3种年份设置12个候选因子池,并基于3种因子权重,运用集成学习算法将12个候选因子池划分为36个因子池,分别代入3种不同的机器学习算法中得到108组结果。每一组结果均能算出预测值,根据预测值由高到低排序,找到每只股票的真实收益率并进行资产组合,得到回测的总收益;再用四种对比方式找到最优标的、最优年份设置、最优因子权重和最优机器学习算法,以确定最优的量化投资策略;最后,将选取的量化投资策略进行回测和优化,并与沪深300指数进行对比分析。

5.3 基于机器学习算法的中期量化选股策略

5.3.1 投资组合确定

投资组合的目的是分散风险,风险由系统性风险和非系统性风险组成。系统风险由整体政治、经济、社会、市场等环境因素构成,该风险不可分散;而通过持有不同属性的股票可以分散非系统风险,同时为了确保收益,投资组合的规模也不宜过大。为了满足不同投资者的需求,本章设置了16种股票投资组合,每个组合的成分股均为等权重持仓。由于通过以季度为时间单位选出的股票组合,每个季度初交易一次,交易频率较低,因而作为中期投资组合,相应地,该策略称为中期量化选股策略。

5.3.2 最优算法和指标选取

运用最值筛选、阶梯筛选、几何筛选以及标准化筛选4种筛选模式,可以从中筛选出最优标的、最优年份设置、最优因子权重和最优机器学习算法。最值筛选是找到对比项中实际收益率最高的筛选方式,因为最值筛选只考虑到最优项的选择,未考虑到次优项问题;阶梯筛选是根据收益率高低对对比项排列并进行递减赋值;而几何筛选是在阶梯筛选的基础上,结合收益率数值的高低形成的一种筛选方式,其公式为:

$$G_i = \frac{E_i}{\text{Max}(E) - \text{Min}(E)} \tag{5.2}$$

其中,G_i表示几何筛选方式下对照组中第i项的得分;E_i为第i项的收益率;$\text{Max}(E)$为对比组中收益率最高项的数值;$\text{Min}(E)$为对比组中收益率最低项的数值。

标准化筛选是通过将对照组中每一项进行标准化处理后,择其最大值的筛选方法,其公式为:

$$N_i = \frac{E_i - \bar{E}}{\sigma} \tag{5.3}$$

其中,N_i表示标准化筛选方式下对照组中第i项的得分;E_i为第i项的收益率;$\bar{E}$为对比组中所有项收益率的均值;σ 为对比组中所有项收益率的方差。

通过最值筛选、阶梯筛选、几何筛选以及标准化筛选,筛选结果如表5.1、表5.2、表5.3与表5.4所示。通过对比分析,发现最优标的为沪深两市全A股股票,最优训练年限为4年,最优因子权重为80%,最优机器学习算法为LightGBM。因此,本章把2012年第1季度至2015年第4季度沪深两市A股上市公司作为训练样本,把2016第1季度至2021年第4季度沪深两市A股上市公司作为测试样本。

表5.1 最优标的规模筛选

项目	沪深300	中证500	中证800	全A
最值筛选	6	7	15	28
阶梯筛选	139	359	396	624
几何筛选	5.83	16.27	13.38	62.56
标准化筛选	31.47	96.41	163.67	333.58

表5.2 最优训练年份筛选

项目	训练期2年	训练期3年	训练期4年
最值筛选	16	47	63
阶梯筛选	151	309	296
几何筛选	19.08	97.18	99.24
标准化筛选	185.43	509.91	561.03

表5.3 最优因子权重筛选

项目	权重30%	权重50%	权重80%
最值筛选	5	25	34
阶梯筛选	91	144	149
几何筛选	11.88	43.42	44.93
标准化筛选	294.80	326.34	327.85

表5.4 最优机器学习算法筛选

项目	随机森林算法	BP神经网络算法	LightGBM算法
最值筛选	25	12	155
阶梯筛选	372	251	529
几何筛选	75.66	23.92	169.08
标准化筛选	246.97	195.23	340.39

5.3.3 中期量化选股策略的回测结果分析

根据以上确定的最优条件,利用Python3.11进行编程,构建基于机器学习算法的中期量化选股策略。首先,筛选出了2016年第1季度的50只股票,作为中期策略初始的股票投资组合,具体见表5.5。

表5.5 2016年第1季度中期策略选出的50只股票

序号	股票代码	公司简称	序号	股票代码	公司简称
1	300369	绿盟科技	2	000155	川能动力
3	300250	初灵信息	4	600302	标准股份
5	000676	智度股份	6	600570	恒生电子
7	300130	新国都	8	002439	启明星辰
9	300245	天玑科技	10	300075	数字政通
11	300377	赢时胜	12	300116	保力新
13	002334	英威腾	14	300299	富春股份
15	300209	有棵树	16	002517	恺英网络
17	002383	合纵思壮	18	000798	中水渔业
19	002649	博彦科技	20	300390	天华超净
21	002555	三七互娱	22	300287	飞利信
23	000533	顺钠股份	24	002717	岭南股份
25	300068	南都电源	26	600797	浙大网新
27	300166	东方国信	28	002364	中恒电气
29	000008	神州高铁	30	300292	吴通控股
31	600313	农发种业	32	000671	阳光城
33	600539	狮头股份	34	603010	万盛股份
35	300113	顺网科技	36	002074	国轩高科
37	300012	华测检测	38	002609	捷顺科技
39	600818	中路股份	40	300087	荃银高科
41	000701	厦门信达	42	002436	兴森科技
43	002512	达华智能	44	600203	福日电子
45	002180	纳思达	46	000911	南宁糖业
47	002639	雪人股份	48	002606	大连电瓷
49	300078	思创医惠	50	600370	三房巷

然后，按照同样的方式对2016年第1季度至2021年第4季度策略的收益情况进行回测，回测结果见表5.6所示。表5.6分别表示策略回测收益率最高的前1只股票、回测收益率最高的前2只股票组合……回测收益率最高的前50只股票组合，一共16个股票投资组合的回测收益情况。设置多种不同股票投资组合的目的，是为了满足不同类型投资者的需要，个人投资者和机构投资者都可以采取不同的投资组合。回测总收益率中"超额收益率"表示超过同期沪深300指数的收益率；"扣除成本总收益率"表示扣除交易成本的收益率。

总的看来，该中期量化选股策略表现良好，所有投资组合至少可以获得18.22%的超额收益率，随着投资组合规模的增加，收益率有所下降。前1只股票的绝对收益率最高，达141.68%；前4只股票组合的绝对收益率最低，为56.11%；扣除成本后（假设买入时佣金为万分之二，卖出时佣金为万分之二加上千分之一的印花税，其他成本暂时不考虑），前1只股票的年化收益率最高，达15.51%，前4只股票组合的年化收益率最低，为7.22%。

表5.6 中期量化选股策略回测结果表

资产组合	回测总收益率 策略收益率(%)	回测总收益率 超额收益率(%)	扣除成本总收益率 策略收益率(%)	扣除成本总收益率 超额收益率(%)	扣除成本年化收益率 策略收益率(%)	扣除成本年化收益率 超额收益率(%)
前1	141.68	103.79	137.48	99.59	15.51	12.21
前2	86.35	48.46	82.15	44.26	10.51	6.30
前3	83.23	45.34	79.03	41.14	10.19	5.91
前4	56.11	18.22	51.91	14.02	7.22	2.21
前5	105.59	67.70	101.39	63.50	12.38	8.54
前8	78.93	41.04	74.73	36.84	9.75	5.37
前10	79.04	41.15	74.84	36.95	9.76	5.38
前13	67.11	29.22	62.91	25.02	8.47	3.79
前15	73.22	35.33	69.02	31.13	9.14	4.62
前20	78.19	40.30	73.99	36.10	9.67	5.27
前25	78.88	40.99	74.68	36.79	9.74	5.36
前30	77.64	39.75	73.44	35.55	9.61	5.20
前35	71.60	33.71	67.40	29.51	8.97	4.40
前40	76.90	39.01	72.70	34.81	9.53	5.10
前45	77.94	40.05	73.74	35.85	9.64	5.24
前50	78.75	40.86	74.55	36.66	9.73	5.34

该中期量化选股策略6年内的最大回撤情况如表5.7所示。从最大回撤来看,随着投资组合规模的扩大,最大回撤逐渐缩小。前1只股票的最大回撤值最大,为-47.91%,前50只股票组合的最大回撤值最小,为-21.07%,低于沪深300指数的最大回撤-29.59%。同时,还可以发现,前30只股票组合与前50只股票组合的最大回撤比较接近。说明股票投资组合规模的增加有利于降低波动性,但投资组合规模增加到一定程度后,对波动性降低的影响不再明显。

表5.7 中期量化选股策略最大回撤结果表

项目	沪深300	前1	前2	前5	前10	前20	前30	前50
最大回撤(%)	-29.59	-47.91	-40.33	-34.81	-29.72	-25.47	-21.23	-21.07

图5.1显示了回测收益率最高的前1只股票、前10只股票组合、前30只股票组合、前50只股票组合以及沪深300指数,2016年第1季度至2021年第4季度的回测收益率结果。从中可以看出,4个股票组合的回测收益率都高于沪深300指数同期收益率,尤其是回测收益率最高的前1只股票的收益率远高于沪深300指数同期收益率。不过,它的回测也是最大的,收益率波动最大。

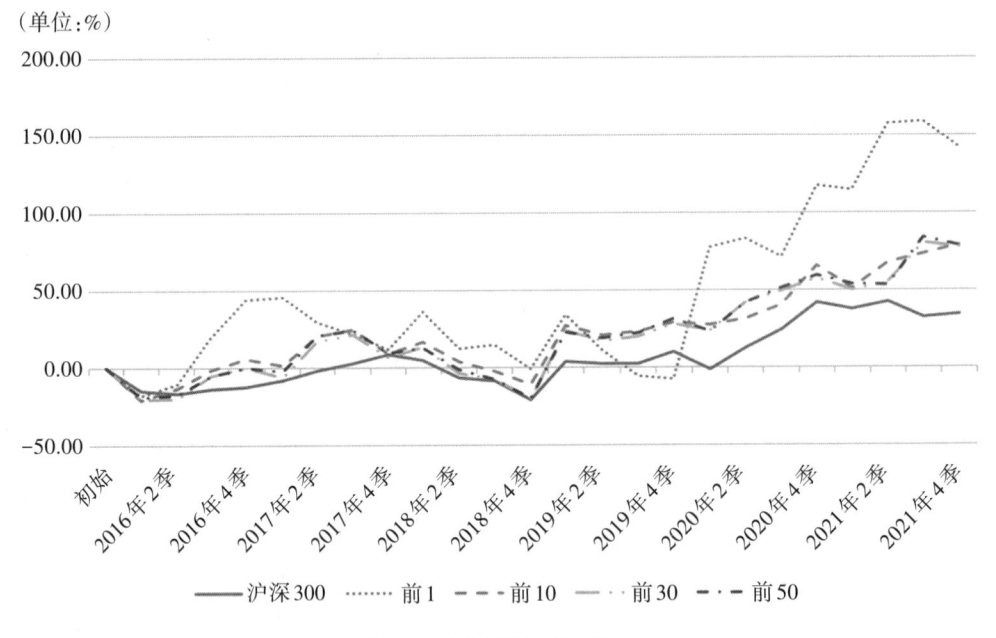

图5.1 中期策略回测结果图

5.3.4 中期量化选股策略的优化

由于基于机器学习算法的中期量化选股策略是从公司基本面出发构建的选股模型,而公司基本面的数据仅有季度数据和年度数据,且季度数据与年度数据时间跨度较大,交易频率较低,不适用于实际操作。因此,本章为了提高交易频率和实用性,以月为时间跨度进行优化。

(1)优化研究设计

因为月度数据规模较小,无法形成有效的因子池,所以需要运用三阶曲线插值法,将季度数据转换为月度数据。本章运用的三阶曲线插值法函数为:

$$q(t) = a_0 + a_1(t - t_0) + a_2(t - t_0)^2 + a_3(t - t_0)^3 \tag{5.4}$$

运用该插值法,补充每项因子,形成新数据集。同时,时间跨度由季度转为月度,在季度的时间跨度下,时间因素对结果的影响较小,而月度的时间跨度较小,不能忽略时间上的滞后性,因此本章运用三阶滞后构建模型:

$$E_t = \sum_{i=1}^{n} a_{i,t-1} X_{i,t-1} + b_{i,t-2} X_{i,t-2} + c_{i,t-3} X_{i,t-3} \tag{5.5}$$

(2)中期量化选股策略的优化回测结果分析

运用前面的最优条件,对基于机器学习算法的中期量化选股策略进行优化后,重新筛选出2016年第1季度的50只股票,作为中期量化选股策略初始的股票投资组合,具体如表5.8所示。

表5.8 2016年第1季度中期策略优化后选出的50只股票

序号	股票代码	公司简称	序号	股票代码	公司简称
1	300369	绿盟科技	2	000155	川能动力
3	300250	初灵信息	4	600302	标准股份
5	000676	智度股份	6	600570	恒生电子
7	300130	新国都	8	002439	启明星辰
9	300245	天玑科技	10	300075	数字政通
11	300377	赢时胜	12	300116	保力新
13	002334	英威腾	14	300299	富春股份
15	300209	有棵树	16	002517	恺英网络
17	002383	合纵思壮	18	000798	中水渔业
19	002649	博彦科技	20	300390	天华超净
21	002555	三七互娱	22	300287	飞利信
23	000533	顺钠股份	24	002717	岭南股份
25	300068	南都电源	26	600797	浙大网新
27	300166	东方国信	28	002364	中恒电气

续表

序号	股票代码	公司简称	序号	股票代码	公司简称
29	000008	神州高铁	30	300292	吴通控股
31	600313	农发种业	32	000671	阳光城
33	600539	狮头股份	34	603010	万盛股份
35	300113	顺网科技	36	002074	国轩高科
37	300012	华测检测	38	002609	捷顺科技
39	600818	中路股份	40	300087	荃银高科
41	000701	厦门信达	42	002436	兴森科技
43	002512	达华智能	44	600203	福日电子
45	002180	纳思达	46	000911	南宁糖业
47	002639	雪人股份	48	002606	大连电瓷
49	300078	思创医惠	50	600370	三房巷

基于机器学习算法的中期量化选股策略的优化回测结果如表5.9、表5.10所示。可以看出,优化之后可以显著提升策略的收益率,优化策略使16个股票组合的平均绝对收益率上升216.09%。但交易频率的提高增加了交易成本,同时,也增加了策略的风险,各投资组合的最大回撤有所上升。但随资产组合规模的增长,该策略风险仍具有下降空间,时间滞后项的引入为策略带来了积极的影响,效果比较理想。

表5.9 中期量化选股策略的优化回测结果表

资产组合	回测总收益率		扣除成本总收益		扣除成本年化收益	
	策略收益率(%)	超额收益率(%)	策略收益率(%)	超额收益率(%)	策略收益率(%)	超额收益率(%)
前1	347.85	296.81	335.25	284.21	22.34	19.02
前2	343.24	292.20	330.64	279.60	22.06	18.69
前3	341.10	290.06	328.50	277.46	21.92	18.54
前4	323.80	272.76	311.20	260.16	20.83	17.28
前5	317.57	266.53	304.97	253.93	20.42	16.80
前8	310.05	259.01	297.45	246.41	19.92	16.22
前10	305.03	253.99	292.43	241.39	19.58	15.82
前13	285.11	234.07	272.51	221.47	18.19	14.17
前15	288.90	237.86	276.30	225.26	18.46	14.49
前20	284.92	233.88	272.32	221.28	18.17	14.15

续表

资产组合	回测总收益率		扣除成本总收益		扣除成本年化收益	
	策略收益率(%)	超额收益率(%)	策略收益率(%)	超额收益率(%)	策略收益率(%)	超额收益率(%)
前25	284.87	233.83	272.27	221.23	18.17	14.15
前30	276.99	225.95	264.39	213.35	17.59	13.46
前35	272.58	221.54	259.98	208.94	17.26	13.07
前40	265.68	214.64	253.08	202.04	16.74	12.44
前45	259.10	208.06	246.50	195.46	16.23	11.82
前50	261.82	210.78	249.22	198.18	16.44	12.08

表5.10 量化选反股中期策略优化的最大回撤结果表

项目	沪深300	前1	前2	前5	前10	前20	前30	前50
最大回撤(%)	−29.59	−48.58	−49.22	−40.38	−37.55	−34.21	−31.91	−29.17

图5.2显示了预测收益率最高的前1只股票、前10只股票组合、前30只股票组合、前50只股票组合以及沪深300指数,2016年1月至2021年12月中期策略优化之后的回测结果。从中可以看出,中期策略优化之后,4个股票组合的回测收益率都得到了比较明显的提高,都远高于沪深300指数同期收益率。

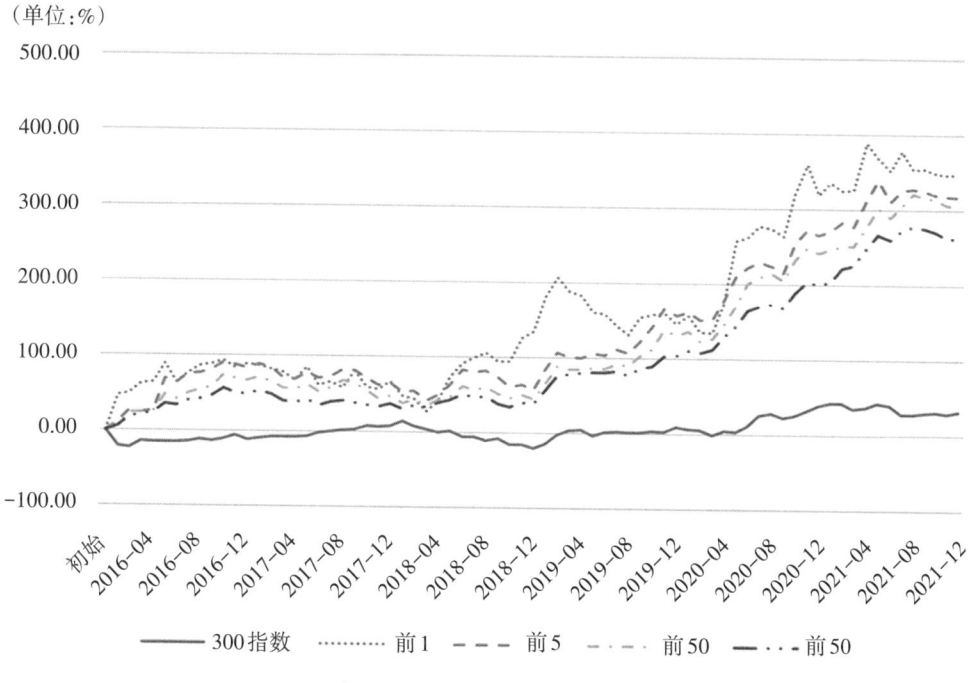

图5.2 中期策略优化回测结果图

5.4 基于机器学习算法的短期量化选股策略

5.4.1 研究设计

上市公司的财务数据公布的频率较低,一般适用于中期量化选股策略。要构建短期量化投资策略,就需要选取交易频率较高的日度数据指标。本章爬取 2012 年 1 月 1 日至 2021 年 12 月 31 日,沪深两市 A 股上市公司的"开盘价""收盘价""最高价""最低价""交易量""交易金额"和"换手率"等共计 7 项日度指标,进行数据的筛选和处理,形成有效的数据集;同时,用每只股票的百度搜索指数与股票论坛发帖数量构建投资者情绪类因子。

日频交易风险较大,波动性强,本章通过持仓比例设置来减少这种波动,在市场环境较好时提高持仓比例,在市场较差时采用低持仓。持仓设置的依据为模型算出的预测值,运用如下公式对每日的持仓比例进行调整:

$$H_t = \frac{\sum \text{pre}_t^+}{\sum \text{pre}_t^+ - \sum \text{pre}_t^-} \tag{5.6}$$

其中,H_t 为资产使用率;$\sum \text{pre}_t^+$ 为所有预测值为正的数值和;$\sum \text{pre}_t^-$ 为所有预测值为负的数值和。

需要注意的是,H_t 表示当日总资产的使用比例,而资产投资组合中的每只股票平均持有。此外,日频交易受时间的影响更加明显,本章设置了 25 个交易日的滞后项,增加了更多的投资组合规模,并删除当日无法交易的股票,例如涨停、停牌等。交易成本与前面的中期策略一样。

5.4.2 短期量化选股策略的回测结果

基于机器学习算法的短期策略仍然沿用中期策略的设置,即用沪深两市全 A 股上市公司作为标的,训练年限为 4 年,因子权重为 80%,机器学习算法为 LightGBM,但与中期策略不同的是将滞后阶数进行扩大。对短期量化选股策略进行回测,该策略从沪深 A 股中筛选出了 2016 年 1 月 4 日(2016 年的第一个交易日)短期策略的 500 只股票,作为短期策略初始的股票投资组合,具体见附录 1。设置 2015 年末的初始资金为 100 万元,表 5.11、表 5.12 分别为短期量化选股策略回测结果与最大回撤。回测收益率最高的前 1 只股票、回测收益率最高前 2 只股票组合等 8 个股票组合,2016 年至 2021 年的年平均收益率高于沪深 300 指数 120.23%,最大收益率为 425.54%,超过同期基准收益率的 293.13%。

随着股票组合规模的扩大,最大回撤逐渐减少。当资产组合达到一定规模后,最大回撤的表现优于沪深 300 指数。但日频策略换仓频繁,导致交易成本显著提高,交易成本约为初始资金的 75%,很大程度上降低了该策略的收益率,并且高频率还带来了较高的波动性。因此,本章引入持仓比例控制,虽然在一定程度上降低了策略的收益率,但对风险进行了有效的控制。

表5.11 短期量化选股策略的回测结果表

时间	前1(%)	前2(%)	前5(%)	前10(%)	前50(%)	前100(%)	前200(%)	前500(%)
2015年	100.00	100.00	100.00	100.00	100.00	100.00	100.00	100.00
2016年	77.91	92.61	77.07	92.38	101.69	102.99	99.60	97.87
2017年	97.79	155.73	109.85	134.98	126.07	113.20	105.61	103.11
2018年	86.14	119.28	88.96	129.45	131.82	114.11	111.62	100.68
2019年	115.84	154.83	123.53	155.58	180.10	144.08	141.23	125.63
2020年	278.00	229.64	226.38	192.91	191.71	168.83	158.38	130.94
2021年	425.54	303.41	270.67	227.90	232.12	202.92	192.76	165.82

表5.12 短期量化选股策略的最大回撤结果表

回测年限	沪深300(%)	前1(%)	前2(%)	前5(%)	前10(%)	前50(%)	前100(%)	前200(%)	前500(%)
2016年	-19.38	-34.23	-29.40	-31.24	-27.48	-23.82	-23.72	-23.64	-24.53
2017年	-6.07	-29.51	-18.59	-15.51	-12.91	-8.80	-10.67	-9.79	-8.90
2018年	-31.88	-59.71	-46.19	-37.64	-25.26	-24.35	-23.88	-23.56	-21.26
2019年	-13.49	-42.70	-36.39	-22.07	-24.95	-16.02	-15.33	-13.31	-13.47
2020年	-16.08	-17.98	-27.36	-28.92	-17.94	-13.60	-13.65	-12.69	-10.50
2021年	-18.19	-22.04	-18.45	-12.40	-14.20	-9.70	-8.11	-7.23	-6.55
2016—2021年	-32.46	-55.47	-48.01	-35.29	-29.68	-24.21	-24.90	-24.68	-24.22

图5.3显示了回测收益率最高的前1只股票、前10只股票组合、前50只股票组合、前100只股票组合以及沪深300指数,2016年初至2021年底短期策略的回测结果。从中可以看出,4个股票组合的回测收益率都高于沪深300指数同期收益率,尤其是回测收益率最高的1只股票的收益率远远高于沪深300指数同期收益率,不过,它的最大回撤也是最大的,收益率波动最大。

(单位:%)

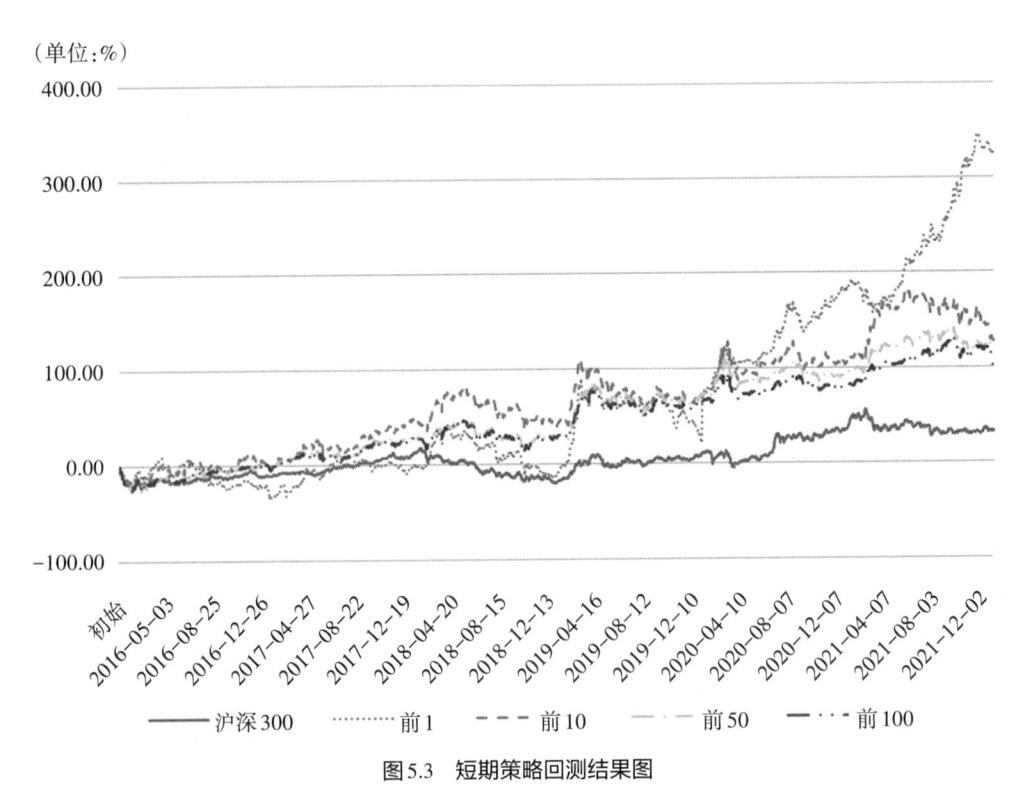

图5.3 短期策略回测结果图

5.4.3 短期量化选股策略优化

(1)行业权重优化设计

日频交易时间跨度短,市场波动性大,为了保证较高的收益并控制风险,本章从行业出发,对不同行业的股票进行超额配置设计,通过增持高收益行业的股票,以达到优化收益的目的。根据东方财富的行业分类标准,将所有股票分配到86个行业中,根据模型的个股收益预测值计算出每个行业的平均收益预测值,运用如下公式算出行业权重:

$$W_i = \frac{\mathrm{EI}_i}{\sum \mathrm{EI}_i} \quad (5.7)$$

其中,W_i为i行业的行业权重值;EI_i为i行业的平均收益预测值;$\sum \mathrm{EI}_i$为全行业收益预测值之和。

通过行业权重可以找到不同投资组合的中每只股票的超配额,超配函数为:

$$R_j = \frac{W_j}{\sum W_j} \quad (5.8)$$

其中,R_j为投资组合中第j只股票的超额配置率;W_j为投资组合中j股票的行业权重;$\sum W_j$为资产组合中所有股票的行业权重值之和。最终每只股票的仓位权重为:

$$H_{t,j}^* = \frac{\sum \text{pre}_t^+}{\sum \text{pre}_t^+ - \sum \text{pre}_t^-} \times R_j \quad (5.9)$$

（2）行业权重优化的回测结果

对短期策略的行业权重优化后进行回测,该策略从沪深A股中筛选出了2016年1月4日短期策略优化后的500只股票,作为短期策略优化后初始的股票投资组合,具体见附录2。表5.13、表5.14为引入行业权重优化后的回测结果,相较于平均持仓,回测收益率最高的前1只股票、回测收益率最高前2只股票组合等8个股票组合,超额配置策略增加了5.48%的超额收益,6年的平均收益率由252.64%上升至258.13%,最大收益率由425.54%上升到434.05%。同时,行业超配策略也对该策略的风险进行了一定控制,6年的平均最大回撤值由-33.31%下降至-31.56%,在回撤值最大的2018年下降了2.35%。

表5.13 短期量化选股策略的优化回测结果表

时间	前1(%)	前2(%)	前5(%)	前10(%)	前50(%)	前100(%)	前200(%)	前500(%)
2015年	100.00	100.00	100.00	100.00	100.00	100.00	100.00	100.00
2016年	76.81	92.94	82.15	97.23	103.74	102.34	100.29	98.06
2017年	95.62	165.69	115.07	136.99	131.99	117.51	112.47	103.77
2018年	84.85	122.96	94.79	132.46	132.39	118.10	110.95	100.25
2019年	120.27	161.44	128.44	160.18	175.78	151.35	139.52	125.34
2020年	284.63	236.05	229.42	192.66	199.55	166.37	154.68	139.80
2021年	434.05	310.67	290.30	241.70	227.70	204.11	187.29	169.19

表5.14 短期量化选股策略优化的最大回撤表

回测年限	沪深300(%)	前1(%)	前2(%)	前5(%)	前10(%)	前50(%)	前100(%)	前200(%)	前500(%)
2016年	-19.38	-34.37	-27.49	-29.01	-26.81	-21.93	-22.76	-23.83	-23.88
2017年	-6.07	-27.81	-17.43	-14.81	-12.25	-8.34	-9.95	-9.74	-8.48
2018年	-31.88	-52.96	-45.10	-31.59	-24.74	-23.35	-22.50	-21.88	-20.92
2019年	-13.49	-43.08	-36.64	-22.25	-24.45	-15.62	-15.29	-13.50	-12.60
2020年	-16.08	-17.80	-25.86	-26.85	-17.11	-12.55	-13.00	-12.68	-10.20
2021年	-18.19	-21.49	-18.01	-11.39	-13.43	-9.12	-8.04	-7.00	-6.34
2016—2021年	-32.46	-53.01	-45.14	-32.67	-25.73	-23.35	-23.98	-24.69	-23.90

图5.4显示了回测收益率最高的前1只股票、前10只股票组合、前50只股票组合、前100只股票组合以及沪深300指数,2016年初至2021年底短期策略优化之后的回测结果。从中可以看出,4个股票组合的回测收益率都高于沪深300指数同期收益率,优化后的效果得到明显的提高。

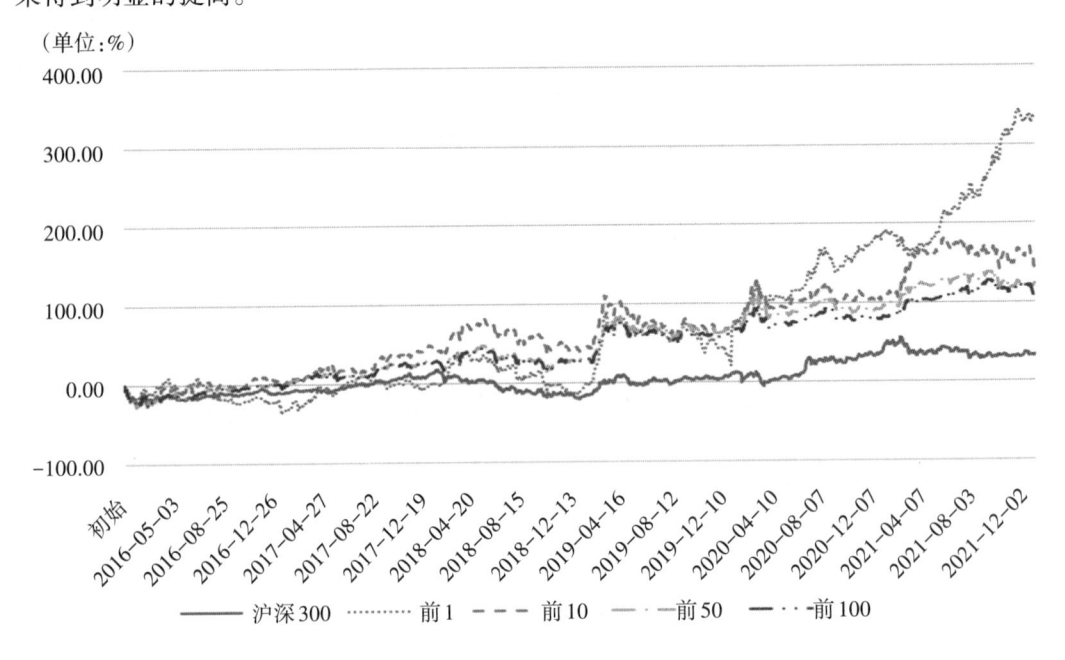

图5.4 短期量化选股策略的优化回测结果图

第6章　基于大数据的量化择时策略

量化择时策略主要是解决量化投资中的买卖时机问题,其目的在于获得高于简单买入并持有策略的投资收益率。量化择时策略有多种,本章主要研究趋势择时投资策略和情绪择时策略。在对量化择时策略内涵进行分析的基础上,构建趋势择时投资策略,并对趋势择时投资策略进行回测和优化。然后,对基于市场情绪的择时投资策略进行研究,并进行相应的回测与优化。

6.1 量化择时策略的内涵

在证券投资过程中,投资者始终面临着一个难题:何时买入证券又在何时卖出?这就是量化投资中的择时问题。量化择时策略指的是通过对市场的历史交易数据进行分析,发现其中的规律并在此基础上对未来证券价格走势进行预判,从而采取相应的买入或卖出的策略。量化择时策略是量化投资重要的组成部分,有效且灵活的量化择时策略可以在证券市场不确定的情况下,指导投资者进行理性投资,以获得理想的收益。

量化择时交易策略可以利用某种方法来判断和预测证券未来的走势情况,上涨、下跌还是盘整。如果预测证券将会出现上涨趋势,量化择时交易策略则会发出买入信号;反之,如果预测证券将会出现下跌趋势,量化择时交易策略则会发出卖出信号;如果预测证券表现为上下震荡行情,那么高抛低吸是获取超额收益的最好方法。

量化择时策略有多种,本章主要研究趋势择时策略和情绪择时策略。趋势择时策略是指利用技术分析方法来判断和预测证券的未来趋势,并采取相应的买卖策略。趋势择时策略的主要技术指标有 MA、EXPMA、MACD 等,并利用这些技术指标来判断证券的未来趋势。情绪择时策略是利用投资者的情绪高低来判断未来方向进而采取相应的策略,当投资者情绪较高、积极入市时,大盘可能会继续上涨,策略会发出买入信号;当投资者情绪比较低迷、不断撤出市场的时候,大盘可能继续下跌,策略则会发出卖出信号。

6.2 趋势择时投资策略

趋势择时投资策略认为趋势具有一定的延续性,只要找到趋势方向就能把握证券的买卖时机,从而获得超额收益率。趋势择时往往通过两根及两根以上趋势线的交叉点作为买卖信号,从而判断证券的买卖时机。与其他择时策略相比,趋势择时投资策略比较简单,易于操作,是有效的量化择时策略之一,运用最为广泛。

趋势择时投资策略的基本思想来源于技术分析,技术分析是与基本分析相对应的一种分析方法。基于市场反映一切信息、价格运行具有趋势性和历史会重演三个基本假设,产生了道氏理论、K 线图理论等诸多广为流传的技术分析理论,推动了证券市场交易理论的发展。技术指标则是技术分析中最常用的方法,以数学模型的方式直观地反映证券市场某一方面的实质情况,为我们实际操作提供参考和指导。经过不断发展,金融市场上出现了各种各样的技术指标,例如,移动平均线(MA)、平滑异同移动平均线(MACD)等都是实际操作中常用的技术指标。本章将介绍几种常见的趋势型技术指标。

6.2.1 移动平均线(MA)

美国著名投资家约瑟夫·葛兰维(Joseph E.Granville)在 20 世纪中期首次提出了移动平均线(Moving Average,MA)理论,一经问世便引起广泛关注。MA 通过每天的股价或者成交量数据进行平均化处理来减轻偶然性事件、季节性波动对股价的影响,对于帮助投资者判断股价运行走势,预测股价发展方向和发掘投资机会具有重要意义。MA 以道·琼斯提出的"平均成本"为基本思想,通过绘制不同时间跨度的移动平均线来展示历史上股价的移动趋势,以此为基础预测证券未来的价格走势,具有准确、客观且普遍适用的特点。

根据所选取的时间区间的不同,MA 可以分为短期 MA、中期 MA 和长期 MA。短期 MA 时间区间通常为 5 日或 10 日,因为时间跨度小,又被称为日均线指标;中期 MA 的时间区间通常为 30 日或 60 日;长线投资者通常以 120 日或 250 日均线指标为参考,称长期 MA。

根据计算方法,MA 可以分为算术移动平均(简单移动平均)、线性加权或指数加权移动平均等方法,但生活中最常用的是算术移动平均。

算术移动平均线的计算公式如下：

$$\mathrm{MA}(N) = \frac{1}{N}\sum P_t \tag{6.1}$$

其中，P_t表示第t日的收盘价或证券指数；N代表移动平均期间数。

用MA来进行择时交易，主要遵循葛兰维提出的八大法则。当MA处在证券价格之下且呈现上升趋势时为买入信号，当MA在证券价格之上且呈现下降趋势时为卖出信号。当短期MA从下向上穿过长期MA时形成金叉，预期未来证券价格将上升，此时做多将获利；当长期MA自上而下穿过短期MA时形成死叉，预期未来证券价格将会下降，做空则可以避免损失。

MA操作简单，且结果直观，可以清晰分辨证券价格大致走向，因此被广泛使用。但MA也有自己的弊端：一是简单的算术平均认为每一天的收盘价或者成交量造成影响是相同的，忽略了越靠近当前日期的数据对走势的影响越大，所以MA计算出的数据不可避免地带有滞后性；二是更适用于证券价格上涨下跌趋势明显的区间段，当证券市场整体处于盘整阶段时，均线就会频繁发出买卖信号，可能导致择时失败。

6.2.2 平滑异同移动平均线（MACD）

考虑到简单移动平均线的滞后性和盘整阶段频繁发出交易信号的问题，1979年杰拉尔德·阿佩尔（Gerald Appel）对移动平均线进行改进，提出了平滑异同移动平均线（MACD），该均线主要研究短期移动平均线（EMA(S)）和长期移动平均线（EMA(L)）之间的离差DIF、DIF的N日指数移动平均线DEA与柱状图BAR，以此判断买卖时机，是一种研究股价中期趋势的主要技术分析方法。

MACD指标的计算方法如下：

（1）设短期移动平均线时间区间为S，长期移动平均线时间区间为L，分别计算短期移动平均线EMA(S)和长期移动平均线EMA(L)。其中EMA(S)$_{t-1}$表示前一日的EMA(S)，EMA(L)$_{t-1}$表示前一日的EMA(L)，C_t表示第t日的收盘价。

$$\mathrm{EMA}(S) = \mathrm{EMA}(S)_{t-1} \times (S-1)/(S+1) + C_t \times 2/(S+1) \tag{6.2}$$

$$\mathrm{EMA}(L) = \mathrm{EMA}(L)_{t-1} \times (L-1)/(L+1) + C_t \times 2/(L+1) \tag{6.3}$$

（2）将EMA(S)和EMA(L)之差得到离差值DIF。

$$\mathrm{DIF} = \mathrm{EMA}(S) - \mathrm{EMA}(L) \tag{6.4}$$

（3）计算DIF的N日指数移动平均线DEA，其中DEA$_{t-1}$表示前一日的DEA。

$$\mathrm{DEA} = \mathrm{DEA}_{t-1} \times (N-1)/(N+1) + \mathrm{DIF} \times 2/(N+1) \tag{6.5}$$

（4）绘制MACD柱。

$$MACD=2\times(DIF-DEA) \tag{6.6}$$

要运用MACD判断买卖时机,主要观察DIF与DEA的值,二者的交叉情况以及MACD柱的情况,遵循以下择时规则:

当DIF和DEA都为正,且DIF向上穿过DEA,此时形成金叉,表明市场处在上升阶段,为买入信号。

当DIF和DEA都为正,且DIF向下穿过DEA,此时形成死叉,表明市场虽仍处在上升阶段,但是做空的数量逐渐增多,行情将会反转,为卖出信号。

当DIF和DEA都为负,且DIF向上穿过DEA,此时形成金叉,表明市场虽然处在下跌状态,但是市场做多的数量在增加,行情将会反转,为买入信号。

当DIF和DEA都为负,且DIF向下穿过DEA,此时形成死叉,表明市场处在下跌状态,为卖出信号。

当MACD柱状线由正值变为负值,即DIF从上向下跌破DEA,表明市场上涨的行情可能反转,此时为卖出信号。

当MACD柱状线由负值变为正值,即DIF从下向上突破DEA,表明之前市场下跌的走势可能会发生反转,此时为买入信号。

当证券价格创出近期新低,而MACD指标没有相应创出新低时,出现底背离,为买进时机;当证券价格创近期新高,而MACD指标没有相应创新高时,出现顶背离,为卖出时机。

6.2.3 指数平滑移动平均线(EXPMA)

与移动平均线(MA)和平滑异同移动平均线(MACD)相比,指数平滑移动平均线(EXPMA)更加重视当前收盘价格对指数的影响,能更加有效地反映出当前的价格趋势;与平均线差指标(DMA)相比,指数平滑移动平均线(EXPMA)又克服了某些时刻的信号提前性,它的有效性使得该指标的使用率非常高。EXPMA的计算公式如下:

$$EXPMA(N)=(C_t-E_{t-1})/N)+E_{t-1} \tag{6.7}$$

其中,C_t表示第t期(日)的收盘价,E_{t-1}表示上一期(日)的EXPMA值,N表示天数。

当$N=1$时,则$EXPMA(1)=C_1$。

当$N=2$时,则$EXPMA(2)=2/3\times C_2+1/3\times C_1$。

当$N=3$时,则$EXPMA(3)=1/2\times C_3+1/3\times C_2+1/6\times C_3$。

其基本构造原理是对证券的收盘价进行分析,从计算公式来看,各变量的系数值之和恒等于1,EXPMA会给予当天收盘价更高的权重,更突出反映近期的证券价格波动情况,所以该指标的计算结果对投资者判断趋势来说有更好的参考价值。

该指标在技术分析软件中的默认参数值为EXPMA(12,50),具有比较稳定的优点,对中线投资者来说具有指导意义。EXPMA主要研究的是K线、短期指数平滑移动平均线和长期指数平滑移动平均线三条线,根据三条线在图上的位置形态及交叉情况来判断证券的买入和卖出时点,具体的择时方法主要有:

当K线的位置在短期EXPMA线(如默认参数设置中的12日线)之上,同时短期EXPMA线的位置又在长期EXPMA线(如默认参数设置50日线)之上,此时为买入信号,做多可以获得收益;反之,当长期EXPMA线的位置在短期EXPMA线之上,同时短期EXPMA线的位置又在K线之上,此时为卖出信号。

从交叉情况来判断,当短期EXPMA线自下而上穿过长期EXPMA线时,此时的交叉点叫作"黄金交叉",顾名思义,此时是黄金买入点;反之,当短期EXPMA线自上而下穿过长期EXPMA线时,此时形成"死亡交叉",及时卖出可以避免证券价格下跌带来的亏损。

还要注意做多做空力量之间的博弈带来的局面反转,当K线在跌破短期EXPMA线后,继而又从上向下穿过了长期EXPMA线,且短期EXPMA线趋势转而向下,表明市场上做多力量在逐渐减小,应注意及时止损;反之,当K线从下往上穿过了短期EXPMA线,继而又再次穿过了长期EXPMA线,且短期EXPMA线趋势转而向上,表明市场上多头力量开始增加,应该适量增持。

6.3 趋势择时投资策略的回测

前面介绍了三种趋势择时的方法,趋势择时策略主要是通过判断不同均线的位置及交叉情况来判断买卖的时机。单一的趋势择时策略简单有效,在证券市场走势明显的牛熊市中有较好的表现,但在证券市场震荡时期,却因为均线频繁转向而发出错误的买卖信号。为了增强择时的准确性,提高累计收益率,本章将几种择时指标综合起来判断买卖时机,综合考察收益率和胜率是否有所改善。

6.3.1 单指标择时策略在随机个股上的回测

对单指标进行回测,选择的基准为沪深300(HS300)指数,回测的证券随机选择。选择的样本区间为2009年1月1日至2021年12月31日,使用的回测平台为JoinQuant金融量化平台,使用的语言是Python3.11。

(1)MA策略回测

对MA策略进行回测,策略参考基准为HS300指数,回测对象选择平安银行

(000001)。利用短期移动均线和长期移动均线的交叉点来判断买入卖出时机,设短期移动均线SMAt的天数为5天,长期移动均线LMAt的天数为60天,起始资金为100万元,调仓频率为1天。当短期移动均线上穿长期移动均线时买入证券,当短期移动均线下穿长期移动均线时卖出证券。将策略回测的收益率导出绘制成折线图,结果如图6.1所示:

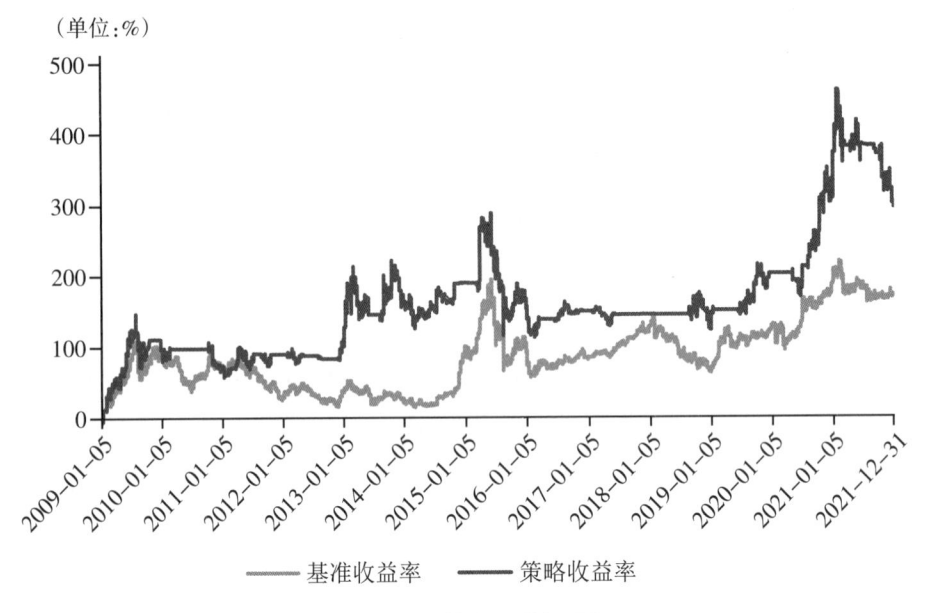

图6.1 MA策略回测结果图

从图6.1中可以明显看出,从2009年1月5日至2021年12月31日,策略收益率曲线绝大部分在基准收益率曲线之上,表明在使用MA策略后,策略收益率超过基准收益率。

表6.1 MA策略回测效果

策略收益率(%)	295.40	α	0.05
策略年化收益(%)	11.49	β	0.62
基准收益率(%)	171.79	夏普比率	0.28
最大回撤(%)	-45.08	胜率(%)	41.70

从表6.1可以看出,在使用MA进行择时之后,策略收益率为295.40%,策略的年化收益率为11.49%,基准收益率为171.79%,获得了123.61%的超额收益。回测的α为0.05,β系数为0.62,夏普比率为0.28,最大回撤为-45.08%。

(2)MACD策略回测

对MACD进行策略回测,策略参考基准为HS300指数,回测对象选择平安银行(000001)。设短期指数移动平均线的周期为12天,长期指数移动平均线的周期为26天,MACD移动平滑周期为10天。设置择时规则为:当日MACD为正且二日前MACD为负,金叉形成,买入;当日MACD为负且二日前MACD为正,死叉形成,卖出。设初始资金为100万元,调仓频率为5天。导出MACD策略的收益率和基准收益率绘制成折线图,结果见图6.2所示:

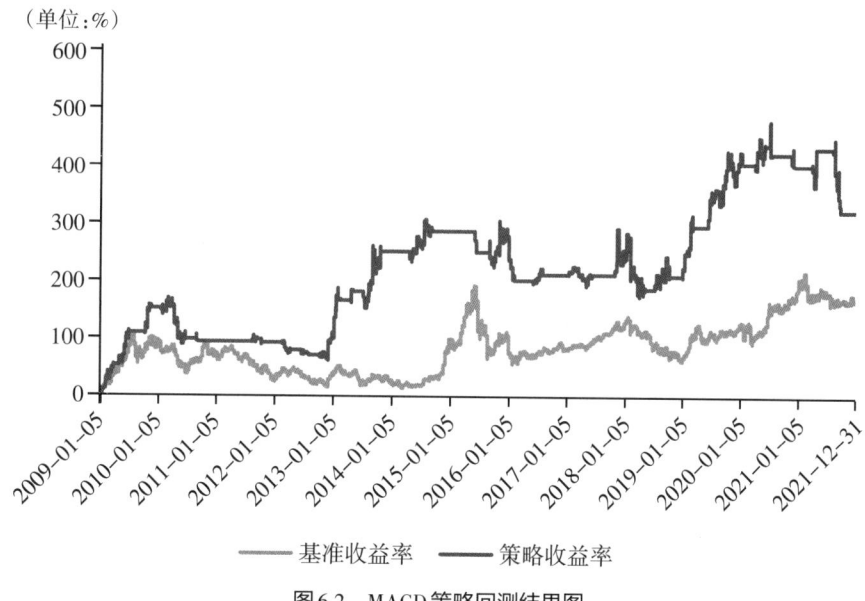

图6.2 MACD策略回测结果图

从图6.2可以看出,在使用MACD策略对平安银行证券进行择时买卖后,从2009年1月5日至2021年12月31日,策略收益率远远超过HS300的基准收益率,回测的各指标见表6.2。

表6.2 MACD策略回测效果

策略收益率(%)	325.62	α	0.07
策略年化收益(%)	12.14	β	0.38
基准收益率(%)	171.79	夏普比率	0.38
最大回撤(%)	-40.03	胜率(%)	62.10

总体来说,在使用MACD策略后,策略的累计收益率为325.62%,基准收益率为171.79%,策略年化收益率为12.14%,α为0.07,β系数为0.38,夏普比率为0.38,最大回撤为-40.03%。

(3)EXPMA策略回测

对EXPMA策略进行回测,策略参考基准为HS300指数,回测对象选择平安银行(000001)。设短线的周期为7天,长线的周期为100天。设置择时规则为:如果短均线从下往上穿越长均线,则为金叉信号,买入;如果短均线从上往下穿越长均线,则为死叉信号,卖出。设初始资金为100万元,调仓频率为1天。导出EXPMA策略的收益率和基准收益率绘制成折线图,结果如图6.3所示。

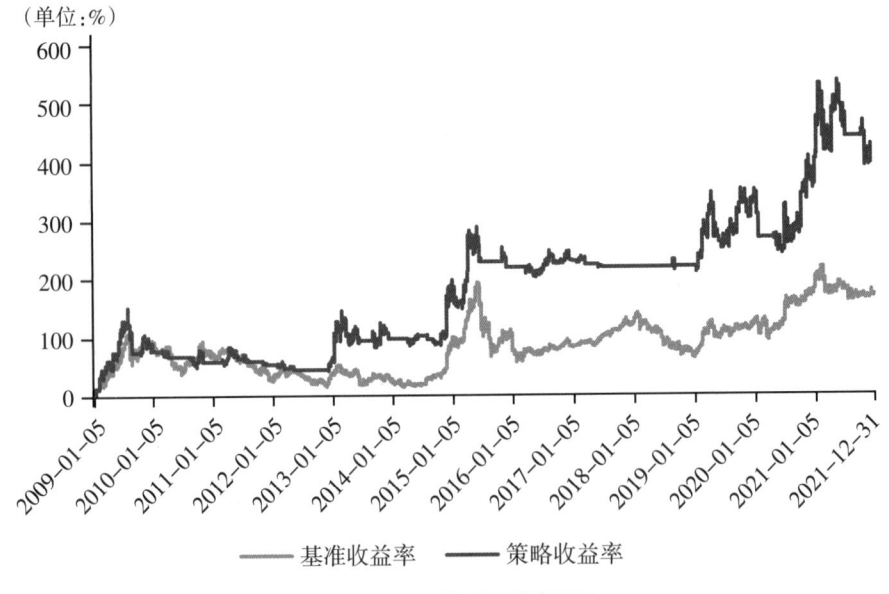

图6.3 EXPMA策略回测结果图

从图6.3中可以明显的看出,从2009年1月5日至2021年12月31日,策略收益率曲线绝大部分远远在基准收益率之上,表明在使用EXPMA策略进行择时交易后,买卖收益率得到显著提高。

表6.3 EMA策略回测效果

策略收益率(%)	367.63	α	0.07
策略年化收益(%)	12.97	β	0.53
基准收益率(%)	171.79	夏普比率	0.34
最大回撤(%)	-43.47	胜率(%)	52.20

从表6.3可以看出,在使用EXPMA进行择时之后,策略收益为367.63%,策略的年化收益率为12.97%,而基准收益率为171.79%,获得了近200%的超额收益。回测的α为0.07,β系数为0.53,夏普比率为0.34,最大回撤为-43.47%。

6.3.2 单指标择时投资策略在指数ETF上的回测

以HS300指数为基准,选择沪深300ETF作为回测的对象,选择的样本区间为2009年1月5日至2021年12月31日,使用的回测平台为JoinQuant金融量化平台,使用的语言是Python3.11。

(1) MA 策略回测

对 MA 策略进行回测,策略参考基准为 HS300 指数,回测对象为沪深 300ETF (510300)。利用短期移动均线和长期移动均线的交叉点来判断买入卖出时机,设短期移动均线 SMA_t 的天数为 5 天,长期移动均线 LMA_t 的天数为 70 天,起始资金为 100 万,调仓频率为 1 天。当短期移动均线上穿长期移动均线时买入证券,当长期移动均线下穿短期移动均线时卖出证券。将策略回测的收益率导出绘制成折线图,结果如图 6.4 所示。策略的收益率高于基准收益率,说明策略效果不错。

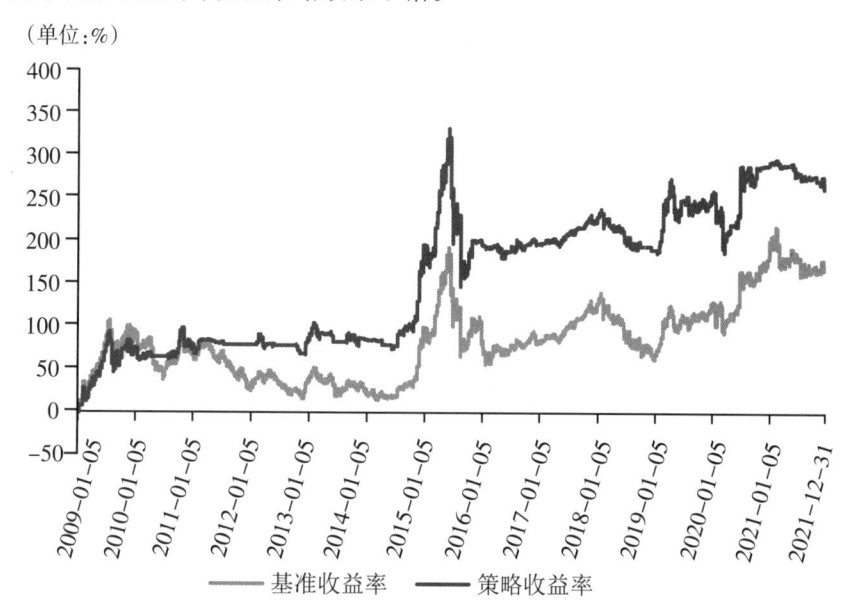

图 6.4 MA 策略回测结果图

从表 6.4 可以看出,在使用 MA 进行择时之后,策略收益为 268.27%,策略的年化收益率为 10.86%,基准收益率为 171.79%。使用历史数据进行回测的 α 为 0.04,β 系数为 0.63,夏普比率为 0.39,最大回撤为 −42.87%。

表 6.4 MA 策略回测效果

策略收益率(%)	268.27	α	0.04
策略年化收益(%)	10.86	β	0.63
基准收益率(%)	171.79	夏普比率	0.39
最大回撤(%)	−42.87	胜率(%)	48.60

(2) MACD 策略回测

对 MACD 进行策略回测,策略参考基准为 HS300 指数,回测对象为沪深 300ETF (510300)。设短期指数移动平均线的周期为 12 天,长期指数移动平均线的周期为 26 天,

MACD移动平滑周期为8天。设置择时规则为：当日MACD为正且三日前MACD为负，金叉形成，买入；当日MACD为负且三日前MACD为正，死叉形成，卖出。设初始资金为100万元，调仓频率为10天。导出MACD策略的收益率和基准收益率绘制成折线图，结果如图6.5所示。策略的收益率高于基准收益率，说明该策略效果不错。

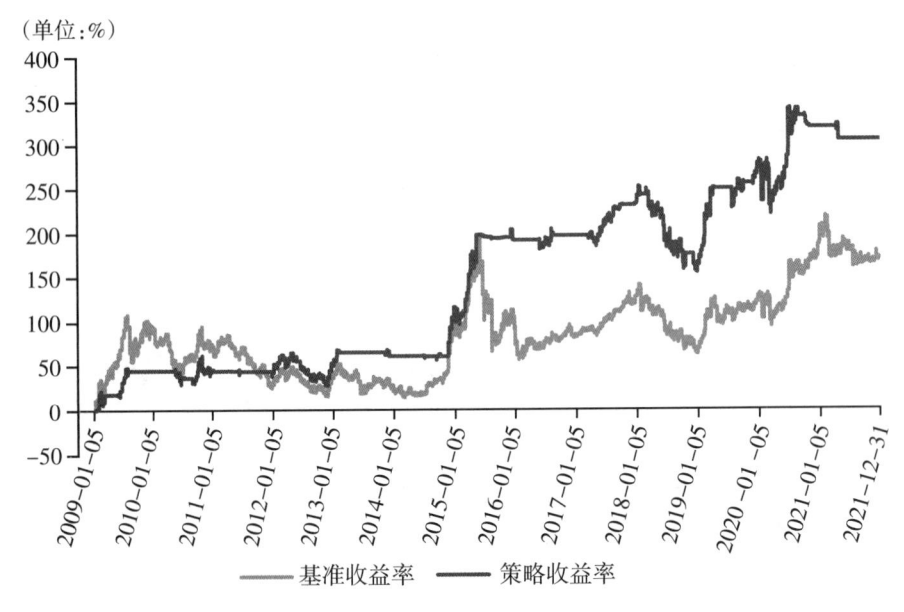

图6.5　MACD策略的回测结果图

从表6.5可以看出，在经过MACD策略择时后，策略的累计收益率达到305.59%，策略年化收益率为11.71%，基准收益率只有171.79%，α为0.06，β系数为0.38，夏普比率为0.54，胜率高达67.90%，最大回撤为-27.75%。

表6.5　MACD策略回测效果

策略收益率(%)	305.59	α	0.06
策略年化收益(%)	11.71	β	0.38
基准收益率(%)	171.79	夏普比率	0.54
最大回撤(%)	-27.75	胜率(%)	67.90

(3) EXPMA策略回测

对EXPMA策略进行回测，策略参考基准为沪深300指数，回测对象为沪深300ETF（510300）。设短线的周期为7天，长线的周期为100天。设置择时规则为：如果短均线从下往上穿越长均线，则为金叉信号，标记买入；如果短均线从上往下穿越长均线，则为死叉信号，标记卖出。设初始资金为100万元，调仓频率为1天。导出EXPMA策略的收益率和基准收益率绘制成折线图，结果如图6.6所示。总体来说，策略的收益率高于基准收益率，虽然有个别时间策略收益率不如基准收益率。

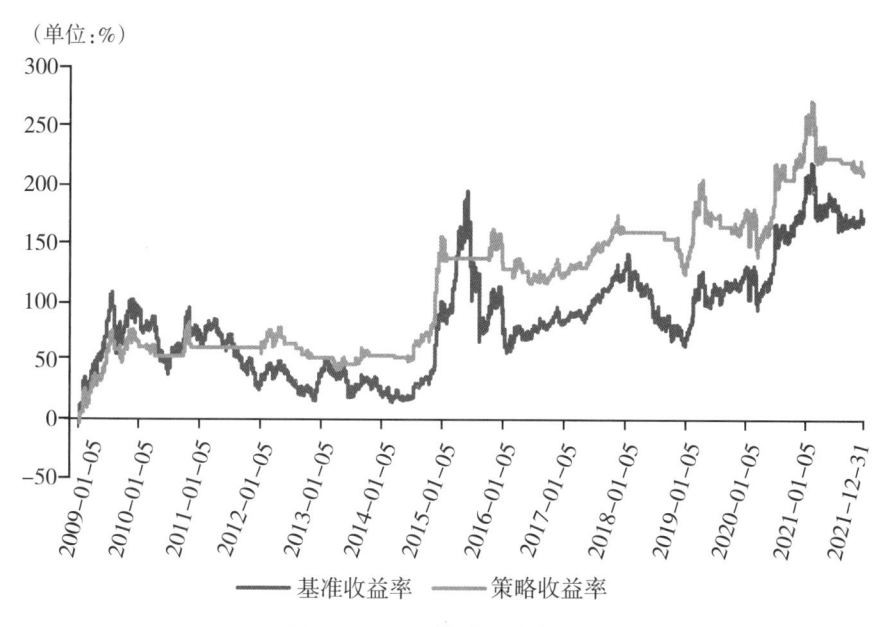

第6章 基于大数据的量化择时策略

图6.6 EXPMA策略回测结果图

从表6.6可以看出,在使用EXPMA进行择时之后,策略收益为211.32%,策略的年化收益率为9.40%,而基准收益为171.79%,获得了39.53%的超额收益。回测的α为0.04,β系数为0.40,夏普比率为0.38,胜率为45.70%,最大回撤为-21.84%。

表6.6 EXPMA策略回测效果

策略收益率(%)	211.32	α	0.04
策略年化收益(%)	9.40	β	0.40
基准收益率(%)	171.79	夏普比率	0.38
最大回撤(%)	-21.84	胜率(%)	45.70

6.3.3 组合指标择时投资策略的构建

单指标策略在个股回测上的表现不错,在回测中,MA、MACD和EXPMA单个策略的累计收益率大部分都是高于基准收益率的,无论是在熊市还是牛市,三种策略都跑赢了大盘指数。但是单指标策略在指数ETF上的回测表现不太理想,尽管累计收益率都是显著高于基准收益率的,但是有部分时期的收益率低于大盘指数,比如,MA策略在2009年的累计收益率不如大盘指数好,MACD策略也是在2009年至2012年间的累计收益率并不如基准收益率高,而EXPMA在2009年至2011年间和2015年股市大涨期间表现不够理想,都没有跑赢大盘指数。因此,本章试图将MA、MACD和EXPMA几种单策略组合起来,构建一个新的择时策略,尽可能提高累计收益率。

设置组合策略基本参数如下:策略参考基准为HS300指数,回测对象为沪深300ETF(510300)。策略的起始资金为100万元,调仓频率为10天。设MA短期移动均线SMA_t的天数为5天,长期移动均线LMAt的天数为70天,当短期移动均线上穿长期移动均线时买入,当长期移动均线下穿短期移动均线时卖出。设MACD短期指数移动平均线的周期为9天,长期指数移动平均线的周期为30天,MACD移动平滑周期为9天。当日MACD为正且三日前MACD为负,金叉形成,买入,当日MACD为负且三日前MACD为正,死叉形成,卖出。设EMA短线的周期为15天,长线的周期为50天,当短均线从下往上穿越长均线时买入,当短均线从上往下穿越长均线时卖出。

设置组合买卖策略为:当MA、MACD、EMA三个策略中有一个策略发出买入信号,则执行买入;当MA、MACD、EMA三个策略中有一个策略发出卖出信号,则执行卖出;当MACD、MA、EMA三个策略中有一个策略发出买入信号,而有一个策略发出卖出信号,则不执行操作。

6.3.4 组合指标择时投资策略的回测

根据组合策略对2009年1月5日至2021年12月31日的历史数据进行回测,回测的结果如图6.7所示。策略的收益率远高于基准收益率,说明组合指标择时投资策略效果比单一指标更好。

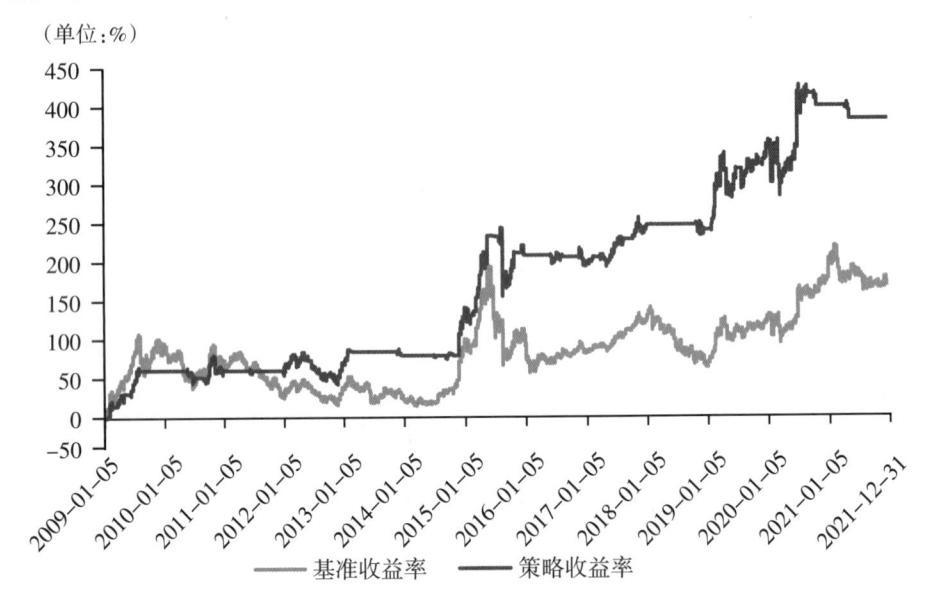

图6.7 组合策略回测结果图

新构建的组合指标择时投资策略在累计收益率上远远超过单策略的回测结果,最大回撤率也比三种指标最大回撤率的平均数低,具体的回测指标见表6.7。组合指标择时投资策略的收益率为383.04%,策略年化收益率为13.26%,基准收益率为171.79%,α为0.08,β系数为0.42,夏普比率为0.61,最大回撤率为-25.55%。组合策略显然优于单指标策略。

表6.7 组合策略回测效果

策略收益率(%)	383.04	α	0.08
策略年化收益(%)	13.26	β	0.42
基准收益率(%)	171.79	夏普比率	0.61
最大回撤(%)	−25.55	胜率(%)	58.10

6.4 市场情绪择时投资策略

6.4.1 市场情绪择时投资策略介绍

行为金融学理论将人类心理学和行为学与金融相结合,弥补了理性投资者假设下的金融市场理论与现实市场之间的差距,该理论指出金融资产的价格除了受自身内在价值影响之外,还会受到投资者行为的影响。例如,当前我国A股市场个人投资者居多,个人投资者和机构投资者不同,他们普遍没有充足的时间和精力去研究分析所要投资的个股,也不具备相应的知识和技术分析能力,对他们做出决策影响较大的往往是周围人的选择,这就是著名的羊群效应。当股市处在上涨阶段,投资者情绪高涨,往往跟随潮流买入证券;当股市处在下跌阶段,投资者情绪低迷,不做过多考虑便跟风卖出,这就会造成市场趋势的持续;在大盘上涨阶段,证券价格不断上涨使其被高估;在大盘下跌阶段,投资者因为风险厌恶情绪纷纷抛售证券使其被低估。

市场情绪择时投资策略是在行为金融学理论下应运而生的,考虑市场投资者的情绪对证券价格走势的影响,以市场情绪为风向标的择时交易策略。当市场情绪比较高时,证券市场可能会上涨,策略会发出买入信号;而当市场情绪比较悲观时,证券市场可能会下跌,策略会发出卖出信号。但是,当投资者情绪异常高亢,达到一定程度后,证券市场可能进入顶部区域,策略反而会发出卖出信号;而当投资者情绪极度低迷时,低到一定程度后,证券市场可能进入底部区域,策略则会发出买入信号。

反映市场情绪的指标比较多,例如,IPO首日个股回报率、每月IPO个数、封闭基金折价率、投资者的行为和信心指数等。一般来说,可以采用主成分分析法对选取的多维度指标进行降维,寻找最能反映市场情绪的主成分因子;然后运用主成分指数来计算市场情绪得分,通过市场情绪得分的高低来判断市场情绪处于何种状况,进而采取相应的买卖策略。

6.4.2 市场情绪指标选取

要研究市场情绪和量化投资之间的内在关系,首先要找出市场中能够反映投资者情绪的指标。该指标数量较多,主要有以下五种:

(1)直接调查

采用问卷的形式对证券市场中投资者的信心指数进行调查,能有效获取投资者的情绪状况,且直接调查获得的资料客观公正,真实性好。比如,2005年,北京大学联合耶鲁大学发起了关于中国股市投资者信心指数的调查。2008年,招商证券联合国务院金融研究所发起了中国城市居民投资信心及投资意愿指数的调查。

(2)折溢价率

市场情绪高低与折溢价率高低通常呈正相关的关系,即市场情绪高涨时,投资者活跃度高,折溢价率往往较高;反之,市场低迷时折溢价率也相对较低。所以市场折溢价率可以较好地反映投资者对市场的信心强弱程度。

折溢价率包括权证折溢价率、封闭式基金折溢价率、可转债转股溢价率。对于认购证,溢价率是指权证行权时标的资产价格较现价需要上涨多少个百分点,其持有者才能保本;对于认沽证,溢价率是指权证行权时标的资产价格较现价需要下降多少个百分点,其持有者才能保本。封闭式基金折溢价率是指封闭式基金的基金份额净值和单位市价之差与基金份额净值的比率。可转债转股溢价率是用来衡量转债当前交易价格相对于转股价值的溢价程度。三种折溢价率都能够一定程度上反映市场情绪的变化,但由于目前我国证券市场已没有权证,因此,本章选择封闭式基金折溢价率和可转债转股溢价率来反映投资者行为。

(3)新股发行

新股发行是指公司首次公开发行股份。投资者的情绪对新股的发行价和发行当天价格的涨跌幅具有重要影响。当市场情绪高昂,投资者对该上市公司的前景看好,纷纷购入新股,则新股发行首日的收盘价较发行价的涨幅和市盈率就会越高;反之,当市场情绪不高,投资者对于新上市的证券认购意愿不强,公司股价往往会下跌甚至会跌破发行价。因此,新股发行的首日涨跌幅和发行的市盈率都能较好地反映出投资者对股市的信心指数。

(4)投资者行为

投资者的行为是投资者意愿的真实表达,基于行为金融学的理论,投资者的行为将会影响市场行情,类似于新增开户数、基金仓位变化、资金流入流出、卖空比例和保证金交易等都是与投资者行为息息相关的指标,这些指标能够客观地展示出市场当前情绪。

(5)市场指标

反映投资者情绪的市场指标较多,比如,上涨或下跌家数、涨跌停板家数、创新高或创新低家数、证券换手率等,这些指标都能映射出市场中的投资者情绪。

基于指标的代表性和数据的可获得性,为综合地反映市场的情绪状况,最终选取了可转债转股溢价率、封闭式基金折价率、每月新股发行个数、IPO首日个股回报率、消费者信心指数、新增开户数(10万)等六个指标。本章选取的样本区间为2007年1月至2021年12月共计180个月的月度数据,数据均来源为国泰安CSMAR数据库。设置变量命名如下:封闭式基金平均折价率DCEF、可转债转股平均溢价率CVT、每月新股发行个数NIPO、IPO首日个股回报率RIPO、消费者信心指数CCI、新增开户数NA。

6.4.3 市场情绪指数构建

用SPSS 25软件对2007年1月至2020年12月的月度数据进行主成分分析。

(1)样本数据分析

各市场情绪指标的描述性统计分析如表6.8所示。

表6.8 数据的描述性统计分析

项目	极小值	极大值	均值	标准差
DCEF(%)	−28.480	0.090	−10.954	6.586
CVT(%)	1.290	111.730	34.109	16.444
NIPO(只)	0.000	82.000	18.756	15.940
RIPO(%)	−0.050	6.270	0.671	0.747
CCI	92.100	127.000	108.188	9.661
NA(万人)	0.920	29.750	4.921	4.445

封闭式基金平均折价率均值为−10.950%,最大值为0.090%,最小值为−28.480%;可转债转股平均溢价率最大值为111.730%,最小值为1.290%,均值为34.109%;每月新股发行个数最少的月份没有新股发行,最多的时候一个月发行了82只新股;IPO首日个股回报率最大值为6.27,最小值为−0.05,均值为0.671;消费者信心指数均值为108.19,最大值为127.00,最小值为92.10;每月新增开户数最大值为29.750万人,最小值为0.920万人,数据之间的标准差较大。

(2)主成分分析

第一,单位标准化。

为了避免时间序列的异方差现象,对每月IPO个数NIPO和新增开户数NA进行对数化处理,记做ln(NIPO)和ln(NA)。

接着对所有变量进行单位标准化处理，设 $X=(X_1,X_2,X_3,\cdots,X_n)^T$, $\mu_K=E(X_K)$, $\delta=\text{VAR}(X_K)$，其中 $K=1,2,3,\cdots,N$，则单位标准化的结果为：

$$X_K^* = \frac{X - \mu K}{\sqrt{\delta}} \tag{6.8}$$

第二，相关性分析。

从表6.9中可以得知，消费者信心指数CCI和封闭式基金折价率DCEF之间具有强相关关系，其他呈中度相关和弱相关关系。

表6.9　数据的相关性分析

项目	DCEF	CVT	NIPO	RIPO	CCI	NA
DCEF	1.000					
CVT	−0.175	1.000				
NIPO	0.405	−0.104	1.000			
RIPO	−0.096	−0.193	0.165	1.000		
CCI	0.642	−0.223	0.411	0.059	1.000	
NA	−0.316	−0.344	0.127	0.440	−0.156	1.000

(3) 主成分分析结果

对数据进行主成分分析，得到KMO=0.585，大于0.50，而巴特利特球形度检验的显著性为0.00，小于0.05，得出该月度数据可以做主成分分析的结论。解释的总方差见表6.10，前四个成分的特征值为1.031，大于1；累计贡献率达到了88.527%，超过了85%。因此，本章选取前四个成分进行分析。

表6.10　解释的总方差

成分	初始特征值 合计	方差的 %	累计 %	提取平方和载入 合计	方差的 %	累计 %
1	2.082	30.156	30.156	2.082	30.156	30.156
2	1.735	25.129	55.286	1.735	25.129	55.286
3	1.264	18.308	73.594	0.864	18.308	73.594
4	1.031	14.933	88.527	0.631	14.933	88.527
5	0.581	8.415	96.942			
6	0.211	3.058	100.000			

表6.11 成分矩阵

成分 项目	1	2	3	4	5	6
DCEF	0.859	−0.253	−0.084	0.080	−0.126	0.411
CVT	−0.342	−0.558	0.711	0.076	0.202	0.139
NIPO	0.673	0.229	0.486	−0.453	−0.177	−0.148
RIPO	0.070	0.745	0.337	0.546	−0.167	−0.009
CCI	0.862	−0.048	−0.038	0.211	0.414	−0.192
NA	−0.160	0.865	0.013	−0.266	0.307	0.246

表6.11给出了四个成分的载荷数,根据计算公式(6.9)分别计算出各指标在线性组合中的系数。

$$指标系数 = \frac{成分载荷数}{\sqrt{成分特征根}} \quad (6.9)$$

表6.12 成分综合得分系数

项目	综合得分系数
DCEF	0.168
CVT	−0.096
NIPO	0.257
RIPO	0.344
CCI	0.247
NA	0.134

根据线性组合中的系数和前四个成分的方差贡献率可以计算出综合得分模型中的系数,如表6.12所示。由此得出市场情绪指数如下:

$$FScore=0.168×DCEF −0.096×CVT +0.257×NIPO+0.344×RIPO +0.247×CCI$$
$$+0.134×NA \quad (6.10)$$

从经济意义检验角度来看市场情绪指数中的变量系数,市场情绪低迷的时候封闭基金平均折价率高;反之,市场情绪高涨的时候往往封闭基金平均折价率低,考虑到该变量是负数,所以封闭基金平均折价率系数为正。同样的,可转债转股平均溢价率与市场情绪也是成反向变化的,因此系数为负。而每月的IPO数量、IPO首日个股的回报率、新增开户数、消费者信心和市场情绪之间是呈正相关的。

6.4.4 投资者情绪与沪深300指数关系研究

本章选取沪深300指数来反映股市的走势情况,选取样本的时间区间为2007年1月至2021年12月的月度数据,数据来源于Choice金融终端。根据上一节中构建出来的市场情绪指数对2007年1月至2021年12月共计180个月的月度数据进行综合得分的计算,得到FScore。具体见附录3。

为了检验所构建出的市场情绪指数的有效性,我们将计算出的市场情绪指数FScore和HS300月度指数进行一个初步的拟合。从图6.8可以看出,沪深300指数和市场情绪指数大体上呈现正相关的关系。当市场情绪指数上升时,沪深300指数也在增长;反之,当市场情绪指数下降时,沪深300指数也降低。但当市场情绪极度高昂或低迷时,往往会出现反转,并带动沪深300指数的下跌或上涨。这说明市场情绪高低和沪深300指数是正相关关系,同时也表明本章所构建出的市场情绪指数是合理且有效的。

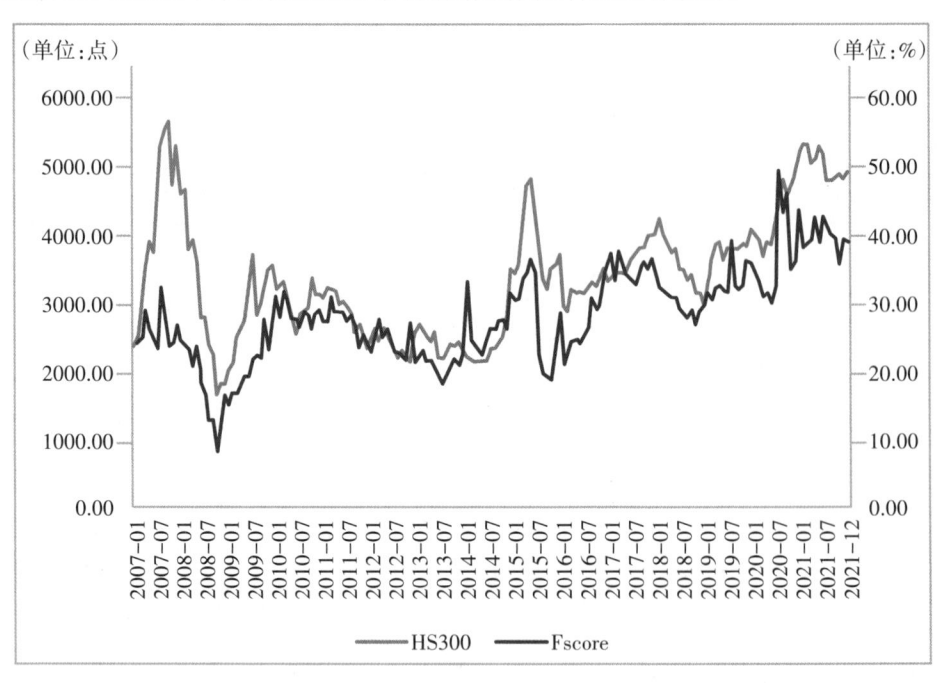

图6.8 沪深300指数和市场情绪指数拟合图

为了研究市场情绪与证券走势之间的关系,本章运用Eviews10.0建立VAR和VEC模型,并结合Granger因果检验、协整检验和脉冲响应等方法来探究两者的关系。将市场情绪指数命名为FScore,沪深300指数用HS300表示,为了避免时间序列的异方差现象,对HS300指数取对数,记做lnHS300。

(1)时间序列的ADF(平稳性)检验

表6.13　ADF平稳性检验

变量	ADF检验值	1%临界值	5%临界值	10%临界值	Prob	结论
lnHS300	−2.005	−3.467	−2.878	−2.575	0.285	不平稳
D(lnHS300)	−12.179	−3.467	−2.878	−2.575	0.000	平稳
FScore	−2.363	−3.467	−2.878	−2.575	0.154	不平稳
D(FScore)	−17.328	−3.467	−2.878	−2.575	0.000	平稳

从表6.13中ADF的检验值可以得知,D(lnHS300)和D(FScore)的ADF检验值均小于显著性水平1%、5%和10%下的临界值,且Prob值小于1%,认为在1%的置信度水平下,变量FScore和lnHS300均是一阶平稳数列。

(2)Granger因果检验

从表6.14中可知,在10%的置信度水平下,拒绝lnHS300不是FSrob的Granger原因的原假设,认为lnHS300是FScore的Granger原因;在5%的置信度水平下,拒绝原假设,认为FScore是lnHS300的Granger原因。

表6.14　格兰杰因果检验

Null Hypothesis	F-Statistic	Prob.
lnHS300不是FScore的Granger原因	3.661	0.057
FScore不是lnHS300的Granger原因	4.733	0.031

(3)VAR模型滞后期的选择

在建立FScore和lnHS300的VAR模型之前,需要对模型的最佳滞后阶数进行判断,0~8阶的滞后阶数检验值如表6.15所示。

表6.15　最优滞后阶数检验

Lag	LogL	LR	FPE	AIC	SIC	HQ
0	−529.933	NA	1.664	6.185	6.222	6.200
1	−240.717	568.342	0.060	2.869	2.978*	2.913
2	−230.923	19.019	0.056*	2.801*	2.984	2.875*
3	−227.777	6.035	0.057	2.811	3.068	2.915
4	−227.064	1.352	0.059	2.850	3.179	2.983
5	−220.781	11.762*	0.058	2.823	3.226	2.986
6	−218.896	3.484	0.059	2.848	3.323	3.041
7	−215.491	6.216	0.060	2.855	3.404	3.077
8	−214.330	2.092	0.062	2.888	3.510	3.140

由表6.15可见,根据AIC准则选择最优滞后阶数为2阶,说明滞后一期和滞后二期的

lnHS300和FScore对被解释变量具有较高的解释力度,即$P=2$,则VEC模型的最优滞后阶数为$P-1$,即1阶。

(4)VAR模型的建立与平稳性检验

运用Eviews10.0软件构建VAR(2)模型,所建立模型如下:

表6.16　向量自回归模型

	FScore	lnHS300
	(1)	(2)
FScore(−1)	0.582*** (11.533)	0.004*** (2.814)
FScore(−2)	0.142*** (3.503)	0.001 (0.696)
lnHS300(−1)	5.843*** (3.313)	0.749*** (16.472)
lnHS300(−2)	−1.967 (−1.298)	0.088** (2.244)
C	−23.511*** (−2.578)	1.203*** (5.143)
Adj. R-squared	0.780	0.898
F-statistic	157.620	390.673

注:***、**、*分别表示在1%、5%、10%的置信度水平下显著。括号内为t值。

VAR(2)模型中Adj. R-squared分别为78.00%和89.80%,说明模型的拟合优度很好。而F检验值大于1%显著性水平下的临界值为2.44,认为在1%的置信度水平下,模型是显著的。

从表6.16可以看出,方程(1)中在1%的置信度水平下,$lnHS300_{t-1}$、$lnHS300_{t-2}$和$FScore_{t-1}$、$FScore_{t-2}$变量均显著。滞后一期和滞后二期的$FScore_{t-1}$、$FScore_{t-2}$对被解释变量$FScore_t$的影响是呈正相关关系的,说明当月的市场情绪会受到上两个月市场情绪的影响,且这种影响是正向的。如果上两个月的市场情绪较高,那么本月较高的市场情绪依然会有一定程度的延续,如果上两个月的市场情绪较低,那么本月的市场情绪也很大概率会表现出低迷状态。

$lnHS300_{t-1}$的系数为正,而$lnHS300_{t-2}$的系数为负,说明滞后一期的$lnHS300_{t-1}$对$FScore_t$的影响是正向的,$lnHS300_{t-2}$对$FScore_t$的影响是负向的,说明在短期内,大盘指数的上涨会推动市场情绪的升高。但从长期来看,较高的市场情绪持续一段时间后会转向低迷。

方程(2)中在1%的置信度水平下,$\ln HS300_{t-1}$、$\ln HS300_{t-2}$和$FScore_{t-1}$变量均显著。滞后一期和滞后二期的$FScore_{t-1}$对被解释变量$\ln HS300_t$的影响是正向的,说明本月的大盘指数涨跌会受到上月市场情绪的影响,如果上月市场情绪较高,本月大盘指数可能继续上涨,如果上月市场情绪较低,本月大盘指数可能依旧处于下跌状况。$\ln HS300_{t-1}$和$\ln HS300_{t-2}$系数为正,说明在短期内,沪深300指数的变化趋势将得到持续。

在估计出VAR(2)模型的系数后,使用AR图对模型的平稳性进行检验:

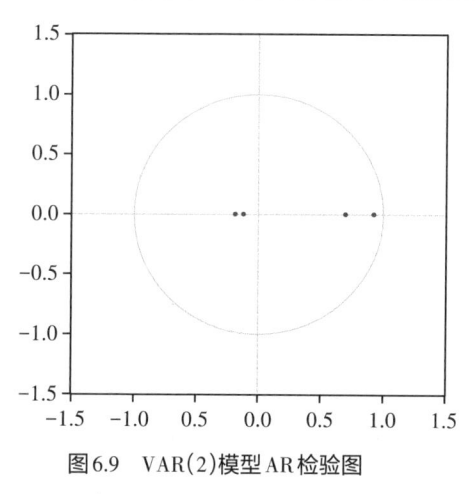

图6.9 VAR(2)模型AR检验图

根据AR检验图,观察得出所建模型的单位根都在单位圆内,因此,所建VAR(2)是稳定的,可以进行脉冲响应分析。

(5)基于VAR模型的脉冲响应分析

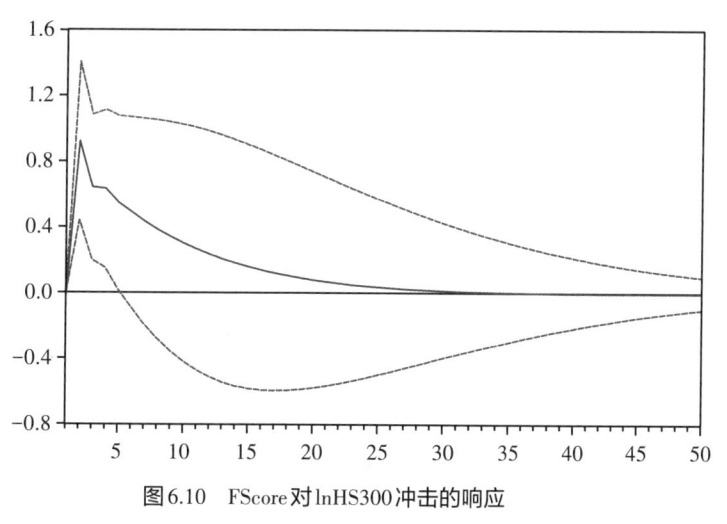

图6.10 FScore对lnHS300冲击的响应

从图6.10可以看出,假设给予lnHS300一个正向冲击,FScore从第一期开始急剧上升,在第2期达到一个最高点0.92,随后开始下降,在第3期和第4期间有一个较为平稳的阶段,第4期之后逐渐下降至第30期逐渐趋向于0。说明股市走势好的当期,市场情绪也会迅速高涨,而高昂的市场情绪在短时期仍会得到延续,但是在长期内市场情绪高涨动力不足,逐渐走向疲软状态。

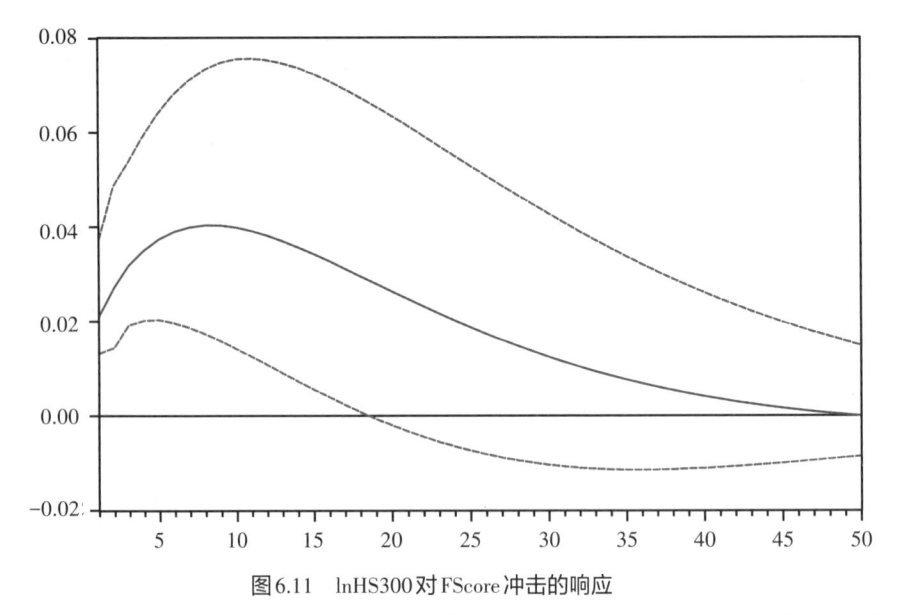

图6.11　lnHS300对FScore冲击的响应

从图6.11可以看出,假设给予FScore一个正向冲击,lnHS300开始上升并至第6期达到一个高峰0.038,随后开始缓慢下降并于第50期趋向于0。说明在市场情绪高昂时期,投资者对股市充满信心,纷纷向股市投入资金从而带动股价上涨,而股价在上涨一段时间后,该高昂情绪对股市的影响会逐渐减弱。

(6)Johansen协整检验

由ADF检验的结果可知,lnHS300和FScore是非平稳的时间序列,在滞后一期之后同阶平稳,通过Johansen协整检验可以判断出一组非平稳时间序列的线性组合是否具有协整关系,协整检验结果见表6.17。

表6.17　Johansen协整检验

Hypothesized No. of CE(s)	Eigenvalue	Trace Statistic	Critical Value	Prob.**
None *	0.079	20.084	15.495	0.010
At most 1 *	0.030	5.341	3.841	0.021

通过协整检验结果可以得知,在5%的置信水平下通过协整检验,表明市场情绪与证券走势之间存在协整关系,两者之间存在长期的均衡关系。

(7)VEC模型建立与平稳性检验

序列一阶单整并且通过了协整检验,认为两者之间存在长期的协整关系,构建向量误差修正模型如表6.18所示:

表6.18 向量误差修正模型

指标	D(FScore)	D(lnHS300)
CointEq1	−0.101** (−1.972)	0.003*** (2.528)
D(FScore(−1))	−0.278*** (−3.584)	−0.001 (−0.594)
D(lnHS300(−1))	10.053*** (3.423)	0.101 (1.306)
C	0.069 (0.293)	0.003 (0.553)
Adj. R-squared	0.138	0.027
F-statistic	10.414	2.623

其中, ECM_{t-1}=150.564−22.076HS300$_{t-1}$+FScore$_{t-1}$为误差修正项,用来反映当变量之间的长期均衡关系出现了偏离后对短期变化的影响程度。

使用AR图对所建立的VEC模型进行稳定性检验,结果如图6.12所示。

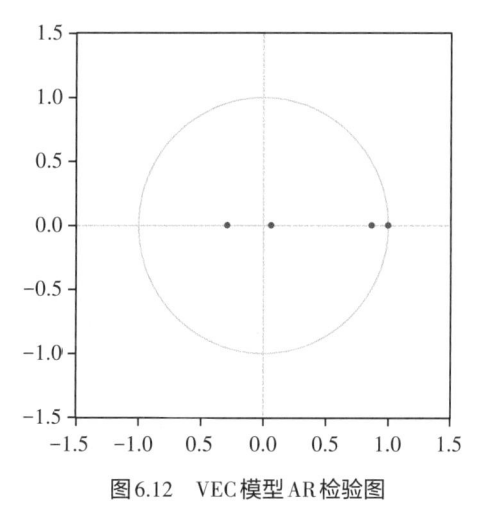

图6.12 VEC模型AR检验图

由图6.12可知,本章所建立的VEC模型的特征根倒数均分布于单位圆之内。由此可以判断,基于投资者市场情绪与沪深300指数构造的VEC模型通过了稳定性检验。

误差修正模型反映出了变量之间的短期调整关系。误差修正系数的t统计量绝对值大于1%置信度水平下的临界值,说明两个误差修正系数均显著。在以lnHS300为被解释变量的方程中,误差修正系数是0.003,当上期价格出现偏离,下期可调节0.30%,在以FScore为被解释变量的方程中,误差修正系数是−0.101,当上期市场情绪出现偏离时,下一期可以调节10.10%。

6.4.5 市场情绪择时策略的回测

考虑到本章在计算市场情绪指数使用的月度数据,设置短期均线SMA为本月(t)的市场情绪指数,长期均线LMA为最近三个月平均市场情绪指数,即t月、$t-1$月及$t-2$月的市场情绪指数的均值。当SMA自下而上穿过LMA时,说明将有一波上涨趋势,发出买入信号;当SMA自上而下穿过LMA时,短期内市场可能会下跌,发出卖出信号。

按照该策略对2007年1月至2021年12月沪深300ETF(510300)的历史数据进行回测。设置初始资金为100万元,当短期均线SMA上穿长期均线LMA时,为买进时机;而当短期均线SMA下穿长期均线LMA时,为卖出时机。买卖点示意图如图6.13所示:

图6.13 情绪择时策略买卖点示意图

根据短期均线SMA与长期均线LMA的交叉关系,可以确定买进、卖出时机,假如每次都是满仓买进,全部卖出,这样就可以计算出各个时期的阶段性投资收益率,如表6.19所示。

表6.19 情绪择时策略买卖点阶段性收益

统计月度	买卖信号	HS300	策略收益率(%)
2007年1月	买入	2385.33	
2007年4月	卖出	3558.71	49.19
2007年7月	买入	4460.56	
2007年8月	卖出	5296.81	18.75

续表

统计月度	买卖信号	HS300	策略收益率(%)
2007年11月	买入	4737.41	
2007年12月	卖出	5338.27	12.68
2008年4月	买入	3959.12	
2008年5月	卖出	3611.33	−8.78
2008年10月	买入	1663.66	
2009年10月	卖出	3280.37	97.18
2009年11月	买入	3511.67	
2010年1月	卖出	3204.16	−8.76
2010年2月	买入	3281.67	
2010年4月	卖出	3067.36	−6.53
2010年7月	买入	2868.85	
2010年9月	卖出	2935.57	2.33
2010年10月	买入	3379.98	
2010年12月	卖出	3128.26	−7.45
2011年2月	买入	3239.56	
2011年3月	卖出	3223.29	−0.50
2012年1月	买入	2464.26	
2012年3月	卖出	2454.90	−0.38
2012年10月	买入	2254.82	
2012年11月	卖出	2139.66	−5.11
2013年1月	买入	2686.88	
2013年2月	卖出	2673.33	−0.50
2013年7月	买入	2193.02	
2013年10月	卖出	2373.72	8.24
2013年11月	买入	2438.94	
2014年1月	卖出	2202.45	−9.70
2014年5月	买入	2156.46	
2014年10月	卖出	2508.32	16.32
2014年11月	买入	2808.82	

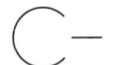

续表

统计月度	买卖信号	HS300	策略收益率(%)
2015年1月	卖出	3434.39	22.27
2015年2月	买入	3572.84	
2015年5月	卖出	4840.83	35.49
2015年10月	买入	3534.08	
2015年12月	卖出	3731.00	5.57
2016年2月	买入	2877.47	
2016年4月	卖出	3156.75	9.71
2016年5月	买入	3169.56	
2016年8月	卖出	3327.79	4.99
2016年10月	买入	3336.28	
2017年1月	卖出	3387.96	1.55
2017年2月	买入	3452.81	
2017年3月	卖出	3456.05	0.09
2017年7月	买入	3737.87	
2017年9月	卖出	3836.50	2.64
2017年10月	买入	4006.72	
2017年11月	卖出	4006.10	−0.02
2018年8月	买入	3334.50	
2018年9月	卖出	3438.86	3.13
2018年10月	买入	3153.82	
2019年1月	卖出	3201.63	1.52
2019年2月	买入	3669.37	
2019年4月	卖出	3913.21	6.65
2019年6月	买入	3825.59	
2019年7月	卖出	3835.36	0.26
2019年9月	买入	3814.53	
2019年12月	卖出	4096.58	7.39
2020年5月	买入	3867.02	
2020年9月	卖出	4587.40	18.63

续表

统计月度	买卖信号	HS300	策略收益率(%)
2020年11月	买入	4960.25	
2020年12月	卖出	5211.29	5.06
2021年2月	买入	5336.76	
2021年4月	卖出	5123.49	−4.00
2021年5月	买入	5331.57	
2021年7月	卖出	4811.17	−9.76

为了多方面评价该择时策略,根据买卖点对该择时策略的年化收益率、夏普比率及最大回撤进行计算,结果如表6.20所示。由表6.20可知,情绪择时策略收益率为268.14%,基准收益率为107.11%,胜率为64.71%,获得了超基准收益一倍多的超额收益。情绪择时策略的夏普比率为0.62,最大回撤为−20.16%,可见市场情绪择时策略的效果比较理想。

表6.20 情绪择时策略回测效果

策略收益率(%)	268.14	夏普比率	0.62
策略年化收益率(%)	9.08	胜率(%)	64.71
基准收益率(%)	107.11	最大回撤(%)	−20.16

第7章 基于大数据的统计套利策略

统计套利策略是一种基于数学手段构建资产组合,将证券价格与模型所预测的理论价值进行对比,构建证券投资组合的多头和空头,获取稳定的无风险超额收益率的投资策略。统计套利策略属于市场中性策略,深受低风险偏好投资者的青睐。本章在论述统计套利的概念及条件的基础上,分析统计套利策略的理论基础,构建配对套利交易策略、ETF套利交易策略与分级基金套利策略,并分别进行回测与优化。

7.1 统计套利的概念及条件

7.1.1 统计套利的概念

统计套利是利用资产价格的历史统计规律进行的套利,是一种风险套利,其风险在于这种历史统计规律在未来一段时间内是否继续存在是不确定的。它利用某些金融产品价格与收益率暂时不一致的机会来获得收益。当这种价格的变动产生无风险收益时,称无风险套利。统计套利是一种基于模型的中短期投资交易策略,使用技术分析和量化分析方法挖掘投资机会,套利时间往往十分短暂,利用这种套利机会去获取收益的风险在于价格或者收益率可能不会朝预期的方向变化。

目前,关于统计套利的标准定义尚未统一,Morgan Stanley将统计套利定义为在不依赖于过多其他经济信息的情况下,运用量化手段构建资产组合,根据证券价格与数量模型所预测的理论价值进行对比,构建证券投资组合的多头和空头,从而规避市场波动的风险,获取一个稳定的、无风险的α,即超额收益率。

统计套利的基本思路是均值回归,属于市场中性策略,需要找出相关性好的若干对投资品种,再找出每一对投资品种的长期均衡关系,当某一对品种的价差偏离到一定程度时开始建仓,买进被相对低估的品种、卖空被相对高估的品种,等价差回归均衡后获利了结。

股指期货对冲是统计套利较常采用的一种操作策略,即利用不同国家、地区或行业的指数相关性,同时买入、卖出一对指数期货进行交易。在经济全球化条件下,各个国家、地区和行业证券指数的关联性越来越强,从而容易导致股指系统性风险的产生,因此,对指数间的统计套利进行对冲是一种低风险、高收益的交易方式。

7.1.2 统计套利的条件

Hogan、Jarrow和Warachka(2004)对统计套利进行了精确的数学定义,他们强调统计套利是具有零初始成本、自融资的交易策略。用$v(t)$表示在t时刻的累计收益,以无风险利率折现的现值为$v(t)$,$v(t)$应满足如下条件:

(1)零初始成本,即$v(0)=0$;

(2)组合收益均值的极限值大于零,即$\lim_{t \to \infty} E(v(t)) > 0$;

(3)组合亏损的概率收敛于零,即$\lim_{t \to \infty} P(v(t) < 0) = 0$;

(4)在有限的时间内,如果损失的概率为正,则收益的方差相对于时间收敛于零,即若$\forall t < \infty, P(v(t) < 0) > 0$,则$\lim_{t \to \infty} \frac{\text{Var}(v(t))}{t} = 0$。

条件(4)表明统计套利是有风险的,即存在亏损的可能,而对于无风险套利,要求在某些时间发生损失的概率为零,即$t < \infty, P(v(t) < 0) = 0$。由此,从第四个条件可以看出,随着时间的推移,统计套利损失的概率收敛于0,最终会产生无风险收益。

7.2 统计套利策略的理论基础

7.2.1 均值回归理论

均值回归是指证券价格无论高于或低于价值中枢(或均值),都会以很高的概率向价值中枢回归的趋势。根据这个理论,证券价格总是围绕其均值上下波动,一种上涨或下跌的趋势不管其延续时间多长,都不可能永远持续下去,最终均值回归的规律终究会出现。如果证券价格涨得太多,就会向均值移动而下跌;反之,如果证券价格跌得太多,就会向均值移动而上涨。均值回归现象在单只证券、两只证券甚至是多只证券中都有所体现,当考虑到单只证券时,衡量均值回归的指标主要是证券价格或者是收益率,当考虑到多只相关证券时,衡量均值回归的指标为证券价格比或者收益率比。

均值回归理论运用在配对交易策略中,就是指两只相关证券价格之间存在着某种长期稳定的关系,平时两者价格会围绕这一稳定关系上下波动,但总有回归稳定关系的趋势。因此,可以在价格偏离稳定关系时,买进相对便宜的证券,同时卖空价格相对较高的证券,从而进行套利。

7.2.2 市场中性策略

市场中性策略是一种通过中性化市场风险,利用证券之间相对价格变化来谋求绝对收益的一种投资策略。通常市场中性策略的方法就是做多一种资产的同时做空另一种资产,而收益与否的关键在于能否正确地选择待交易的两种资产,两种资产具有内在的关联性,相关性极高,进而通过多空同时建仓两种资产来规避系统性风险。对于证券市场中性策略而言,其思路就是先选择两只具有长期稳定关系的证券,通过购买被低估的证券,同时卖空被高估的证券,以消除整个证券市场的波动对所构建的投资组合的影响,这样整个资产组合的收益就只与多空头寸之间收益的差有关,而与市场的整体表现无关,因此这种策略被称为市场中性策略。

由于市场中性策略需要多空头寸同时建仓,因此要采用这种策略,首先需要详细分析证券被高估或者低估的原因,然后利用数量分析方法来进行证券的选择,包括研究历史价格趋势来预测证券未来的走势,这就完全取决于策略使用者选择证券的能力,而不再需要对市场做出精确的判断。

市场中性策略的核心在于开发多头头寸与空头头寸的效率,因此常常选取波动性较高的证券,因为这些证券之间较容易产生大的价格偏差,并通过价格的修正来获取收益。所以,该策略通常在市场处于波动较大的震荡期或者熊市时表现出较高的优越性,而在牛市中却无法获取很高的收益。此外,统计套利策略需要应用复杂的数学模型来分析数据,用于决定多空头寸中选择什么证券,因此,如果模型或者策略使用者对于证券的判断有误,该策略也会失效。

7.3 配对套利交易策略

7.3.1 配对套利交易的内涵

配对套利交易策略是成熟证券市场中普遍应用的一种市场中性投资策略,其最早出现的时间可以追溯到20世纪20年代Jesses Livermore提出的姐妹证券概念。采用这一策略的投资者通过在证券市场上寻找历史价格走势相近的证券进行配对,当配对的证券间价格差异偏离历史均值时,认为其中一只证券的价格被相对高估,而另外一只证券的价格被相对低估,于是对这两只证券进行多空建仓,卖空价格高估证券的同时并买进价格低估证券,等待它们的价差回到历史均值水平时平仓,借此赚取证券价差收敛的收益。该策略与传统的证券交易最大的不同之处在于,配对交易的投资标的是两只证券的价差,是一种相对价值而不是绝对价值,同时又由于它在证券多头和空头方同时建仓,对冲了市场上的绝大部分风险,该策略收益与大盘走势的相关性很低,是一种典型的市场中性策略。

配对套利交易在方法上可以分为两类:一类是利用证券的收益率序列进行建模,目标是在组合的 β 值等于零的前提下实现 α 收益,称为 β 中性策略;另外一种是利用证券的价格序列进行建模,称为协整策略。前者是基于日收益率对均衡关系的偏离,是一种超短线策略,只要日偏离在短期内不修复,则策略就会失效。实证分析表明,β 中性策略经常会发出错误的交易信号,后者是基于累计收益率对均衡关系的偏离。

7.3.2 配对套利交易的机理分析

配对套利交易策略的进行不依赖于经济含义,运用数量模型从市场选择并构造资产组合进行交易。其核心在于两只证券具有某种相关性,大体上维持这一趋势,当某个时刻这种相关性被其他因素打破,两者之间形成超过交易成本的价差时,分别建立多空头寸,对冲掉系统性风险,两者的价差基本上围绕均值上下波动。

配对套利交易策略利用两只证券的短暂价格偏离进行对冲,以获取两只证券的价差收益,其核心假设是配对证券的价差具有均值回归性。这种均值回归首先假设交易者存在非理性行为,即逢高买入、逢低卖出,即买入价格被高估的资产并卖出被低估的资产。决定一个资产价格是否被高估或低估的前提是需要知道资产在特定时点上的真实价格,然而真实价格通常是难以得到的。配对套利交易策略提出了解决这一问题的新方法,即采用资产的相对价格,资产的真实价格已经不再重要,只要它们的错误定价在未来能得到修正并回到均衡水平,交易就可以获得收益。就是说,考虑两种各方面特征都很相似的资产,则它们的价格也应相同或相似,并有同样的变化趋势。那么,一旦它们的价格水平发生了比较大的偏差,就意味着有一个价格被高估,另一个被低估,便出现了卖出高估资产并买入低估资产的机会。因此,配对交易策略赚取的是资产组合之间相对价格的偏差,通过捕捉市场上资产价格的偏差进行套利并获得相对收益,从而有效规避了市场风险,是一种典型的市场中性策略。

7.3.3 配对套利交易的策略构建

(1)配对股票的选取

为了便于找到可供配对的股票来进行实证分析,本章按照行业分类在沪深A股中选取股票作为研究的样本,采用的样本区间为2014年1月2日至2019年1月2日,所用数据来源于国泰安数据库(CSMAR)。在样本期内,对所收集的股价序列经过前复权处理,剔除长期停牌的股票,以股票日收盘价作为变量,首先对拟配对的股票进行相关性检验,找出同一行业(行业分类按照2012年证监会分类标准)、相关系数大于0.9且每个行业排名前五的配对股票组合,一共有63个行业、277对股票组合,具体见附录4。

从附录4中,随机抽取了一对股票组合——"洋河股份-山西汾酒"为例进行研究。两只股票同属于饮料行业,相关系数为0.9274,将两只股票在样本期内的收盘价进行对数化处理,之后计算价差得到价差序列,如图7.1和图7.2所示,分别为洋河股份与山西汾酒的对数价格走势和二者的对数价差走势。

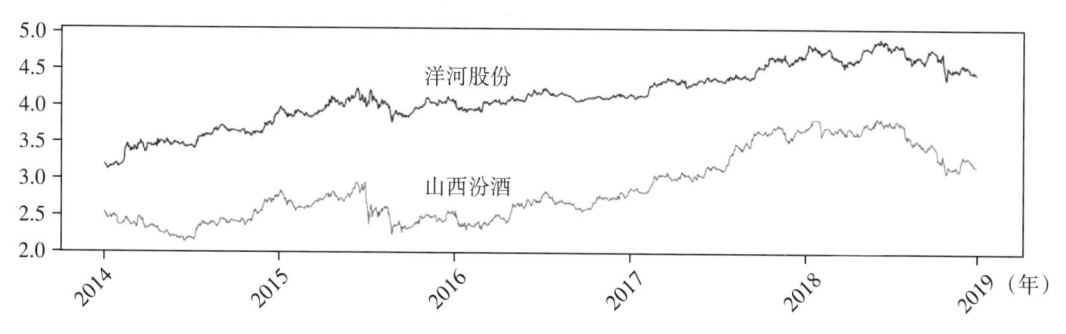

图7.1 洋河股份和山西汾酒的对数价格走势

从图7.1可以看出,两只股票的对数价格走势基本保持一致,两家公司的股票价格在样本期内没有出现较为明显的大幅偏离,因而是潜在的配对交易对象。从图7.2可以看出,价差并非一直增大或者减小,能看到一定的均值回归现象,价差围绕均值上下波动,造成这种现象的原因主要是两家公司的主营业务相近,受到的宏观、行业影响因素极为相似,虽然市场的消息面和大宗交易的冲击可能会使股价出现短暂的偏离,但在公司基本面无明显变化的情况下,股价的偏离不会太大,随着时间的推移,两者的价差有回归均衡状态的趋势,因此也较为符合股票配对的特征,下面对两只股票进行协整检验。

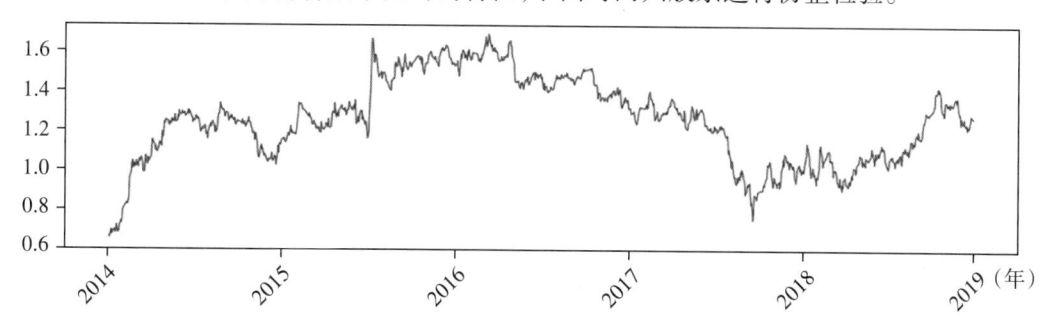

图7.2 洋河股份和山西汾酒的对数价差走势

(2)协整检验

①单位根检验

首先利用Eviews10将两只股票的对数价格序列进行单位根检验,假设洋河股份的股票对数价格序列为LNYHGF,山西汾酒的股票对数价格序列为LNSXFJ。如果存在单位根,则做一阶差分处理,再次检验是否存在单位根;如果两个时间序列存在一阶单整,则进行下一步的协整检验。ADF检验结果如表7.1所示。

表7.1　股价序列ADF检验结果

时间序列	1%水平	5%水平	10%水平	t-Statistic	Prob.	平稳性
LNYHGF	−2.5669	−1.9411	−1.6165	1.24741	0.9464	非平稳
LNSXFJ	−2.5669	−1.9411	−1.6165	0.50031	0.8234	非平稳
ΔLNYHGF	−2.5669	−1.9411	−1.6165	−26.8416	0.0000	平稳
ΔLNSXFJ	−2.5669	−1.9411	−1.6165	−32.3136	0.0000	平稳

从表7.1可以看出,两只股票的对数收盘价序列均表现出明显的非平稳性,经过一阶差分后,ΔLNYHGF和ΔLNSXFJ均表现出平稳性的特征,所以两者存在一阶单整,可能存在长期的协整关系,进行下一步的协整检验。

②协整检验

在对洋河股份和山西汾酒的对数收盘价进行单位根检验之后,发现LNYHGF、LNSXFJ存在一阶单整,下面运用EG两步法对两者的协整关系进行检验。

第一,对LNYHGF和LNSXFJ做协整回归,运行结果如表7.2所示。

表7.2　协整检验结果

系数	估计值	标准差	t值	P值
C	−1.1489	0.0616	−18.6542	0.0000
LNYHGF	1.0522	0.0148	71.1956	0.0000
Adjusted R^2=0.8076				

从而得到协整方程为:

$$LNSXFJ_t = -1.1489 + 1.0522 LNYHGF_t + \varepsilon_t \quad (7.1)$$

第二,上述协整回归生成残差序列,然后对残差序列进行ADF单位根检验,得到结果如表7.3所示。

表7.3　残差序列ADF检验结果

指标	t-Statistic	Prob.
ADF test statistic	−3.4186	0.0006
1%水平	−2.5669	
5%水平	−1.9411	
10%水平	−1.6165	

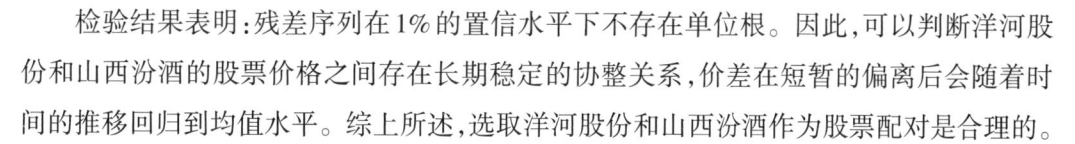

检验结果表明：残差序列在1%的置信水平下不存在单位根。因此，可以判断洋河股份和山西汾酒的股票价格之间存在长期稳定的协整关系，价差在短暂的偏离后会随着时间的推移回归到均值水平。综上所述，选取洋河股份和山西汾酒作为股票配对是合理的。

(3) 交易规则的制定及说明

配对套利交易策略要能够有效地执行，建立良好的模型必不可少，同时还需设置适用于市场的交易规则，交易规则的关键在于开仓、平仓以及止损信号的确认。本策略的交易规则制定如下：当价差高于1倍标准差（开仓线）时开仓，价差回归于均衡值（均值线）时平仓。为了便于计算，暂时不考虑交易成本。此外，在开仓后，价差可能出现不收敛反而偏离均值的极端情况，进而造成损失，因此本策略还制定了止损机制，当价差高于2倍标准差（止损线）时平仓止损。

本章对该配对套利交易策略在不同市场阶段下进行回测，在该策略中有以下几点说明：

第一，策略回测区间。根据股票市场处于不同的市场阶段分为四个区间，并对不同区间进行回测。第一区间为2014年1月2日—2015年6月15日，这期间股票市场处于大幅上涨阶段；第二区间为2015年6月16日—2016年12月31日，这期间股票市场处于为大幅下跌阶段；第三区间为2017年1月3日—2019年1月2日，这期间股票市场处于震荡阶段；第四区间为2019年1月3日—2021年12月31日。这期间股票市场既有上涨又有下跌，但总体处于上涨阶段，选取这段区间进行样本外测试，以确保量化策略的有效性。

第二，做空机制。目前我国股票市场为单边市场，对股票做空的途径为融券交易，本策略假设所有的股票都可以做空，因此可能导致本章的策略效果与实际结果相比有一定的差距。

第三，图表问题。为了更直观地观察策略的效果，本章直接在配对股票的价差图中加入了均值线、上开仓线、上止损线、下开仓线以及下止损线。当价差线上穿上开仓线后，执行做多山西汾酒的股票、做空洋河股份的股票，当价差线向下回归至均值线时，清仓获利；当价差线下穿下开仓线后，执行做多洋河股份，做空山西汾酒，当价差线向上回归至均值线时，清仓获利；当价差线上穿上止损线或者下穿下止损线时，清空所有头寸止损。

(4) 策略执行情况

第一区间：2014年1月2日—2015年6月15日。这区间市场的主要特征是大幅上涨，2014年开始我国进入了A股"牛市"行情，并在2015年年中达到顶峰，2015年6月12日，上证指数达到了5178点。选取本段区间是为了展示配对交易策略在"牛市"行情中的效果。回测结果如表7.4所示。选择的市场基准为沪深300指数，同期的收益率为124.08%，市场行情较好。然而,在本区间内,配对交易策略的收益率为44.42%,低于市场基准收益率。从表7.4可以看出,354个交易日共发生了两次交易,且两次交易均是盈利的,在做多和做空的交易中,均取得了正的收益,但总体效果不如市场的表现,与周佰成和刘毅男(2019)的策略结果一样,在"牛市"中,规避掉系统性风险的市场中性类型的策略,无法获得超额收益。

表7.4 2014-01-02—2015-06-15配对交易策略效果表

交易序号	交易开仓日期	交易平仓日期	持股天数	多头收益率(%)	空头收益率(%)	策略收益率(%)
1	2014-02-24	2014-04-23	42	11.92	7.02	18.94
2	2014-08-26	2014-11-05	46	7.78	11.10	18.88
总交易日:354				盈利次数:2		
策略收益率:44.42%				亏损次数:0		
超额收益率:-79.66%				沪深300指数收益:124.08%		

第二区间:2015年6月16日—2016年12月31日。这区间市场的主要特征是大幅下跌,2015年6月中旬,A股市场达到顶峰后,随即出现大幅度地下跌,选取本段区间是为了展示配对交易策略在"熊市"行情中的效果,回测结果见表7.5所示。代表市场基准的沪深300指数为-36.60%,市场行情较差。然而,在本区间内,配对交易策略的收益率能够达到44.41%,远高于市场整体收益,在市场环境较差的情况下,能够取得相当可观的收益。从表7.5可以看出,379个交易日共发生了5次交易,其中有4次交易是盈利的,1次交易亏损,且总体盈利不错,说明市场中性策略在"熊市"中的表现较好,在市场不断下跌的情况下,能够获得较为稳定的收益。

表7.5 2015-06-16—2016-12-31配对交易策略效果表

交易序号	交易开仓日期	交易平仓日期	持股天数	多头收益率(%)	空头收益率(%)	策略收益率(%)
1	2015-07-08	2015-07-21	10	11.58	-0.85	10.73
2	2015-11-09	2016-01-08	44	-0.57	11.21	10.64
3	2016-01-18	2016-03-10	34	2.49	-11.24	-8.75
4	2016-04-21	2016-05-04	9	26.20	-9.34	16.86
5	2016-07-14	2016-08-23	29	-5.85	14.69	8.84
总交易日:379				盈利次数:4		
策略收益率:44.41%				亏损次数:1		
超额收益率:81.01%				沪深300指数收益:-36.60%		

第三区间:2017年1月3日—2019年1月2日。这区间市场的主要特征为震荡行情,

选取本段区间是为了展示配对交易策略在"震荡市"中的策略效果。回测结果如表7.6所示。代表市场基准的沪深300指数为-10.29%,为负的收益。然而,在本区间内,配对交易策略的收益率为33.65%,明显高于沪深300指数的收益率。从表7.6可以看出,在488个交易日中,共发生了4次交易,其中3次盈利,1次亏损。总的来说,本策略在"震荡市"中的表现较好,能够获得远高于市场行情的收益。

表7.6 2017-01-03—2019-01-02配对交易策略效果表

交易序号	交易开仓日期	交易平仓日期	持股天数	多头收益率(%)	空头收益率(%)	策略收益率(%)
1	2017-01-23	2017-07-27	124	53.53%	-25.64%	27.89%
2	2017-08-09	2017-09-14	27	-0.14%	-16.23%	-16.37%
3	2017-10-30	2018-01-10	52	18.71%	-1.41%	17.30%
4	2018-01-19	2018-08-20	142	-15.81%	28.90%	13.10%
总交易日:488				盈利次数:3		
策略收益率:33.65%				亏损次数:1		
超额收益率:43.94%				沪深300指数收益:-10.29%		

第四区间:2019年1月3日—2021年12月31日。为了检验配对交易策略在样本外的表现,选取2019年1月3日到2021年12月31日的洋河股份和山西汾酒日收盘价数据进行样本外交易测试,以确保策略的有效性,回测结果见表7.7所示。代表市场基准的沪深300指数为66.37%,市场行情较好。在本区间内,配对交易策略的收益率为72.52%,高于沪深300指数。从表7.7可以看出,在729个交易日中,只发生了一次交易,持仓时间为167天,在做多和做空的交易中均取得了正的收益,说明本策略在样本外的表现仍然较好,能够获得高于市场行情的超额收益。

表7.7 2019-01-03—2021-12-31配对交易策略效果简表

交易序号	交易开仓日期	交易平仓日期	持股天数	多头收益率(%)	空头收益率(%)	策略收益率(%)
1	2019-08-20	2020-04-28	167	57.81%	14.71%	72.52%
总交易日:729				盈利次数:1		
策略收益率:72.52%				亏损次数:0		
超额收益率:6.15%				沪深300指数收益:66.37%		

综上所述,配对交易策略运用于"熊市"或者"震荡市"的效果比较理想,这主要是因为配对交易策略可以规避市场中的系统性风险,从而使收益更加稳定;而当该策略运用于"牛市"中时,则较难获得高于市场表现的超额收益,效果不佳。因此,本策略主要适合市

场行情不好的市场环境,而不太适用于行情较好的市场环境。此外,该策略在样本区间外仍然有一定效果。

7.3.4 配对套利交易策略的优化

通过对配对交易策略的效果简图和简表的展示,相信大家对配对交易策略的流程有了一个大概的了解,然而,我国的做空机制并不完善,融资融券业务也有着很大的局限性,因此针对于我国沪深A股市场,对策略进行了一定的调整和优化,并进行了回测,以便更为直观地了解本策略的效果。本策略的主要思想和一些设定如下:

(1)策略优化的思路

本策略的理论依据仍然以均值回归理论和市场中性策略为主,为了简化策略流程,仍然以洋河股份和山西汾酒为配对股票。由于沪深A股市场存在做空的限制,本策略优化为:如果当天没有持仓,当价差高于上开仓线时,全仓买入山西汾酒,当价差回归至均值时,卖出所持有的山西汾酒股票;当价差低于下开仓线时,全仓买入洋河股份,当价差回归至均值时,卖出所持有的洋河股份股票;当价差向上突破上止损线或者向下突破下止损线时,清空所持有的股票。

(2)交易手续费的设定

假设买入时佣金为万分之二,卖出时佣金为万分之二加上千分之一印花税,每笔交易佣金最低为5元,为了便于计算,其它的费用暂时不考虑。

(3)阈值的设定

本部分内容对前文的策略进行了一定的优化,将前120日价差的均值设为μ,标准差设为σ,上开仓线设置为$(\mu + \sigma)$,下开仓线设置为$(\mu - \sigma)$;上止损线为$(\mu + 2 \times \sigma)$,下止损线为$(\mu - 2 \times \sigma)$。

(4)初始资金设定

考虑到本策略的适用性,初始资金设定为100万元人民币。

(5)回测区间的设定

为了检验不同阶段的策略效果,分四个区间进行回测,区间1为2014年1月2日—2015年6月15日,上涨阶段;区间2为2015年6月16日—2016年12月31日,下跌阶段;区间3为2017年1月2日—2019年1月2日,盘整阶段;区间4为2019年1月3日—2021年12月31日,测试阶段,可以观察本策略测试样本的收益情况。

7.3.5 配对套利交易策略优化的回测结果

策略优化之后,四个回测区间的策略收益率见图7.3—图7.6所示,可以看出,优化后的策略在各个区间的总体表现不错。尤其在市场行情好时,优化后的策略收益率比优化之前大幅提高,从44.42%提高到102.17%;而在熊市区间,优化后的策略收益率比优化之前有所下降,从44.41%下降到36.95%,下降幅度较小;优化后的其他几个区间的收益率都有明显提高,说明优化的效果较好。

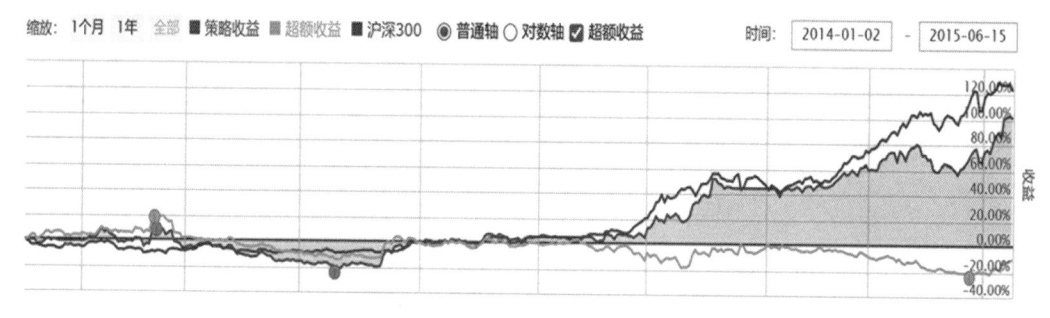

图7.3 配对交易策略优化回测结果(2014-01-02—2015-06-15)

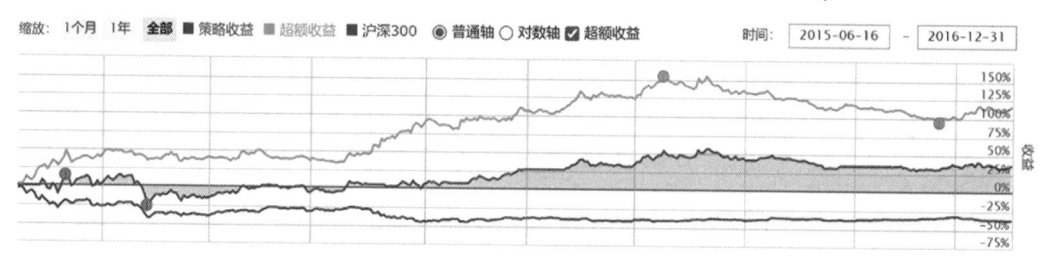

图7.4 配对交易策略优化回测结果(2015-06-16—2016-12-31)

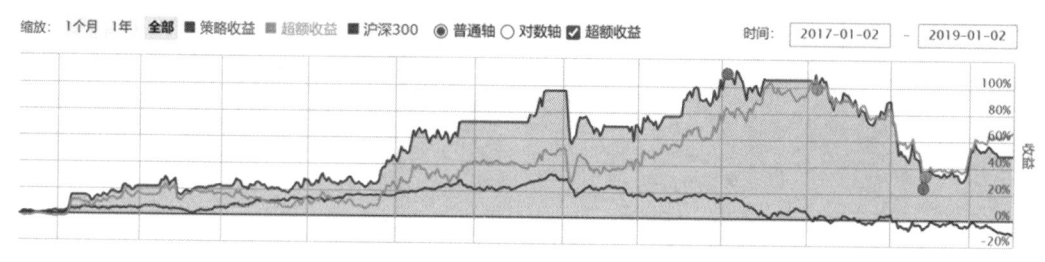

图7.5 配对交易策略优化回测结果(2017-01-02—2019-01-02)

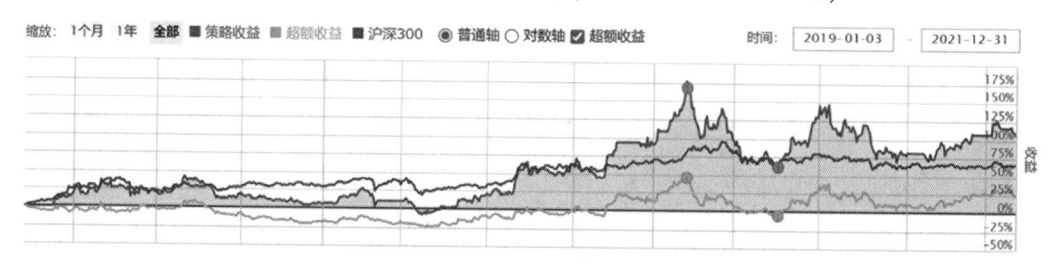

图7.6 配对交易策略优化回测结果(2019-01-03—2021-12-31)

表7.8为评价配对交易策略效果的主要指标,从不同区间的策略收益率来看,区间1的收益率最高,达到102.17%,但还是没有跑赢大盘,没有获得高于沪深300指数的超额收益,主要原因是这个阶段处于牛市之中,大盘出现了暴涨行情。而训练样本的区间2、区

间3、区间4都获得了超额收益,说明在下跌行情和盘整行情中,策略优化之后的效果不错。区间1的夏普比率最高,达1.761,区间2的夏普比率最低,为0.457,说明上涨行情的夏普比率远高于下跌行情。总体来看,策略优化之后获得了较高的超额收益率。

表7.8 配对交易策略优化的回测效果评价

评价指标	区间1	区间2	区间3	区间4
策略收益率(%)	102.17	36.95	48.83	106.65
沪深300指数收益率(%)	124.08	−36.60	−10.29	66.37
超额收益率(%)	−21.91	73.55	59.12	40.28
夏普比率	1.761	0.457	0.519	0.601
最大回撤(%)	−28.99	−33.60	−40.75	−42.96
胜率	0.667	0.714	0.700	0.857

从最大回撤来看,测试样本的区间4回撤最大,达到了−42.96%,主要是这段区间观测的时间较长,有很大的不确定性,且调整后的策略是单边交易,无法做空股票,因而加大了策略的风险,导致回撤幅度较大。从胜率上来看,各个区间的胜率均在0.66以上,说明本策略在训练样本和测试样本都有着较好的效果。

7.4 ETF套利交易策略

7.4.1 ETF套利交易的内涵

(1)ETF套利介绍

ETF(Exchange Traded Fund,ETF)一般指交易型开放式指数基金,是一种在交易所上市交易的、基金份额可变的开放式基金。ETF的一揽子股票组合通常是由市场上的某一特定指数包含的成分股构成,以保证投资者能以较低的交易成本对指数进行投资操作。ETF的市场分为一级市场和二级市场,投资者既可以在一级市场向基金公司以一揽子股票申购、赎回ETF份额,又可以在二级市场以市场价格买卖ETF份额。ETF因为其具有高流动性、成本费用低、交易透明等优点,为投资者规避非系统性风险提供了选择。

由于ETF同时在两个市场上交易,具有市场价格和基金净值双重属性,从理论上来说,二者的值应该相等,但在实际交易过程中,二级市场的价格往往受到供求关系的影响,以及基金净值难以实时估算等因素,两者有可能出现一定的偏离,此时投资者可以利用ETF在一、二级市场上的价差进行套利。

（2）ETF套利交易的原理

ETF套利交易原理来源于一价原则,即同一个金融产品,虽然在不同的市场上进行交易,但其价格应该相等。根据一价原则,ETF在一、二级市场上的价格应该相等,但在实际交易中,ETF的资产净值与其市场价格往往并不一致。当ETF市场价格高于资产净值(溢价)时,投资者可买入一揽子股票,在一级市场以实物申购ETF份额,并在二级市场上卖出ETF(见图7.7);当ETF市场价格低于其资产净值(折价)时,投资者可先在二级市场上买入ETF,并在一级市场赎回一揽子股票,然后在股票市场上卖出(见图7.8)。两种套利方法均可获利。

现金0 ➡ 买入股票组合 ➡ 申购ETF ➡ 卖出ETF ➡ 现金1

图7.7 溢价交易

现金0 ➡ 买入ETF ➡ 赎回ETF ➡ 卖出股票组合 ➡ 现金1

图7.8 折价交易

7.4.2 ETF在一、二级市场上价差套利

ETF综合了开放式和封闭式基金的优点,既可向基金公司申购或赎回ETF份额,又可在二级市场上按市场价格进行买卖。由于跨市场之间交易机制及交易形式不同,基金在一级市场的资产净值和二级市场的买卖价格通常会存在价差,此时套利空间就产生了。具体的套利方法有以下三种:

（1）瞬间套利

瞬间套利是指一旦发现套利机会,立刻完成交易,其目标是同时或者尽可能同时买卖ETF和一揽子股票。瞬间套利操作几乎没有风险,由于这种方法的资金使用效率非常高,机会一旦出现,收益率可能会非常惊人。一般来说,瞬间套利在市场大涨或大跌时,ETF的市场价格与净值之间往往会存在价差,容易出现套利机会。

案例1:上证50ETF易方达(510100)瞬间套利交易

如图7.9所示,2020年7月7日,上证50ETF易方达(510100)存在套利机会,在09:31分,510100的即时交易价格为1.356元,而申购赎回基金参考净值(Indicative Optimized Portfolio Value,简称IOPV)为1.264元,故可以构建如下套利策略:

第一,买入股票组合,并立即申购成ETF,假设交易手续费为0.5%,需花费1.264 × 1000000 × (1 + 0.5%) = 1270320元。

第二,立即在二级市场上将ETF卖出,假设手续费为0.5%,则可以得到1.356 × 1000000 × (1 − 0.5%) = 1349220元。

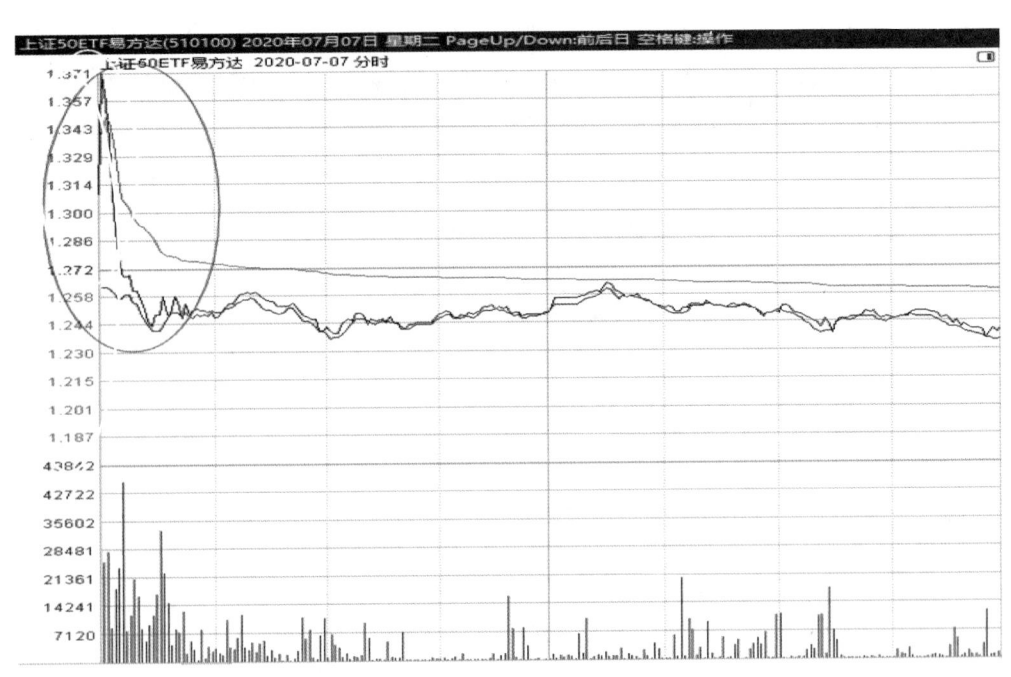

第三,一笔套利赚1349220-1270320=78900元。

图7.9 上证50ETF易方达瞬间套利机会

(2)延时套利

延时套利是指发现了套利机会,建好仓后并不立马平仓获利,而是等价差进一步扩大之后,再进行平仓。和瞬间套利相比,这种方法套利机会较多,即使在价差较小的情况下也可以操作,但它更看重指数短期的走势,存在走势判断失误的风险,在实际操作中,为了确保收益的稳定性,减少风险,需要严格执行交易纪律,在当天完成一个交易轮回,避免T+1操作。

延时套利讲究的是策略性地"非同步"买卖ETF和一揽子股票,对买卖时机的把握是控制套利风险及扩大套利收益最为关键的因素。延时套利的原理是:在相对低点时,申购或买入ETF,在相对高点时,将ETF卖出或者赎回。具体来说,当处于折价状态时(ETF市值小于净值),买入ETF、赎回成分股,但在赎回后并不立即抛出,等待股价涨到一定高点时再卖掉。延时套利可以实现T+0的操作,在市场当日波动越大机会越多,尤其是在震荡市中或熊市反弹时,采用这种策略收益会更加丰厚。图7.10是延时套利的案例。

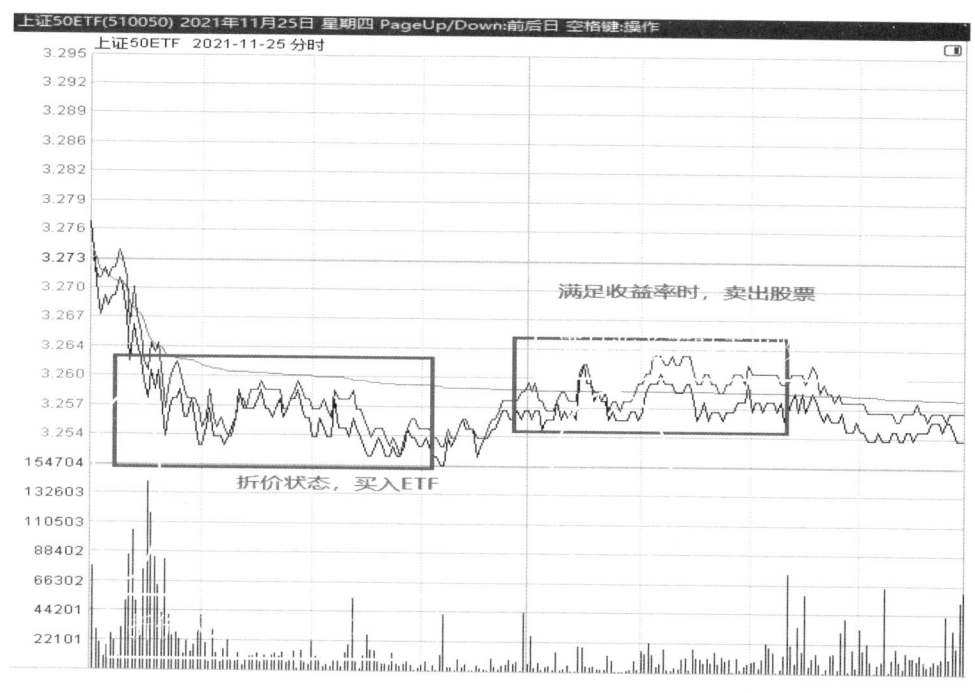

图7.10 上证50ETF延时套利流程

（3）事件套利

事件套利主要是指由于ETF跟踪的指数成分股因公告、股改、送转股、增发等事项而涨跌停或者停牌时，利用该成分股在此期间，预估其价格在开盘时会有暴涨或暴跌的可能性，从而可以通过ETF的申购赎回机制变相实现"买入"或"卖出"本来不能通过二级市场交易得到的股票，获得套利收益。ETF事件套利分为多头套利和空头套利。

如果预计成分股在复牌后大幅度上涨，就可以采用多头套利，其具体操作是在二级市场上买入ETF，然后在一级市场将其赎回，得到一揽子股票组合，留下停牌股票，卖出其余成分股。

案例2：ETF折价看涨套利

2014年10月27日，中国中车因南北车合并事项宣布停牌，预计在复牌后，中国中车将会涨停，投资者在二级市场成功买入的可能性较低，此时可以通过ETF买入中国中车。具体操作流程如下：

第一，中国中车因合并事项自2014年10月27日起停牌，合并之后未来看涨。

第二，买入华夏上证50ETF，并在一级市场将其赎回，除中国中车外其他股票以T+0卖出，则可以按照停牌前的价格5.03元获得中国中车股票。

第三，中国中车复牌后连续涨停获利。如图7.11所示。

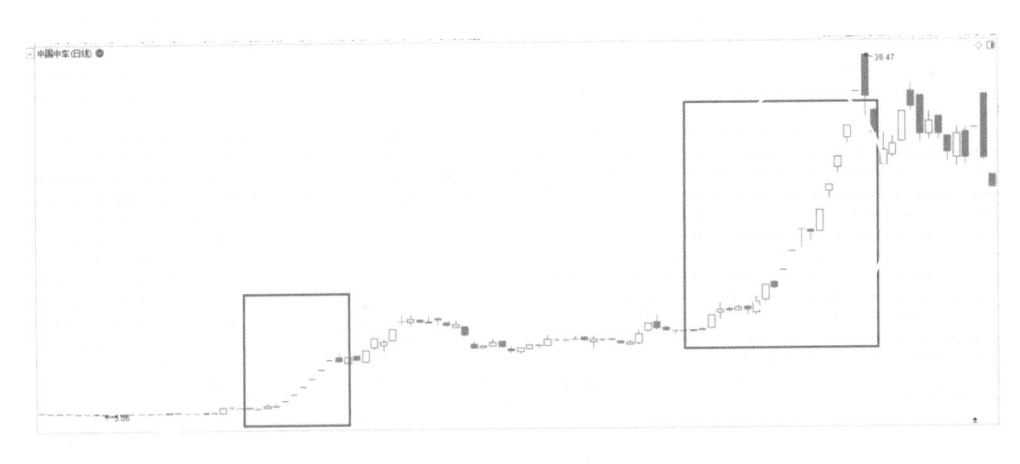

图7.11　中国中车复牌后连续涨停

如果预计成分股在复牌后会大幅度下跌,则可采用空头套利,其具体操作是在二级市场上买入其他成分股组合和利用"允许现金替代"的标志,用现金来替代停牌的股票,然后在一级市场申购ETF,之后在二级市场上卖出相应的ETF份额。

案例3:ETF溢价看跌套利

2019年11月19日,东旭光电因中期票据违约于当日早间紧急停牌,停牌期间有负面消息传出。如果手中持有东旭光电,为了降低损失,可将东旭光电进行套现。具体操作流程如下:

第一,东旭光电因违约事项于2019年11月19日起停牌,未来看跌。

第二,从二级市场上买入除东旭光电之外的易方达深证100ETF其他成分股,之后在一级市场申购易方达深证100ETF份额,再在二级市场卖出易方达深证100ETF,顺利将东旭光电出货。

第三,东旭光电复牌后连续跌停,降低了部分损失。

如果手中没有持有东旭光电,则可以利用差价进行套利。2019年11月19日该股宣布停牌,投资者预估其股价在复牌后将大幅下跌,则可以在ETF二级市场价格还没有充分反映其复牌后价格预期之前,进行套利操作,获取低风险收益。具体操作如下:在二级市场上买入除东旭光电之外的易方达深证100ETF其他成分股,利用现金替代的方式申购易方达深证100ETF份额,再在二级市场卖出易方达深证100ETF。如图7.12所示。

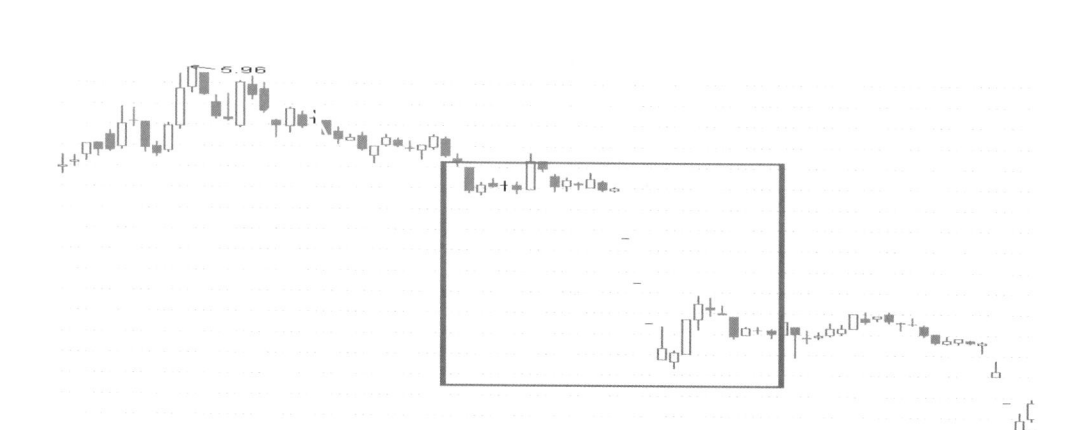

图7.12 东旭光电复牌后连续跌停

7.4.3 ETF 与股指期货配对套利

ETF与股指期货配对套利是将基于协整理论的配对交易策略应用于ETF和股指期货市场之间,也称指数期货合约与现货指数之间的套利。一般来说,指数期货合约与现货指数之间存在一定的差价,而这个差价在某一区间内是合理的,无法进行套利,但期货市场受到各种因素的影响,经常会造成指数期货合约偏离其合理的定价区间,这便出现了套利机会,当某个月份的指数期货合约超过其套利的上限或者低于其套利的下限时,就存在套利的空间。

由于ETF交易没有印花税,只需要考虑ETF买卖的佣金,省去很多成本,同时ETF的流动性比较好,而且不像股票那样可能因为某种原因停牌,所以可以利用ETF作为指数期货的现货来分析套利的上下限。

ETF综合了封闭式基金和开放式基金的优点,投资者既可以在二级市场像买卖股票一样买卖ETF份额,又可以通过指定的ETF交易商向基金管理公司申购或赎回ETF份额,不过其申购和赎回必须以一揽子股票换取ETF份额或以ETF份额换回一揽子股票。

(1)正向套利操作

当指数期货合约的实际价格高于现货ETF的价格时,此时操作策略是买入ETF,卖出指数期货合约,此时的套利空间是指数期货和现货ETF之间的差价,在建仓时就已经锁定二者之间的差额,待到到期日时指数期货的价格收敛到现货的价格,进行平仓操作,从而获得无风险套利空间。

在正向套利操作期间,成本主要有:买卖ETF的佣金、买卖ETF的冲击成本,指数期货的交易成本、买卖指数期货合约的冲击成本。所以当套利空间大于套利的成本时,便可以进行实际操作。这样得到指数期货套利的上限是:现货ETF价格+交易成本。

(2)反向套利操作

当指数期货的实际价格低于指数期货的理论价格时,此时操作策略是卖出ETF,买入指数期货,套利空间是现货ETF和指数期货之间的差价,在建仓时我们锁定了二者之间的差额,待到到期日时指数期货的价格收敛到现货的价格,进行平仓操作,从而平稳获得无风险套利空间。

在反向套利操作期间,成本主要有:买卖ETF的佣金、买卖ETF的冲击成本、指数期货的交易成本、买卖指数期货合约的冲击成本。所以当套利空间大于套利的成本时,便可以进行实际操作。这样得到指数期货套利的下限是:现货ETF价格-交易成本。

因此,当指数期货的市场价格在上限和下限之间波动时,指数期货价格比较合理,此时不存在套利空间。当指数期货的市场价格大于所给出的上限时,存在套利机会,可以进行正向套利,具体操作是买入一定份额的ETF,卖出指数期货;当指数期货的市场价格小于所给出的下限,可以进行反向套利,也就是卖出一定份额的ETF,买入指数期货。

7.4.4 ETF完全对冲价差套利

同一个基准指数可能存在被多只ETF追踪的情况,例如中证指数公司数据显示,追踪沪深300指数的ETF超过了50多家。假设不同的ETF产品的追踪误差基本相同的情况下,不同产品的ETF净值走势应该与基准指数走势保持一致。但每只ETF产品的二级市场价格在一定时间内,在投资者不同供求关系的影响下,会出现有的ETF有溢价,有的ETF有折价,或者一些ETF的溢价率(折价率)大于另外一些ETF的溢价率(折价率)等情况。由于跟踪相同基准指数的不同ETF产品应该具有相同的风险暴露因子,通过做多折价ETF、做空溢价ETF(或者做多溢价率低的品种,做空溢价率高的品种),能够对冲指数的风险暴露,获得套利价差收益。

案例4:512880和512000的完全对冲套利

512880是国泰基金发行的证券ETF,跟踪的基准指数为中证全指证券公司指数399975。51200是华宝基金发行的券商ETF,跟踪的基准指数也为中证全指证券公司指数399975,满足套利的基本条件。本文假设以收盘价做多溢价率低或折价的ETF,做空溢价率高或溢价的ETF,第二个交易日以收盘价双向平仓。

2018年10月26日,512000券商ETF收盘价0.692元,资产净值IOPV为0.696元,折价率为0.57%;512880证券ETF收盘价0.730元,资产净值IOPV为0.730元,溢价率0(平价)。下一个交易日,51200收盘价0.688元,512880收盘价0.723元。由于26日512000的折价率大于512880,出现了差价,存在套利机会。见图7.13、图7.14。

假设按照1:1做多做空的情况下,2018年10月26日,按照收盘价做多512000,做空512880,下一个交易日按收盘价进行双向平仓操作。这样,做多512000的亏损为(0.688-

0.692)/0.692=−0.58%，做空512880的收益为(0.73−0.723)/0.723=0.96%，在不考虑交易成本的情况下，套利收益率为0.96%−0.58%=0.38%。为不失一般性，假设总的交易成本（包括买卖512000、512880的佣金以及融资融券费率）为0.2%，在考虑交易成本后，仍然可以获取0.18%的套利收益率。

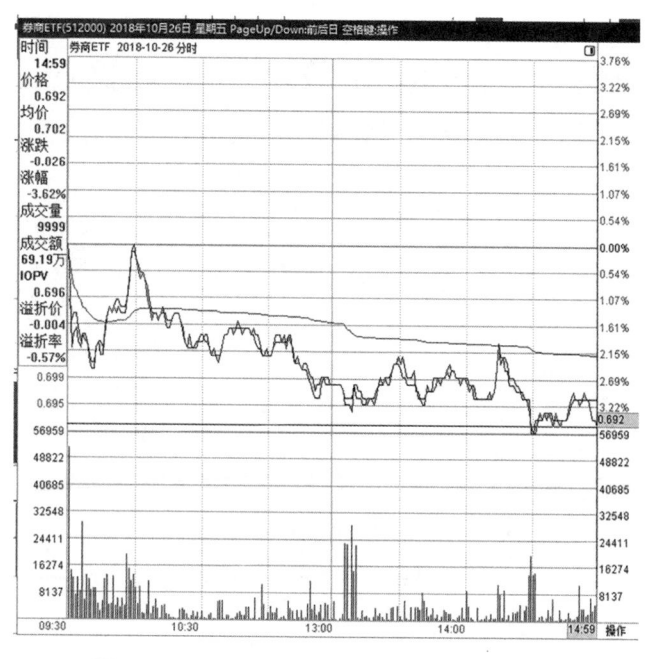

图7.13　2018年10月26日51200券商ETF分时图

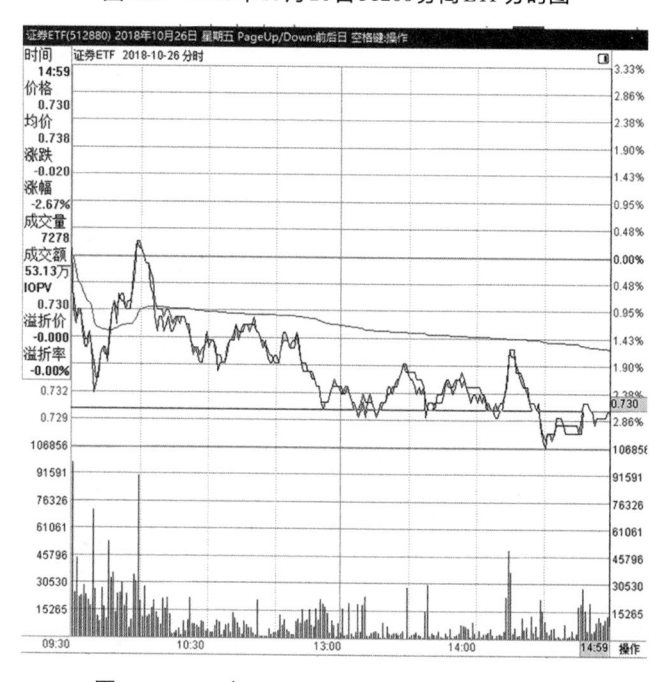

图7.14　2018年10月26日512880证券ETF分时图

表7.9统计了2017年1月3日至2022年12月30日,总共1458个交易日,512000和512880完全对冲价差套利策略的收益回测情况(假设总的交易成本为0.2%)。从表7.9中可以看到,当溢价率差的阈值较低时,策略平均收益率较低,甚至是负数,策略胜率也较低;但随着溢价率差的阈值不断扩大,策略平均收益率呈现出上升趋势,且策略胜率也呈现不断提高的趋势。当溢价率差的阈值提升至0.2%以上,策略平均收益由负转正,且胜率开始超过50%;当溢价率差的阈值提升至0.5%以上时,回测周期内,样本总共出现了9次套利交易机会,8次盈利,1次亏损,策略胜率提升至88.89%,策略平均收益率为0.39%。

表7.9 ETF完全对冲价差套利策略收益回测

阈值	平均溢价率差(%)	策略平均收益(%)	交易次数	盈利次数	策略胜率(%)
全样本	0.11	−0.1	1458	318	21.81
溢价率差>0.1%	0.18	−0.04	659	234	35.51
溢价率差>0.2%	0.29	0.05	180	98	54.44
溢价率差>0.3%	0.41	0.14	61	46	75.41
溢价率差>0.4%	0.58	0.27	18	14	77.78
溢价率差>0.5%	0.71	0.39	9	8	88.89

7.4.5 债券ETF融资融券节假日套利

传统金融学上的套利指的是不需要任何本金,能够向市场或者中介机构借入资金,进行无风险套利的交易行为。而现实市场的套利交易一般都会占用一定的资金成本,有没有一种真正意义上的"借鸡生蛋"的无风险套利交易策略呢?下面对这一问题进行讨论。

其实,债券ETF融资融券套利交易可以进行无风险套利交易。债券ETF融资融券套利策略指的是投资者在节假日前两个交易日通过融资买入债券ETF,前一个交易日卖出债券ETF,从而实现投资收益大于融资成本的无风险套利策略。其理论逻辑为,由于债券ETF具有类似货币基金的属性,持有债券ETF过节能够享受到节假日的理财收益,并且由于有效市场的作用,债券ETF的节假日的理财收益会充分反映到节假日前一天的债券ETF价格上去,否则大量聪明资金会买入债券ETF从而使得债券ETF达到市场合理利率水平。在节假日有N天休市的情况下,债券ETF会计算N天利息,假设每天债券ETF的利率为A,而债券ETF无交易佣金成本,套利成本仅包含一天的融资利息成本,假设每天融资利率为B,如果$A×N>B$,则投资者可以进行债券ETF融资交易,以无风险套利收益,实现真正意义上的"借鸡生蛋"。

案例5:短融ETF两融节假日套利策略

短融ETF(511360)的投资范围为:"本基金主要投资于标的指数成分债券和备选成分

债券。为更好地实现基金的投资目标,本基金还可以投资于国内依法发行上市的其他短期融资券、超短期融资券、债券(国债、金融债、企业债、公司债、次级债、央行票据、中期票据、地方债等)、资产支持证券、债券回购、银行存款、同业存单、货币市场工具以及法律法规或中国证监会允许基金投资的其他金融工具。如法律法规或监管机构以后允许基金投资的其他品种,基金管理人在履行适当程序后,可以将其纳入投资范围。"由此可见,511360具有理财属性。另外,短融ETF具备一个重要特征,即短融ETF是融资融券标的,意味着投资者可以进行融资交易。基金历史业绩数据显示,短融ETF最近一年收益率约2%,则日利率可以换算为2%/360=0.0056%,投资者融资成本年化大约为6%,则日利率可以换算为6%/360=0.0167%,则节假日需3个交易日以上的休市才能覆盖融资成本。

策略操作:在节假日前两个交易日,以收盘价买入511360,在节假日前一个交易日以收盘价卖券还款。以2022年国庆节为例,国庆节最后一个交易日为9月30日,之后休市9天,直到10月10日才开市,应计利息为9天,收益能够完全覆盖融资成本,并有一定的盈余。9月29日收盘价105.683元,9月30日收盘价为105.801元,则收益率为(105.801-105.683)/105.683=0.1117%,假设投资者向证券公司融资100万元买入511360,则可以获得收益为1117元,而交易成本仅为一天的融资成本,约167元,则该策略可以借鸡生蛋获得950元无风险收益。

表7.10统计了该策略的历史收益回测情况,可以看到在休市天数较长的假期中,该策略都能获得正的套利收益。在2022年的国庆节中,休市9天,该策略收益最高,100万元融资可获得扣除成本后的收益950元。而仅在2022年的元旦节中,100万元融资最终实际亏损了157元,正如前文所述,一般情况下要超过3天的节假日,套利收益才能覆盖融资成本。在休市5个交易日以上的长假中,该策略胜率达到了100%。可见,该策略是一个十分不错的节假日理财套利策略。投资者能够赚取的绝对收益,取决于能够融资的金额,而融资的金额又取决于保证金数量。对于保证金充足,如上市公司等机构投资者,拥有上亿元的两融保证金,是一个不错的"薅羊毛"套利机会。

表7.10 债券ETF融资融券节假日套利策略回测

年份	国庆节		春节		元旦节		五一节	
	策略收益(元)	休市天数	策略收益(元)	休市天数	策略收益(元)	休市天数	策略收益(元)	休市天数
2020[①]	482	8	880	7				
2021	434	7	313	9	169	3	333	5

[①] 短融ETF(511360)2020年9月份才上市交易,因而2020年元旦节和五一节无法利用该ETF进行套利交易。

续表

年份	国庆节		春节		元旦节		五一节	
	策略收益（元）	休市天数	策略收益（元）	休市天数	策略收益（元）	休市天数	策略收益（元）	休市天数
2022	950	9	143	9	−157	3	214	5
2023					578	3	104	5
均值	622	8	445	8.3	197	3	217	5

注：融资成本设置为6%/360=0.0167%，收益测算以100万融资金额为依据。

7.5 分级基金套利策略

7.5.1 分级基金的概念

分级基金（Structured Fund）又称为结构型基金，是指在一个投资组合下，通过对基金收益或净资产的分解，形成两级（或多级）风险收益表现有一定差异化基金份额的基金品种。该类型基金的全部资产被分成具有不同收益和风险的两种份额，一种为优先份额A，有约定收益，适合风险偏好程度较低的稳健型投资者；另一种为进取份额B，适合风险偏好程度较高的激进型投资者，两者也称为子基金，两种份额合并之后称为母基金。A份额和B份额的资产作为一个整体投资，其中持有B份额的投资者每年向A份额的投资者支付约定利息，至于支付利息后的总体投资盈亏都由B份额承担。当母基金的整体净值下跌时，B份额的净值优先下跌；相对应的，当母基金的整体净值上升时，B份额的净值在提供A份额收益后将获得更快的增值。B份额通常以较大程度参与剩余收益分配或者承担损失而获得一定的杠杆，拥有更为复杂的内部资本结构，非线性收益特征使其隐含期权。

分级基金子基金都在证券市场交易，其价格由市场供需决定，而母基金的净值则由相关标的资产的市场表现来决定。正因为这种价格决定机制不同，所以子基金按约定比例计算出来的市场价格与母基金的净值经常会出现一定的差异，当这种价差超过一定范围（高于申购、赎回成本，交易成本等）时，就会出现套利机会。

根据分级母基金的投资性质，母基金可分为分级股票型基金（其中多数为分级指数基金）、分级债券基金。分级债券基金又可分为纯债分级基金、混合债分级基金、可转债分级基金，区别在于纯债分级基金不能投资于股票，混合债券基金可用不高于20%的资产投资股票，可转债分级基金投资于可转债。

根据分级子基金的性质,子基金中的A类份额可分为有期限A类约定收益份额基金、永续型A类约定收益份额基金;子基金中的B类份额又称为杠杆基金。

杠杆基金可分为股票型B类杠杆份额基金(其中多数为杠杆指数基金)、债券型B类杠杆份额基金(杠杆债基)、反向杠杆基金等。

7.5.2 分级基金套利的条件

(1)有约定的配对转换机制。比如某只基金在招募说明书中已经约定A、B份额的比例始终是1:1,且支持按照此比例进行母基金的合并和拆分。

(2)母基金可以进行市场交易。如果母基金不能进行市场交易,也就谈不上套利了。一般来说,债券分级基金的母基金不能交易的居多。

(3)A、B份额都可以上市交易。只有A、B份额都可以上市交易时,才能进行套利交易。有些分级基金的A份额不上市交易,即使B份额涨得再好也不能套利。

分级基金之所以能够产生套利空间是由于"配对转换"机制的存在,所谓"配对转换"机制是指开放式分级基金的场内份额分拆和合并业务。具体来说,就是指在基金的合同存续期内,投资者可以像申购开放式基金一样申购母基金份额,然后按规定的比例分拆成低风险份额A和高风险份额B,并可以分别在市场上交易;同时投资者可以将其在市场上购买的低风险份额A和高风险份额B按照约定的比例合并成母基金份额。由于分级基金的A、B份额都在证券市场上交易,受不同份额的供求关系影响,这两者的价格和净值在某一时刻可能会出现较大偏差,再加上"配对转换"机制的存在,投资者可以在短时间内实现场内和场外市场的转换交易,从而为套利提供了操作的可能性。

7.5.3 分级基金套利的方式

母基金市价及折溢价率的计算方式如下:

母基金市价=份额A市价×份额A比例+份额B市价×份额B比例 (7.2)

折溢价率=(母基金市价−母基金净值)/母基金净值 (7.3)

如果折溢价率为正值,就是市价溢价比例,存在溢价套利的可能;如果为负值,就是市价折价比例,也存在折价套利的可能。

根据套利滞后时间,分级基金套利的方式分为以下两种:

(1)折溢价配对转换套利

受各种因素的影响,分级基金份额A和份额B在证券市场上的价格会发生各种变化,如果单位母基金市价超出母基金净值一定比率,即折溢价率为正值,且大于交易成本时可以进行溢价套利。具体操作为:投资者于T日在场内申购母基金,$T+1$日确认母基金份额,然后于$T+2$日分拆成份额A和份额B,$T+3$日按市价在场内卖出A、B份额,就能获取一定收益。

相反,如果母基金净值超出单位母基金市价一定比率,即折溢价率为负值,且大于交易成本时可以进行折价套利。具体操作为:投资者于T日在市场上购买约定比例的份额A和份额B,$T+1$日合并成母基金,并于$T+2$日将其赎回,从而获取一定收益。

(2)$T+0$无风险套利

折溢价配对转换套利存在一定的时滞风险,折价套利滞后了两个交易日,而溢价套利时滞达三个交易日。在这期间,证券市场往往会出现波动,导致母基金净值或者份额A、B市价变化,从而存在折溢价率收敛风险,进而有了$T+0$套利策略。

$T+0$无风险套利策略的具体操作为:同时持有母基金及子基金份额,在享受基础份额净值增长的同时,一旦发现折溢价空间,对母、子基金进行相反的操作,从而实现$T+0$套利,锁定收益。

案例6:拆分套利策略

以招商中证白酒指数分级基金为例,来分析分级基金拆分套利过程:

招商中证白酒指数分级基金是一只行业指数股票型分级基金,该基金A、B份额配比为1:1,即10份招商中证白酒指数分级基金分成5份招商中证白酒指数分级A和5份招商中证白酒指数分级B,其份额配对转换原则为:份额配对转换以份额申请;申请进行分拆的招商中证白酒份额的场内份额必须是偶数;申请进行合并的白酒A份额与白酒B份额必须同时配对申请,且基金份额数必须同为整数且相等。

2020年9月24日,招商中证白酒指数分级基金基础份额净值为0.950元,当日白酒A份额和白酒B份额的市场收盘价分别为0.980元和0.972元,单位分级基金两类份额的整体市值为0.976元,与其基础份额净值相比较,存在2.70%的套利空间,扣除1%的基金申购手续费,假设证券交易佣金为券商平均收费水平即0.015%,白酒A和白酒B在$T+3$日的价格与T日相当,则投资者3个交易日可获得1.69%的理论套利收益率。而实际上$T+3$日也即9月29日,白酒A的市场价为0.982元,白酒B的市场价为0.966元,单位分级基金两类份额的整体市值为0.974元,扣除1%的基金申购手续费和0.015%的白酒A和白酒B份额卖出手续费,实际收益率为1.48%。如图7.15所示。

场内申购基金 T日 (9.24) → 基础基金份额到账 $T+1$日 (9.25) → 基础份额分拆成白酒A和B $T+2$日 (9.28) → 白酒A和B份额卖出 $T+2$日 (9.28)

图7.15 招商中证白酒指数分级基金拆分套利示意图

案例7:合并套利策略

以国投瑞银沪深300指数分级基金为例,来分析分级基金合并套利过程:10份国投瑞银沪深300指数分级基金可以分拆成5份瑞和小康和5份瑞和远见,其份额配对转换原则同招商中证白酒指数分级基金一样，申请进行"分拆"的瑞和300份额的场内份额必须是偶数，申请进行"合并"的瑞和小康份额与瑞和远见份额必须同时配对申请，且基金份额数必须同为整数且相等。

2020年7月17日，国投瑞银沪深300指数分级基金基础份额的净值为1.216元，当日瑞和小康收盘价1.144元，瑞和远见收盘价1.160元，单位分级基金两类份额的整体市值为1.152元，与其基础份额净值相比较，存在5.56%的套利空间，假设买入手续费为0.015%，基金赎回费率以最高值1.5%来计算，瑞和300分级基金基础份额$T+2$日的净值与T日相当，则投资者可获取4.05%的理论收益率。而实际上$T+2$日也即7月21日，瑞和300分级基金基础份额净值为1.252元，扣除相应的手续费及赎回费后，实际收益率为7.17%。如图7.16所示。

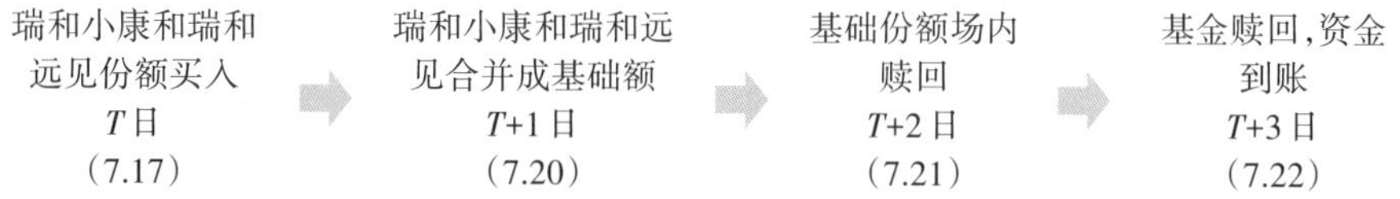

瑞和小康和瑞和远见份额买入 T日 (7.17) ➡ 瑞和小康和瑞和远见合并成基础额 $T+1$日 (7.20) ➡ 基础份额场内赎回 $T+2$日 (7.21) ➡ 基金赎回，资金到账 $T+3$日 (7.22)

图7.16 瑞和300分级基金合并套利示意图

第8章 基于事件驱动的量化投资策略

事件驱动策略是寻找能够对股票价格走势产生影响的事件,分析事件发生后股票价格变化的规律性,并从中挖掘潜在的投资机会。事件驱动策略作为量化投资的重要分支之一,一直是业界中常用的投资策略。首先,本章对基于事件驱动的量化投资策略的内涵进行论述;其次,分析基于事件驱动的量化投资策略的研究框架;再次,对基于事件驱动的资产重组、高送转、业绩预告、大股东增持、定向增发等不同类型的量化投资策略进行探讨;最后,构建基于不同类型的事件驱动的量化投资策略,并进行回测与优化。

8.1 基于事件驱动的量化投资策略的内涵

量化投资是通过量化手段将投资者的投资逻辑构建为数理模型,运用程序化交易来实现其投资逻辑的投资方式。量化投资在投资过程中同样具有其投资逻辑,只不过在投资过程中运用了"量化"的方式。一个成功的量化投资策略,首先需要具备一个明确的投资逻辑,通过数量化方法,将这些投资理念转化为各种变量,从而构建出量化投资策略。然后,通过计算机技术,将该量化策略代入历史市场数据进行反复测试,并不断优化和完善策略,最后将其运用于当前真实市场中,并进行程序化交易。因此量化投资的优点在于其交易客观性以及较强的数据处理能力,能够帮助投资者获取较为稳定的投资收益,其缺点在于难以量化较为复杂的变量,实战中受市场风险影响较大。

事件驱动策略作为量化投资的重要分支之一,一直是业界中常用的投资策略。事件驱动策略就是找寻出能够对股票价格走势产生重大影响的事件,分析事件发生后股票价格变化的规律性,并从中挖掘潜在的投资机会。广义上说,市场上任何发生的有可能与股票市场相关的新闻、事件、公告均有可能成为事件驱动的投资机会。事件驱动策略在国外对冲基金市场已经应用多年,并且取得了较好的业绩。随着我国股票市场的快速发展,事件驱动策略在 A 股市场的应用越来越多,目前国内许多证券公司的金融工程研究团队都会对事件驱动策略进行专题研究,同时许多基金公司也推出了事件驱动型基金产品。

一般来说,可以用于事件驱动策略的事件主要有:资产重组、高送转、业绩预告、大股东增持、定向增发、股权激励、指数成分股调整等等。此类事件的特点是具有较为明确的时间,且该类事件能够对部分投资者的行为产生一定的影响,从而导致股价出现一定的波动。本章将选取具有代表性的几类事件,在检验该事件带来的市场反应后,建立相应的基于事件驱动的量化投资策略。对于投资者来说,需要紧扣时代脉搏,充分捕捉市场动态,掌握事件发生的主动权,构建有效的事件驱动策略,这样才能踏准市场节奏,获取好的收益。

8.2 基于事件驱动的量化投资策略的研究框架

基于事件驱动的量化投资策略的研究框架主要包括以下几个部分:

第一部分是事件的研究过程。主要介绍具体事件的概念以及投资逻辑。

第二部分是相关信息的统计与分析。主要对事件发生频率、事件标的股票所属板块、所属行业以及事件的不同力度等进行信息分布统计。

第三部分是事件投资的有效性分析。运用事件研究法,对不同事件标的股票的超额收益率进行实证研究,确定事件属性,并进行 t 检验;再按照不同状况对样本进行分类,研究不同状况下事件投资的有效性。

第四部分是量化投资策略的构建与回测。选取有效事件构建量化投资策略,确定具体交易规则,并完成策略回测。

具体研究框架如图 8.1 所示。

图8.1 研究框架

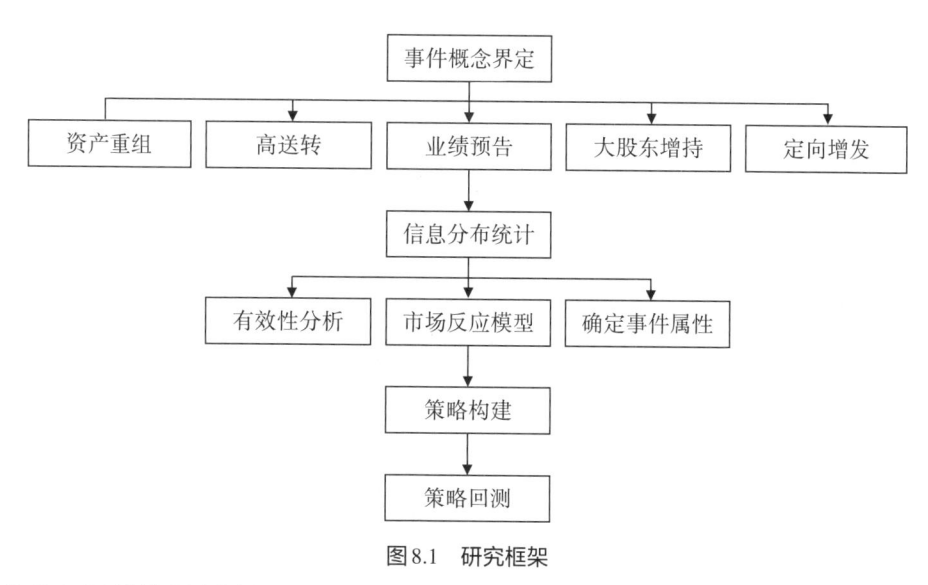

8.2.1 事件的研究过程

首先需要对目标事件的概念进行界定,然后研究该事件是否会给投资者传递迅速买入的信号,具体包括研究上市公司事件行为本身的动机,上市公司内部人员是否对其未来发展充满信心,是否为了提升公司业绩,以及新项目盈利性如何等,从而导致该行为是否会向市场释放出积极的信号。以资产重组事件为例,在对资产重组概念进行界定后,需要考虑上市公司进行资产重组的动因,上市公司进行资产重组可能是为了在短期内迅速实现生产集中和经营规模化,减少行业内竞争,提高产业组织效率,而且上市公司高管往往是对并购后绩效做出预估后才会通过资产重组决议,说明内部人士看好公司资产重组后的发展前景,认为未来公司业绩会得到提高。因此资产重组事件会给投资者传递一个利好信号,有利于股价上涨。

8.2.2 相关信息的统计与分析

对事件发生频率、事件标的股票所属板块及行业和事件的不同力度等进行简单分布统计,通过多维度统计事件的分布,以便更好地掌握该事件行为的特征和把握投资机会。例如,通过对某一事件行为近几年在沪深主板、创业板、科创板发生次数进行统计分布,可以直观感受到该事件在不同板块发生的概率。如果某一板块发生该事件的次数很少,比重占整个市场很低,那么将该板块纳入样本范围就不太合理;反之,若该板块发生该事件的次数较多,占市场比重较高,那么该板块的数据也更具有说服力,将其纳入样本范围便是可行的。

8.2.3 事件投资的有效性研究

事件投资的有效性是指事件发生后股价是否显著异常变化以及是否可持续,如果某一事件发生后,股价发生异常变动且能带来持续的超额收益,则说明该事件是有效的,可以尝试利用该事件构建投资策略。因此,我们可以通过构建市场反应模型来获取事件后股价的异常波动情况,然后通过设置一定标准来判定该事件是否有效。

(1)建立市场反应模型

一般来说,可以通过事件研究法来研究事件所带来的市场反应,当事件发生后,若标的股票价格发生异常变动,则说明事件对市场造成了显著的影响,套利机会出现。事件研究法通过计算事件发生后股票的异常收益率来反映股市的异常波动,基本流程包括确定事件日和事件窗口期,确定预期收益率和计算超额收益率,然后通过计算事件的累计平均超额收益率来判断事件的市场反应状况,最后对超额收益率进行t检验。具体流程如下:

①确定事件日和事件窗口期。一般情况下,将事件首次公告日或者预案公告日确定为事件日,记作$t=0$。若事件日处于周末、节假日或者停牌等不可交易期间,则顺延至下一个交易日。由于信息不对称,外部投资者往往无法预知事件是否发生,因此,本章不对事件披露前的市场前兆以及信息泄露情况进行研究,只研究事件日$t=0$之后的市场反应,故设置事件窗口期为$[0,30]$,即事件日后30个交易日。

②确定事件估计期。确定事件估计期的目的在于估计窗口期的预期收益率。为防止事件信息泄露导致的市场过度反应,设置估计期为$[-130,-31]$,即事件日前130至31个交易日,共计100个交易日。如图8.2所示。

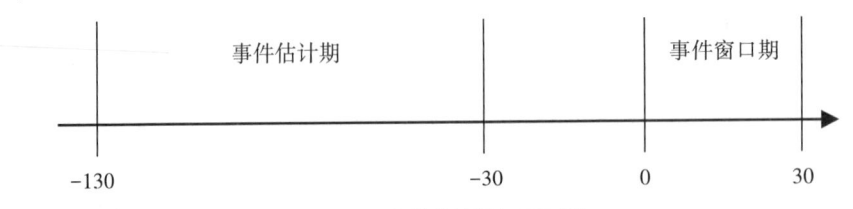

图8.2 事件估计期与窗口期

③确定预期收益率。预期收益率也称期望收益率,是指在事件没有发生的情况下投资者在窗口期内取得的收益率。本章利用资本资产定价模型(CAPM)来计算预期收益率。假设第i只股票在第t日的股价以及第t日的沪深300指数分别为P_{it}和P_{mt},则其股票收益率和指数收益率分别为:

$$R_{it} = \frac{P_{it} - P_{it-1}}{R_{it-1}} \tag{8.1}$$

$$R_{mt} = \frac{P_{mt} - P_{mt-1}}{R_{mt-1}} \tag{8.2}$$

根据资本资产定价模型,计算出每只股票在事件估计期内的R_{it}和R_{mt},并以股票收益率为被解释变量,指数收益率为解释变量,得到回归方程如下:

$$R_{it} = \alpha_i + \beta_i R_{mt} + \varepsilon_{it} \tag{8.3}$$

通过OLS回归估算出α_i和β_i,ε_{it}为残差项,将第i只股票在窗口期的指数收益率代入公式8.3,则可以估计出第i只股票在窗口期的预期收益率R_{it}。

④确定超额收益率。超额收益率也称异常收益率,为实际收益率减去预期收益率,体现股价的异常波动情况。第i只股票在窗口内第t日的超额收益率为:

$$\mathrm{AR}_{it} = R_{it} - \mathrm{ER}_{it} \tag{8.4}$$

股票样本在窗口期内第t日的平均超额收益率为:

$$\mathrm{AAR}_t = \frac{1}{N}\sum_{i=1}^{n}\mathrm{AR}_{it} \tag{8.5}$$

事件在区间$[t_1,t_2]$内的累计超额平均收益率为:

$$\mathrm{CAAR}_{[t1,t2]} = \sum_{t1}^{t2}\mathrm{AAR}_t \tag{8.6}$$

⑤对超额收益率进行t检验。提出原假设为:$\mathrm{AAR}_t = 0$,$\mathrm{CAAR}_{[t1,t2]} = 0$;备择假设为:$AAR_t \neq 0$,$CAAR_{[t1,t2]} \neq 0$。为了检验事件对股票收益率是否有显著影响,要检验超额收益率是否显著异于零,t统计量的计算公式为:

$$t_{\mathrm{AAR}_t} = \frac{\sqrt{N}\,\mathrm{AAR}_t}{S_{\mathrm{AAR}_t}} \tag{8.7}$$

$$t_{\mathrm{CAAR}_{[t1,t2]}} = \frac{\sqrt{N}\,\mathrm{CAAR}_{[t1,t2]}}{S_{\mathrm{CAAR}_{[t1,t2]}}} \tag{8.8}$$

其中,S_{AAR_t}、$S_{\mathrm{CAAR}_{[t1,t2]}}$分别为平均超额收益率和累计平均超额收益率的标准差,N为样本数量,若t值大于临界值,则拒绝原假设,超额收益率不为0,说明事件对市场有显著影响;若t值小于临界值,则接受原假设,事件对市场没有影响。

(2)事件属性分类

通过市场反应模型可以观察到事件的发生对个股的影响,但由于不同类型的事件对于个股异常收益的影响是不同的,因此有必要根据累计平均超额收益率的不同走势情况,对事件属性进行区分,从而选取更适合构建投资策略的事件。我们根据事件发生对股票超额收益率的影响,将事件分为5类,分别是:持续性阿尔法事件、持续性风险事件、短期阿尔法事件、短期风险事件和其他类型。

图8.3、图8.4分别为持续性阿尔法事件和持续性风险事件的案例,可以看到,持续性阿尔法事件在事件发生后出现了明显的超额收益率,并且一直持续了多个交易日,累计平均超额收益率曲线有着明显的持续增长趋势。像这种事件发生后能够持续带来正向超额收益的事件就可以称为持续性阿尔法事件。同理,事件发生后累计平均超额收益率持续为负的事件被称为持续性风险事件。

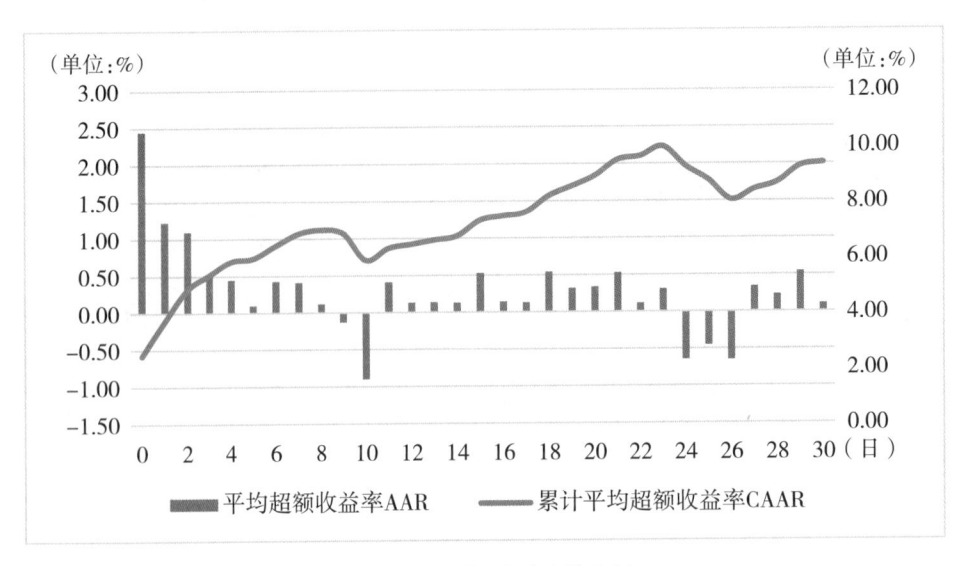

图8.3　持续性阿尔法事件案例

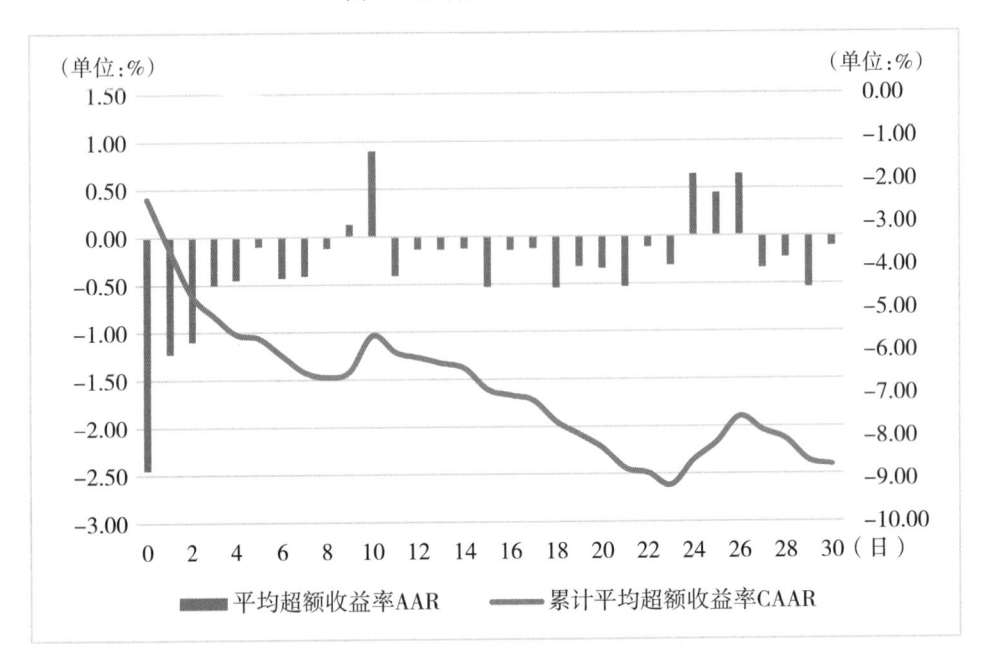

图8.4　持续性风险事件案例

图8.5、图8.6分别为短期阿尔法事件和短期风险事件的案例。可以看到，短期阿尔法事件在事件发生后的前几个交易日带来了正向超额收益，但此后，累计平均超额收益率开始降低，并且随着事件的持续发酵，超额收益的波动范围开始缩小，最后趋于平稳。像这种事件发生后短期内获得正向超额收益，并在随后超额收益逐渐降低的事件被称作短期阿尔法事件。同样的，事件发生后短期内超额收益为负并在随后累计平均超额收益率曲线逐渐上升趋于平稳的事件，被称为短期风险事件。

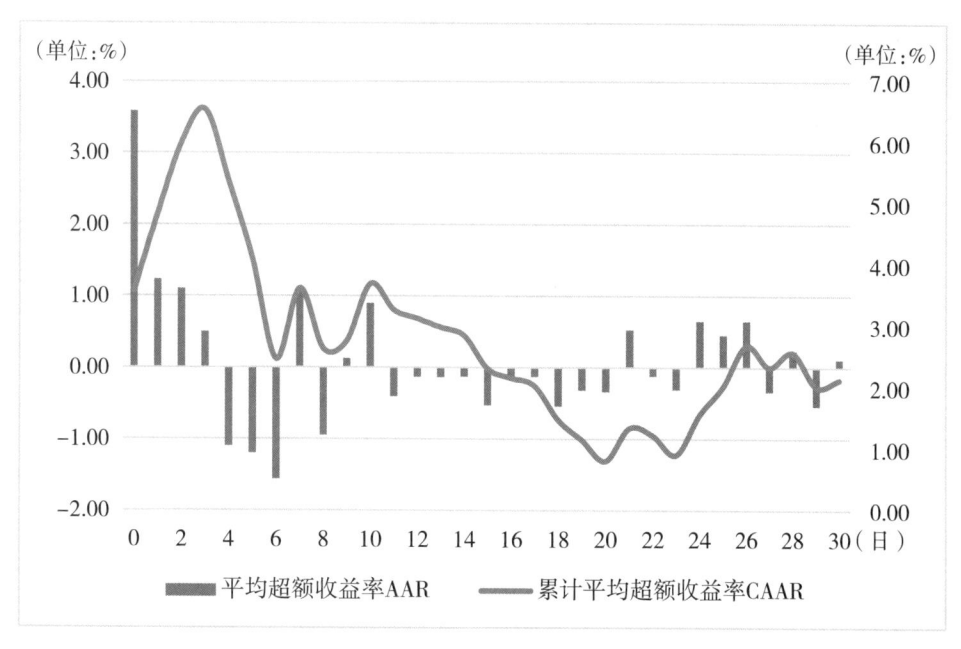

图8.5 短期阿尔法事件案例

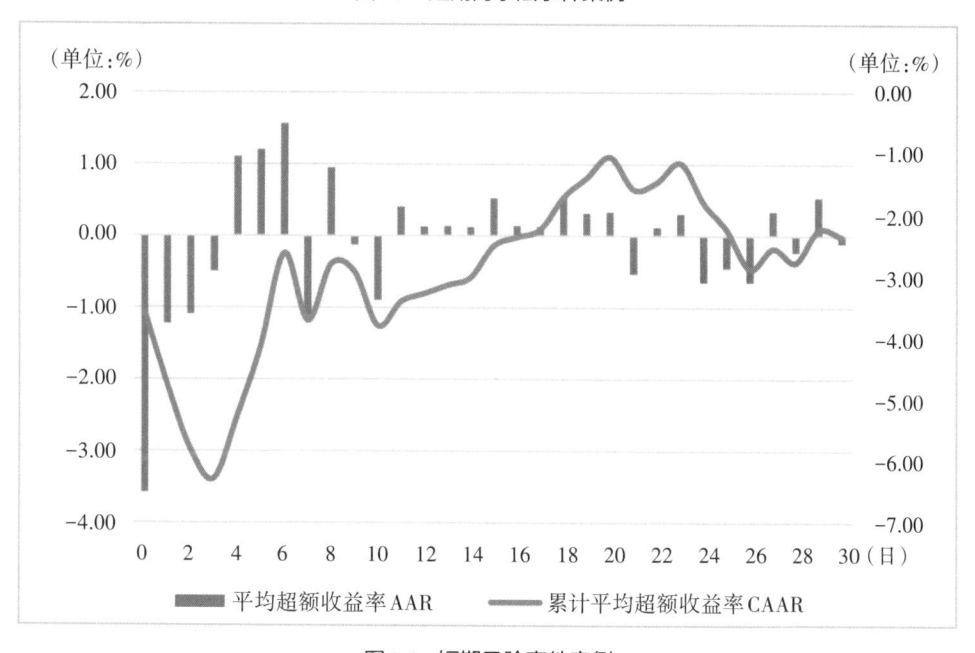

图8.6 短期风险事件案例

除了以上四种事件属性外,还有其他许多事件没有明显的收益特征或风险特征,在此统一作为其他事件类型。以上几种事件属性中,持续性阿尔法事件酝酿了较好的投资机会,能够持续带来正向超额收益,而持续性风险事件则需要谨慎规避。同时,由于短期阿尔法事件和短期风险事件受到信息优势、交易速度等因素影响,实盘中难以及时买入,较难把握,在构建策略时不关注短期事件。因此,在对事件构建市场反应模型,并对事件进行属性分类后,将以持续性阿尔法事件作为事件投资的有效性标准,只对持续性阿尔法事件构建量化投资策略。

8.2.4 基于事件驱动的量化投资策略构建与回测

通过分析可以确定事件的属性,从而确定其是否具备投资有效性。对于持续性阿尔法事件策略的研究,主要包括几个部分:首先,需要确定其选股标准、买卖时点、调仓频率等交易规则;其次,严格按照交易规则在回测期间进行程序化交易;最后,对策略的回测效果进行评价。

(1)策略构建思路

①确定选股标准。对于某个具体事件,首先需要选取回测期间发生该事件的所有股票作为股票池,若某只股票发生该事件,则对该只股票执行买入操作。但为了能够尽可能提高策略收益,需要找到能够显著提高策略收益的因子,这些因子可以是定性的,也可以是定量的,例如上市公司的所属板块、增持事件中的增持比例等。在对事件构建市场反应模型时,将样本按照不同特征或情形进行分类,分别观察不同类别样本的市场反应状况。如果某一特征样本的市场表现明显优于另一特征样本,则我们在制定选股标准时将直接选取市场表现更好的样本。

②确定买入时点。由于事件的发生无法预测,投资者只能采取事后进入的投资方式。对于持续性阿尔法事件来说,由于事件发生后股票能够持续获得超额收益,因此,选择在事件日 $t=0$ 开盘时买入,如果以涨停板开盘,则放弃买入。

③确定持有天数。确定持有天数等同于确定卖出时点。一般来说,持有天数太长,事件在持有期内可能受其他外部因素影响越多,股价变动存在较大不确定性;持有天数太短,将导致频繁换仓,交易成本提高,将降低一部分策略收益。为此,设置为期3年的测试期,同时参考梁艳清(2015)、王玥(2017)对于持有天数的设置,选择10天、15天、20天、25天、30天的持有天数,来测试策略的最佳持有天数,其中策略收益率最高的策略持有天数确定为最佳持有天数。

④确定调仓频率。由于个股事件发生的时间点不一致,因此事件驱动策略的调仓方式问题很难找到完美的解决方式。目前有两种主要的调仓方法:

第一种为定期调仓,该方法与多因子选股策略逐月调仓类似,在特定调仓日(如每月初)一揽子买入处于事件影响状态下的股票组合。该方法整体组合的稳定性更高,仓位处理的要求较低,但该调仓方式会损失事件发生后的即时收益。

第二种为即时调仓,即事先将资金等额分配,设置 N 个资金通道,当个股事件发生后,立即将对应股票买入通道,同时将通道中最早买入的个股卖出。该方法的优势在于可以获得事件发生后的即时收益,但该组合不够稳定,资金分配难以把握。

针对本章的研究逻辑,我们更倾向于第二种即时调仓方式,以保证获取股票在窗口期内的全部损益。

(2)策略程序化交易流程

为保证策略按照以上规则严格执行,具体的交易指令将程序化进行,程序化交易流程如图8.7所示。

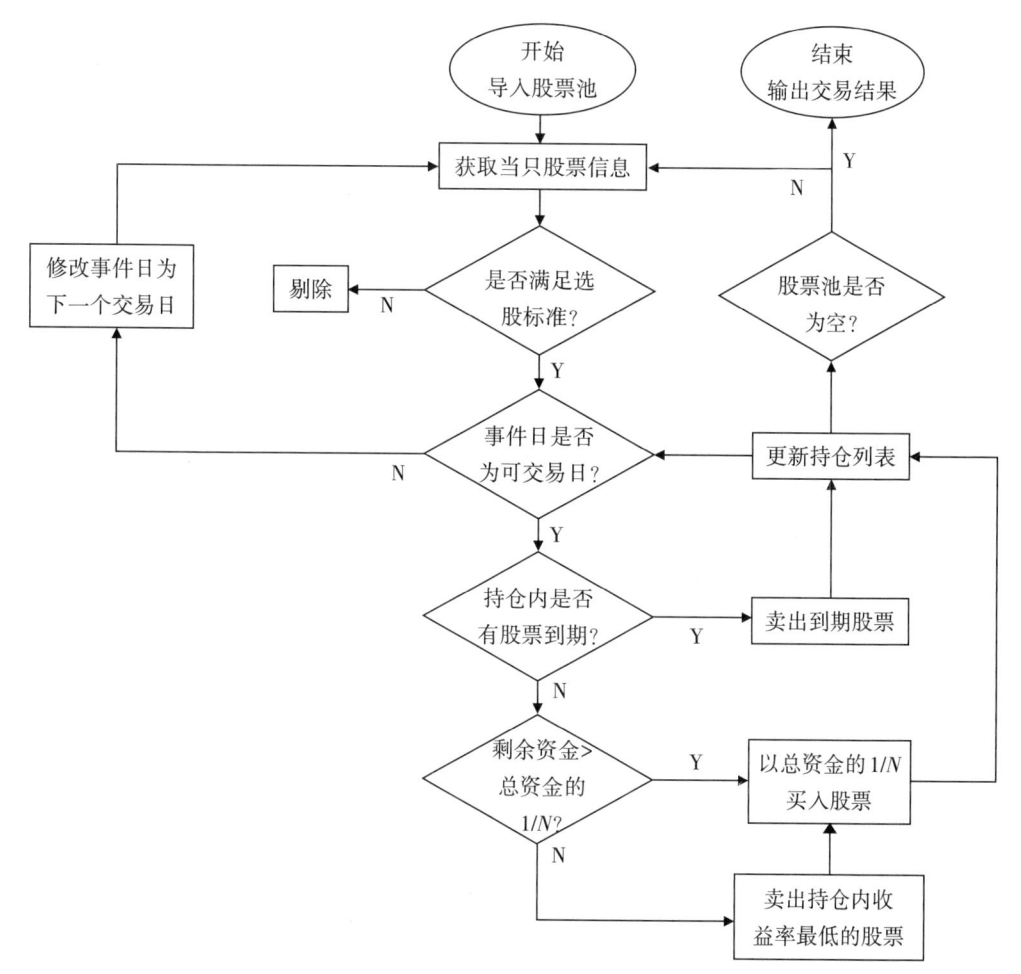

图8.7 程序化交易流程

8.3 基于事件驱动的量化投资策略的类型

事件驱动策略按照事件的不同可以划分为很多种,本章选取我国证券市场上极具代表性的五种事件进行量化投资策略研究,这五种事件包括:资产重组、高送转、业绩预告、大股东增持和定向增发。

8.3.1 资产重组事件

(1)资产重组的概念及投资逻辑

资产重组是指上市公司及其控股或控制的公司在日常经营活动之外购买、出售资产或者通过其他方式进行资产交易达到规定的比例,导致上市公司的主营业务、资产、收入发生重大变化的资产交易行为。资产重组事件一直都是A股市场上的热点事件,一般上市公司在发布资产重组公告后,往往会停牌一段时间,当该公司的股票复牌后,其股价一般会出现大幅上涨甚至出现多个涨停板。

上市公司资产重组的目的往往是通过资源的重新整合、再分配达到效用最大化。管理层面对重组后崭新的资源、人力和业务,能够改善经营效率,发挥协同效应,产生规模优势。因此,上市公司发布公司重大资产重组公告,对市场投资者来说通常是利好消息,投资者在公告日或复牌日及以后大量买入,导致股价上涨。因此,理论上以资产重组事件作为驱动构建投资策略,可能会带来超额收益。

(2)相关信息的统计与分析

选取2009年1月1日至2018年12月31日发生资产重组事件的上市公司作为研究对象,收集的信息包括股票代码、股票名称、首次公告日期或预案公告日、所属行业、是否构成重大资产重组、是否关联交易等,在该期间内共发生资产重组事件23221次。以上数据来源于国泰安CSMAR数据库以及iFinD金融数据终端,数据的分类处理通过Excel完成。

如图8.8所示,除2010年资产重组事件发生次数有所降低外,2011年至2018年间资产重组事件次数整体呈现明显的上升趋势,且连续6年稳定增长,2016年资产重组发生次数最多,创下新高,达到3344次,接近于全体上市公司总数,相当于当年平均每家公司进行了1次资产重组。所以综合看来,资产重组事件发生次数较多,该事件频繁发生,具有大量的投资机会。

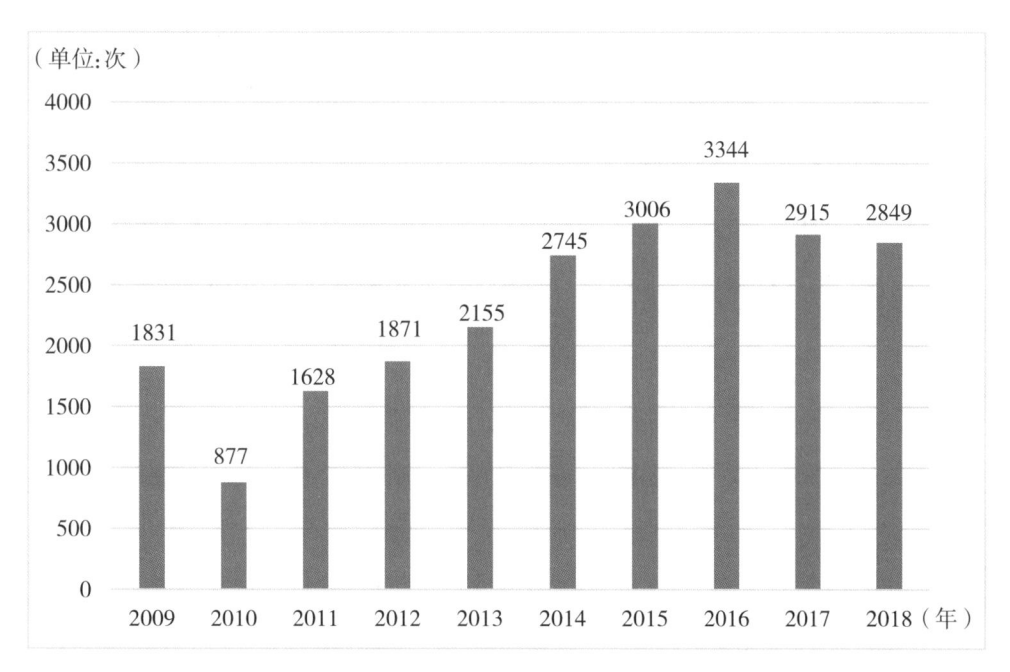

图8.8　2009—2018年发生资产重组事件分布情况

表8.1中列出了不同股票板块下资产重组事件在不同年份的发生次数,从表8.1可以看出,十年间主板发生次数最多,中小板[①]次之,创业板次数最少。这说明主板市场的资产重组行为更加活跃,发生资产重组的可能性更大,投资机会相对较多。由于创业板于2009年10月开市,因此前几年创业板的资产重组发生次数很少,事件发生以主板和中小板为主。2011年开始,资产重组事件在创业板的发生次数开始增长,至2016年达到最多,且此后发生次数几乎与中小板持平。因此,将创业板加入研究范围是合理可行的。

表8.1　各个板块的资产重组事件发生次数统计

日期	主板	中小板	创业板	合计
2009年	1600	230	1	1831
2010年	680	184	13	877
2011年	1095	392	141	1628
2012年	1145	510	216	1871
2013年	1207	637	311	2155
2014年	1543	784	418	2745
2015年	1483	936	587	3006
2016年	1577	971	796	3344
2017年	1421	841	653	2915

---

① 2021年4月6日,深市中小板正式合并到深市主板之中。

续表

日期	主板	中小板	创业板	合计
2018年	1406	817	626	2849
合计	13157	6302	3762	23221

图8.9为资产重组事件在不同行业[①]的分布。其中,重组次数是指该行业上市公司发生资产重组事件的总次数,公司数量指该行业上市公司的总数量,比例指该行业资产重组事件总次数与行业公司数量的比值,以反映该行业资产重组事件发生的频率。

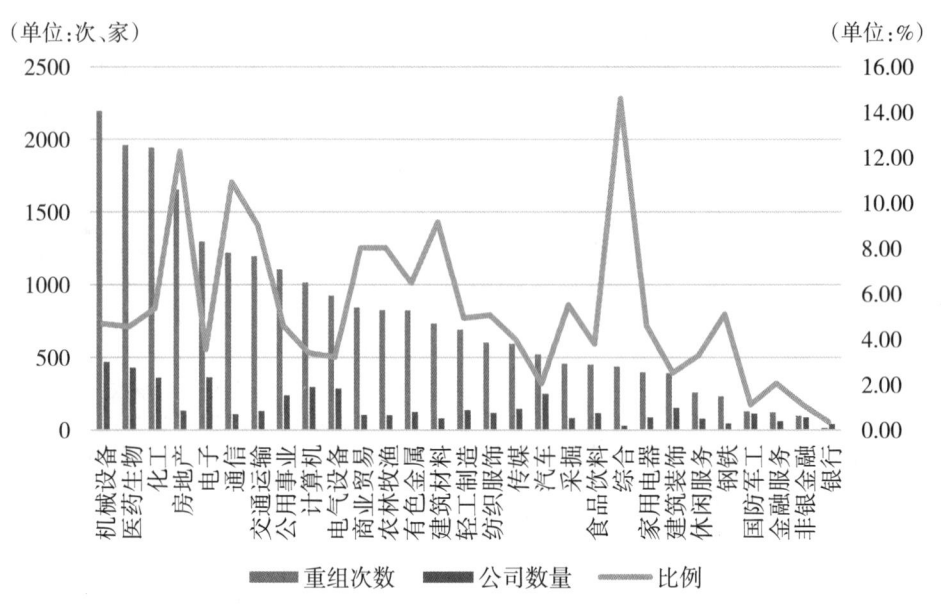

图8.9 2009—2018年间资产重组事件在不同行业发生的分布情况

2009—2018年间发生资产重组事件总数超过500次的有18个行业,其中机械设备、医药生物、化工和房地产等为十年间发生资产重组次数最多的行业,机械设备行业的资产重组次数最多,10年内超过了2000次;银行业资产重组次数最少,10年内仅仅公告资产重组15次,这也与银行业上市公司数量较少有关。从发生频率来看,资产重组事件发生频率最高的是综合、房地产以及通信行业,综合行业资产重组频率最高,十年间平均每家公司公告资产重组达到了14.6次。

将样本[②]分为一般资产重组和重大资产重组。一般资产重组样本的比例为91%,重大资产重组样本的比例为9%。虽然重大资产重组事件的比例较少,但由于样本基数较大,因此重大资产重组发生的次数还是比较多的。因此,本章将继续深入研究在资产重组事件不同重组力度下的市场反应。

[①]行业划分参考申万一级行业分类。(下同)
[②]在对资产重组事件力度进行统计时,剔除了不确定是否构成重大资产重组的缺失值样本2622个,剩余了20599个样本,剔除的样本数量占原样本总体比例较小,不会对信息统计造成较大影响。

将样本[①]按照是否关联交易进行区分。71%的资产重组事件是非关联交易,29%为关联交易。由于关联交易方可以利用关联方关系撮合交易的进行,从而有可能使交易的价格、方式等在非竞争的条件下出现不公平情况,形成对股东或部分股东权益的侵犯,也易导致债权人利益受到损害。因此,通过与关联方进行资产重组的事件可能会向市场传递不好的信号。近三成资产重组通过关联方达成,所占比例较大,下面将进一步研究关联交易是否会影响资产重组事件的有效性。

(3)资产重组事件有效性研究

将原始数据按照如下标准进行筛选:剔除首次公告日后停牌30天以上的样本;剔除首次公告日前后30天内有其他事件发生的样本;剔除同一公司在同一事件日宣告多次事件的样本。最终剩余资产重组样本19254个,同时收集样本股票在首次公告日前130日至前30日,以及首次公告日后30个交易日的日交易数据以及对应日的沪深300指数数据。以上交易数据通过聚宽量化平台爬虫得到,来源于聚宽数据库。数据处理以及CAR、CAAR的计算通过Stata15.0计量软件以及Excel完成。

从图8.10可以看出,事件日t_0的市场反应最为明显,股价变动较大,在事件日t_0能够为投资者带来0.6%的平均超额收益,并持续获得正向超额收益至窗口期末,累计可达到接近2%的超额收益。说明资产重组事件能够带来持续的积极反应,资产重组事件属于持续性阿尔法事件,该事件有效。表8.2为t统计检验结果。

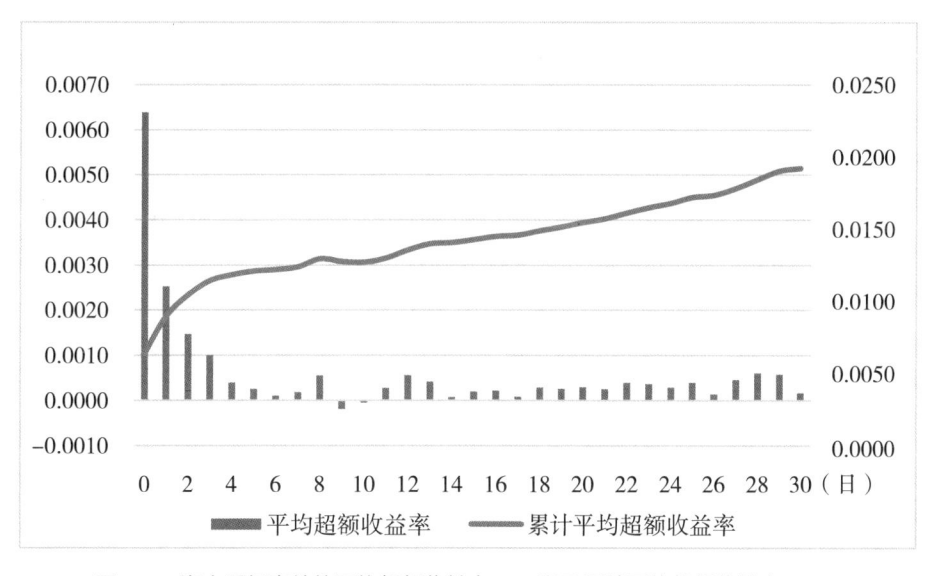

图8.10 资产重组事件的平均超额收益率AAR以及累计平均超额收益率CAAR

[①]在对是否关联交易的样本进行统计时,剔除了不确定是否关联交易的缺失值样本2 620个,剩余了20 601个有效样本,剔除的样本数量占原样本总体比例较小,不会对信息统计造成较大影响。

表8.2 资产重组事件的AAR与CAAR统计检验结果

日期	AAR(%)	t	日期	CAAR(%)	t
0	0.6390	20.7852***	[0,0]	0.6390	20.7852***
1	0.2531	9.2344***	[0,1]	0.8938	19.2998***
2	0.1469	5.9549***	[0,2]	1.0420	18.5489***
3	0.1002	4.2758***	[0,3]	1.1432	18.0015***
4	0.0398	1.7986*	[0,4]	1.1834	17.2875***
5	0.0255	1.1990	[0,5]	1.2092	16.7065***
6	0.0105	0.5083	[0,6]	1.2199	16.1517***
7	0.0186	0.9050	[0,7]	1.2387	15.8021***
8	0.0556	2.7265***	[0,8]	1.2949	15.7965***
9	−0.0187	−0.9169	[0,9]	1.2760	15.2485***
10	−0.0048	−0.2373	[0,10]	1.2711	14.8734***
11	0.0279	1.3845	[0,11]	1.2994	14.7477***
12	0.0561	2.6132***	[0,12]	1.3562	14.7866***
13	0.0421	2.1281**	[0,13]	1.3989	14.8674***
14	0.0082	0.4116	[0,14]	1.4072	14.6421***
15	0.0200	1.0240	[0,15]	1.4275	14.5031***
16	0.0225	1.1390	[0,16]	1.4503	14.4046***
17	0.0087	0.4508	[0,17]	1.4592	14.2659***
18	0.0293	1.4867	[0,18]	1.4888	14.3020***
19	0.0266	1.3453	[0,19]	1.5158	14.3357***
20	0.0297	1.5212	[0,20]	1.5460	14.4453***
21	0.0258	1.3225	[0,21]	1.5721	14.4806***
22	0.0396	2.0216**	[0,22]	1.6123	14.6250***
23	0.0368	1.8795*	[0,23]	1.6497	14.7130***
24	0.0293	1.5164	[0,24]	1.6795	14.7309***
25	0.0398	2.0253**	[0,25]	1.7200	14.8660***
26	0.0144	0.7407	[0,26]	1.7347	14.8610***
27	0.0465	2.4287**	[0,27]	1.7820	15.0379***
28	0.0609	3.0920***	[0,28]	1.8440	15.2405***
29	0.0580	3.0262***	[0,29]	1.9031	15.4565***
30	0.0172	0.8835	[0,30]	1.9206	15.3924***

注：t统计量后的***、**、*分别表示在1%、5%、10%的水平上显著。(下同)

第一,按所属板块划分。如图8.11所示,深市中小板和深市创业板在事件日当天均有明显的股价上涨,沪深主板次之。长期来看,深市创业板的平均超额收益率AAR最高,深市中小板次之,沪深主板最低。

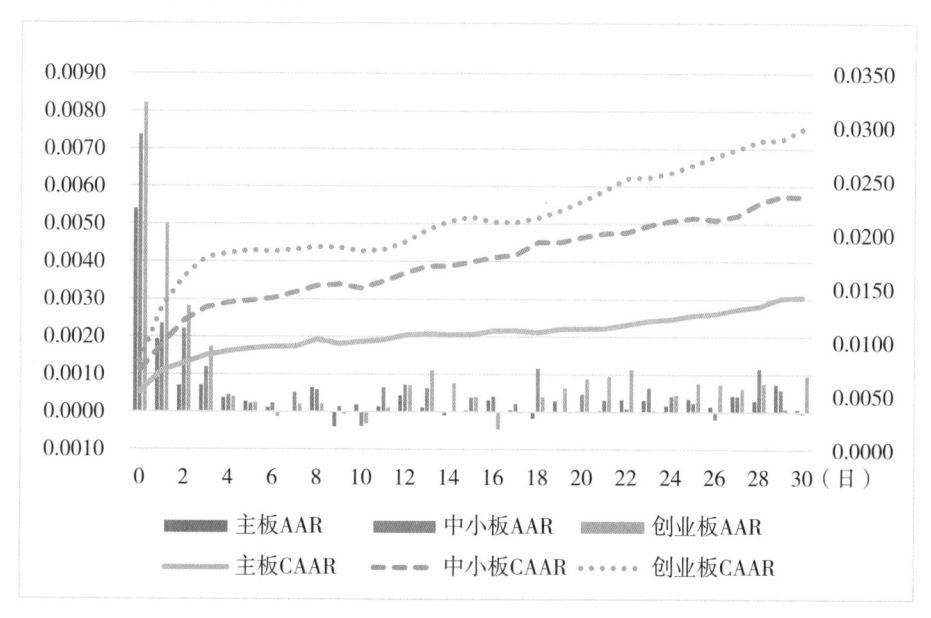

图8.11 资产重组样本在不同板块下的AAR与CAAR

第二,按不同市场行情划分。为分析资产重组事件在不同市场行情中的有效性,参考Pagan和Sossounov(2003)提出的非参数法,利用沪深300指数将2009—2018年我国股票市场划分为牛市、熊市以及震荡市。沪深300指数走势如图8.12,股市行情划分如表8.3所示,这种划分同样适用于高送转、业绩预告以及定向增发事件。

表8.3 2009—2018年股市行情划分

区间	市场行情
2009年1月—2009年7月	牛市
2009年8月—2014年6月	震荡市
2014年7月—2015年5月	牛市
2015年6月—2015年9月	熊市
2015年10月—2018年12月	震荡市

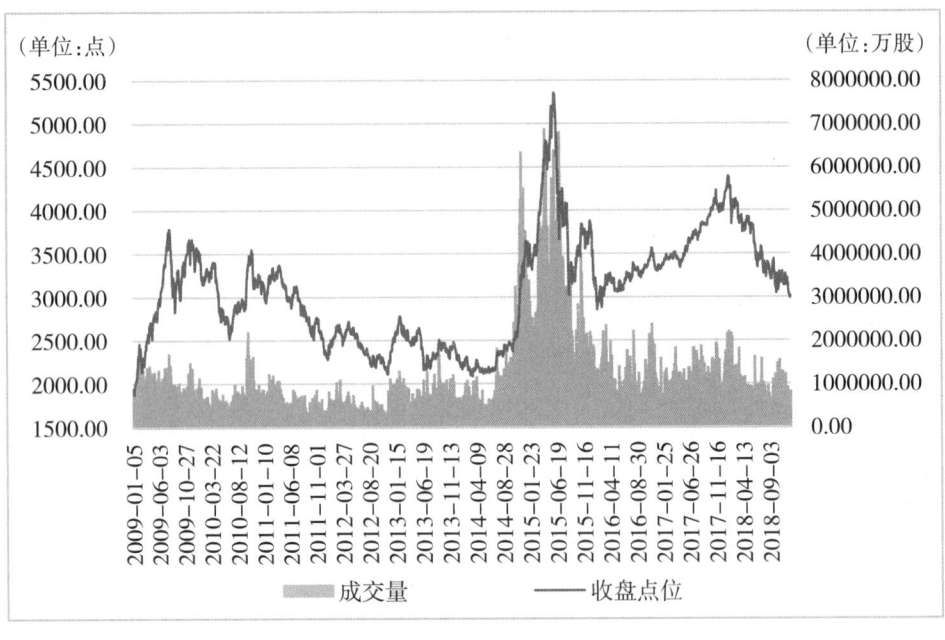

图 8.12　2009—2018年沪深300指数

如图8.13所示,牛市样本的市场表现最好,连续前三个交易日获得了较高的超额收益,并且持续获得超额收益至报告期末;震荡市样本的表现一般,在首个交易日获得明显的超额收益后,无法持续获得超额收益,最后一个交易日的CAAR为0.54%;熊市样本在前两个交易日取得了超额收益后,可能由于市场行情的影响,累计超额收益持续下跌至 −1.25%,但此后持续获得正向超额收益,并最终获得4%上的累计超额收益。总的来看,不同市场行情对资产重组事件的有效性有一定影响,但在窗口期内不同样本均是有效的。

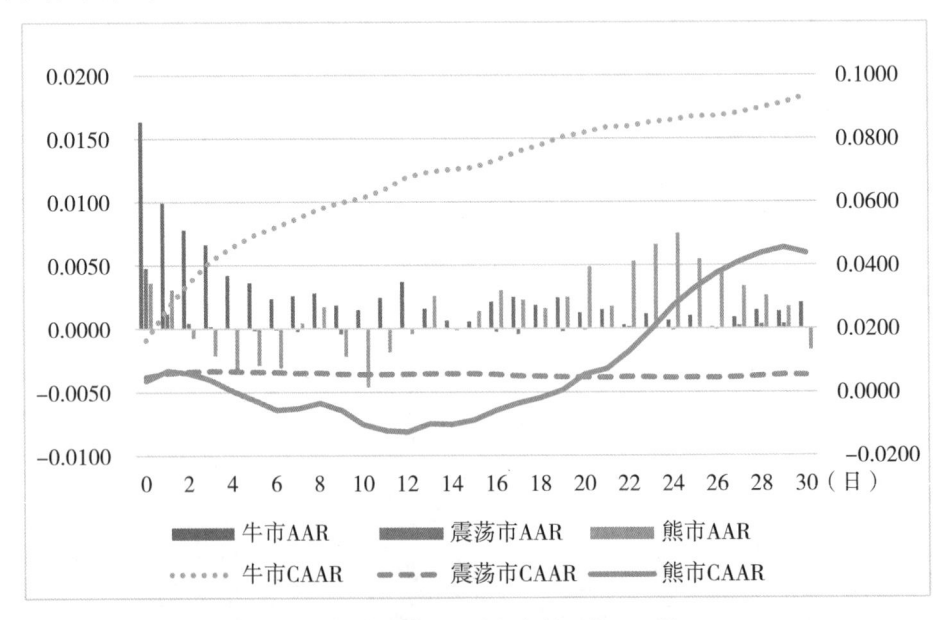

图8.13　资产重组样本在不同市场行情下的AAR以及CAAR

第三，按是否构成重大资产重组划分。由图8.14所示，重大资产重组样本在事件日后取得了较好的市场表现，尤其是前五个交易日，累计超额收益率快速拉升，最高获得超过14%的超额收益；而一般资产重组样本在事件日后没有多大变化。这可能是因为重大资产重组交易额度较大，且往往伴随着并购的发生，意味着公司扩大业务规模或进军新领域，取得协同效应，从而向投资者传递出更加积极的信号。总的来说，重大资产重组样本在窗口期表现优于一般资产重组。

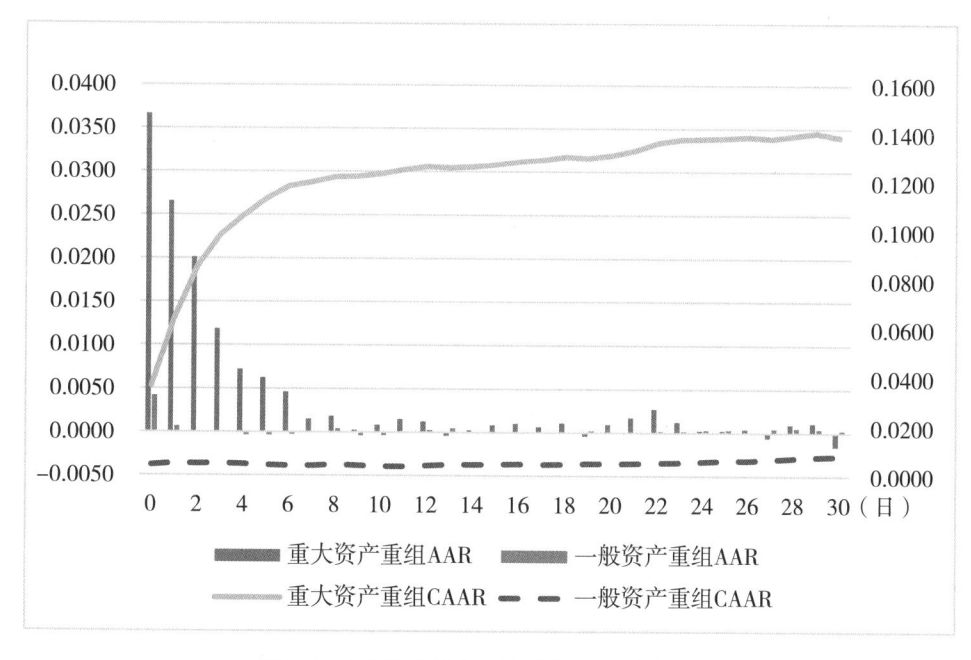

图8.14 不同资产重组力度下的AAR以及CAAR

第四，按是否关联交易划分。由图8.15所示，关联交易与非关联交易下的资产重组事件均是有效的，从累计平均超额收益率来看，在前五个交易日，关联交易样本的市场表现要优于非关联交易样本，这可能是由于投资者更倾向于购买未来能够重组成功的公司股票，而关联交易中由于关联双方存在利益关系，导致双方对重组事项达成一致的可能性较高，重组成功概率也比较大。但在窗口中后期，非关联交易样本表现更好，持续获得超额收益至期末，而关联交易样本在第五个交易日已经获得最大的累计超额收益。整体来看，是否关联交易不会影响资产重组事件投资有效性。

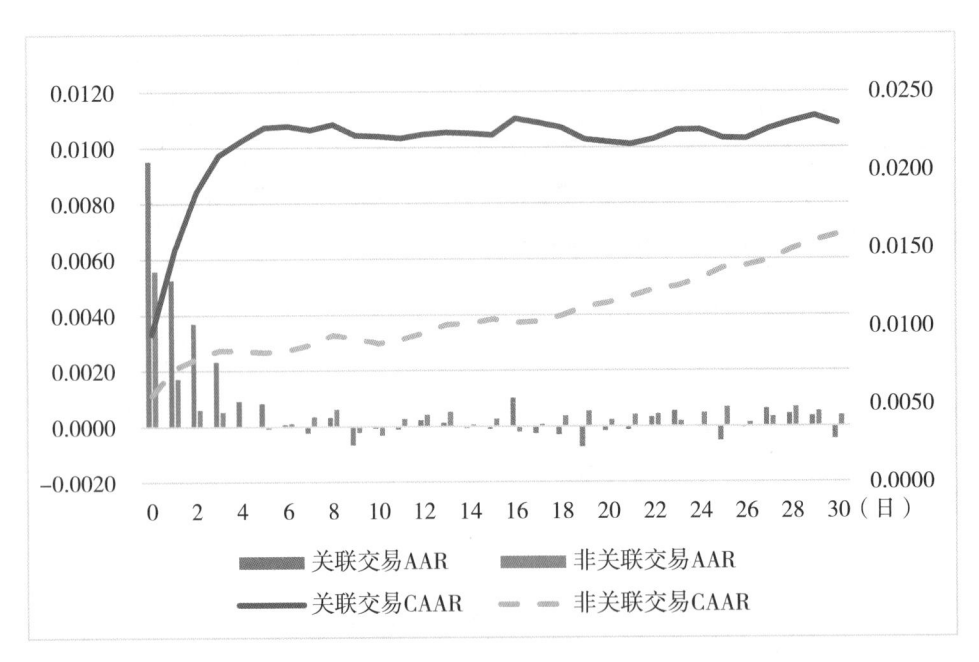

图8.15 关联交易与非关联交易样本的AAR与CAAR

(4)资产重组事件策略的构建与回测

根据市场反应模型的研究结果,资产重组事件在事件日后均能够持续获得超额收益,因此该事件属于持续性阿尔法事件,根据其市场表现,构建基于事件驱动的量化投资策略,并进行回测。首先,回测期间分为测试期和外推期,测试期为2018年1月1日至2020年12月31日,共计730个交易日,用于测试策略股票的最佳持有天数T;外推期为2021年1月1日至2021年12月31日,共计243个交易日,用于使用测试期得出的最佳持有天数T进行回测,以判断策略表现。其次,基于不同状况下样本的表现,对策略设置一定的选股标准,资产重组策略选取构成重大资产重组的股票。最后,在测试期分别进行持有期为10天、15天、20天、25天和30天的测试,确定出最佳持有天数T,并在外推期以持有期为T进行回测。完整交易规则见表8.4。

表8.4 资产重组策略交易设置

项目	交易规则
回测区间	测试期:2018年1月1日至2020年12月31日 外推期:2021年1月1日至2021年12月31日
选股标准	选取构成重大资产重组的股票
买入时点	首次公告日或下一个交易日
持有天数	10天、15天、20天、25天、30天轮流测试
初始资金	100万元
收益基准	沪深300指数

续表

项目	交易规则
仓位设置	设置N个资金通道,即初始资金N等分[①] 若有股票符合选股标准但满仓,则卖出持仓内收益率最低的股票
交易成本	买入时佣金万分之二,卖出时佣金万分之二加千分之一印花税
其他交易规则	事件发生后连续两日涨停但未买进的股票不再下买单 事件日前10日有其他明显利空消息的股票不予买入
回测环境	聚宽量化平台

根据以上交易规则对资产重组事件在不同持有天数下进行测试。图8.16为资产重组事件策略在2018—2020年不同持有天数下的测试效果,可以确定出资产重组事件策略的最佳持有天数为30天。

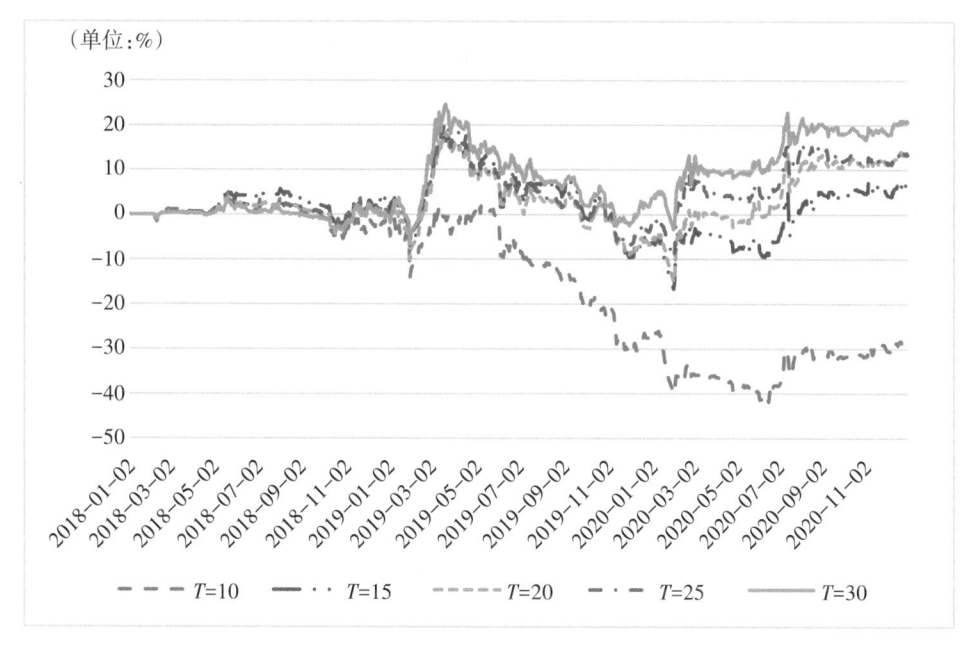

图8.16 资产重组事件策略的测试效果

图8.17为资产重组事件策略2021年外推期的策略表现,可以看到测试期确定出的最佳持有天数在外推期取得了较好的回测效果。如表8.5所示,策略收益率为19.90%,远超同期沪深300指数收益,夏普比率达1.54,最大回撤仅为-7.69%,说明该策略整体效果极佳。

[①]参考王玥(2017)的资金通道数量计算方式,本文设置N=事件样本数/回测天数×持有天数×2。

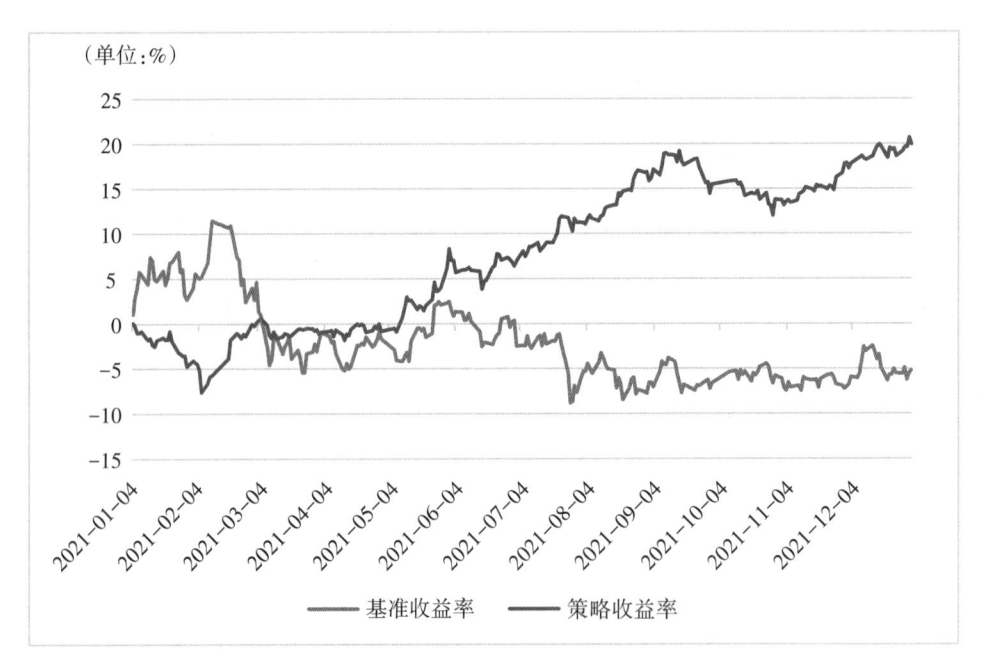

图 8.17 资产重组事件策略的外推效果

表 8.5 资产重组事件策略外推效果评价

策略收益率(%)	19.90	夏普比率	1.54
策略年化收益率(%)	20.53	胜率	0.543
超额收益率(%)	25.10	盈亏比	2.886
基准收益率(%)	−5.20	最大回撤(%)	−7.69

8.3.2 高送转事件

(1)高送转的概念及投资逻辑

高送转是指公司以较高的比例实施送股或者转增股本,送股即公司以未分配利润转增股本,转股即公司以资本公积转增股本。高送转实质上是所有者权益的内部结构调整,对所有者权益总额没有影响,并且尽管高送转使得投资者手中的股票数量增加了,但股价也会进行相应的调整,投资者持股比例不变,所持股票的价值也不会发生变化。本章基于数据量和投资界实务角度考虑,将高送转股票界定为送股比例与转股比例之和大于1的股票,即每10股送转股之和大于等于10股的股票。

高送转虽然对公司的股东权益和盈利能力没有实质性的影响,也不能直接给投资者带来现金回报,但由于投资者通常认为高送转向市场传递了公司未来业绩将保持高增长的积极信号,同时A股市场对高送转题材也一直炒作不断,从而对股价起到推波助澜的作用,因此大多数投资者将高送转事件看作重大利好消息。除此之外,当高送转事件发生后,经过除权,公司的股票价格会出现大幅度降低,而投资者对低价股更为青睐,认为低价股更便宜,从而增加投资,推动股价的上涨。因此,理论上以高送转事件作为驱动构建投资策略,可能会带来超额收益。

(2)相关信息的统计与分析

选取2009年1月1日至2018年12月31日发生高送转事件的上市公司作为研究对象,收集的信息包括股票代码、股票名称、首次公告日期或预案公告日、所属行业、送转比、转增比等,在该期间内共发生高送转事件2086次。以上数据来源于国泰安CSMAR数据库以及iFinD金融数据终端,数据的分类处理通过Excel完成。

图8.18所示,高送转事件在2016年前整体呈上升趋势,峰值出现在2015年,发生高送转事件的次数达到了481次,但从2016年开始高送转发生次数开始逐年减少,2018年发生次数非常少。这是由于前几年高送转成为上市公司大股东利益操纵的工具,沪深交易所于2018年出台了史上最严高送转新规,对上市公司披露高送转方案设置了业绩等门槛,导致高送转事件次数减少。

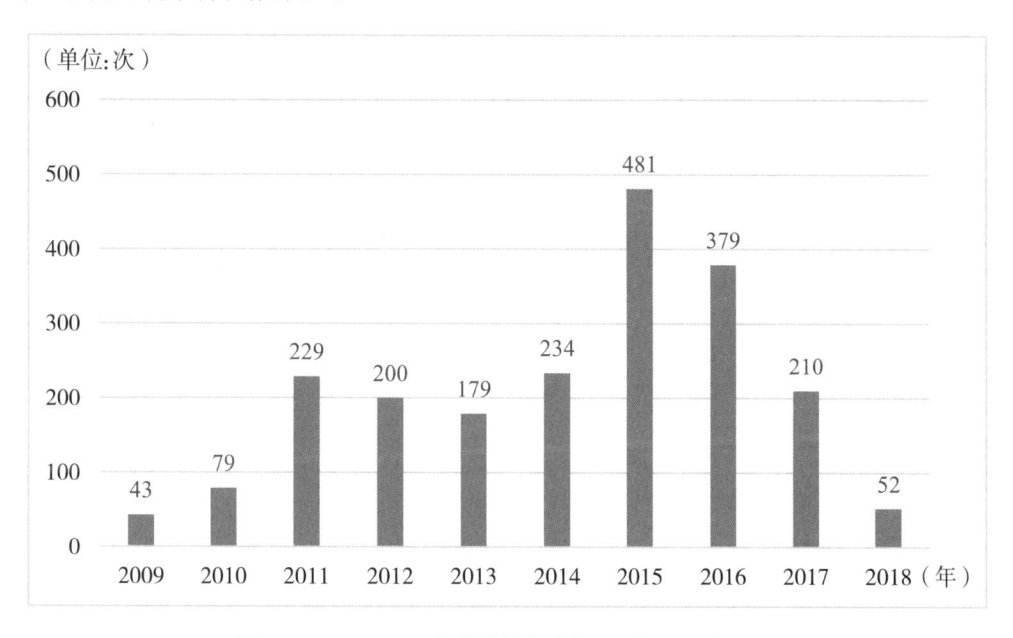

图8.18 2009—2018年高送转事件在不同年份的数量分布

表8.6中列出了高送转事件在不同板块的分布情况,从表8.6可以看出,2009—2018年间中小板发生高送转事件次数最多,创业板略低于中小板,主板次数最少。这可能是由于中小板与创业板上市公司的规模普遍较小,大都处于初创或成长阶段,竞争激烈,需要大量资金不断壮大自己的实力,盈利后不愿意以现金的方式进行分红,导致现金股利较少,更多是以送股或转增股份为主的股利政策。但这也说明中小板与创业板市场的高送

转行为更加活跃,发生高送转的可能性更大,投资机会相对较多。创业板高送转次数增长较快,在2015年高送转次数超过了中小板,之后也一直保持较高比例。

表8.6 各个板块的高送转事件发生次数统计

日期	主板	中小板	创业板	合计
2009年	26	17	0	43
2010年	33	26	20	79
2011年	50	105	74	229
2012年	42	90	69	201
2013年	38	74	67	179
2014年	51	93	90	234
2015年	120	176	185	481
2016年	119	134	125	378
2017年	56	73	81	210
2018年	11	19	22	52
合计	546	807	733	2086

从图8.19可以看出,2009—2018年,高送转发生次数最多是机械设备、化工以及医药生物行业,发生次数最少的是国防军工和钢铁行业;高送转比较频繁的是信息服务以及综合行业,表明这两个行业高送转比较活跃;发生频率较低的是采掘和国防军工行业,其发生次数少,高送转不够活跃,投资机会较少。

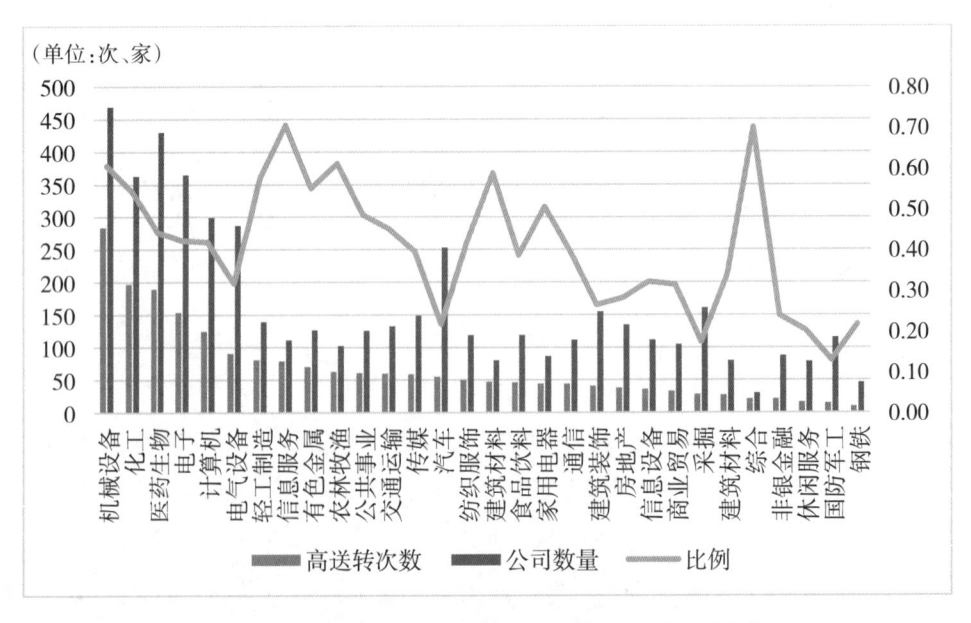

图8.19 2009—2018年间高送转事件在不同行业发生的分布情况

图 8.20 展示的是高送转事件在不同送转比例下的数量分布状况。送转比例是送股比例与转股比例之和,送转比例=1,表示 10 股送股或转增之和为 10 股,占比 72%;1 < 送转比例≤2,表示 10 股送股或转增之和为 10 股至 20 股,占比 25%;送转比例 > 2,表示 10 股送股或转增之和为 20 股以上,占比仅为 3%。

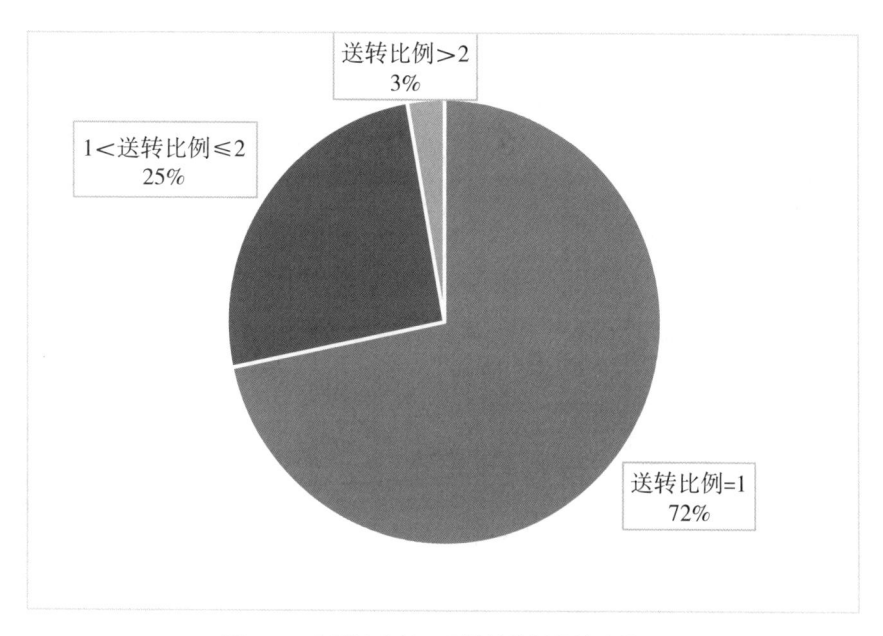

图 8.20 高送转事件不同送转比例的统计情况

(3)高送转事件有效性研究

按同样标准筛选得到高送转样本 1990 个,同时收集样本股票在首次公告日前 130 日至前 30 日,以及首次公告日后 30 个交易日的日交易数据,以及对应日的沪深 300 指数数据以建立市场反应模型。从图 8.21 可以看出,事件公告当日市场反应最为明显,股价变动较大,在事件公告当天能够为投资者带来 2.61% 的超额收益,并持续获得较高的 AAR 至窗口期末。总之,高送转事件能够带来持续的收益,属于持续性阿尔法事件,该事件具备投资有效性。表 8.7 为 t 统计检验结果。

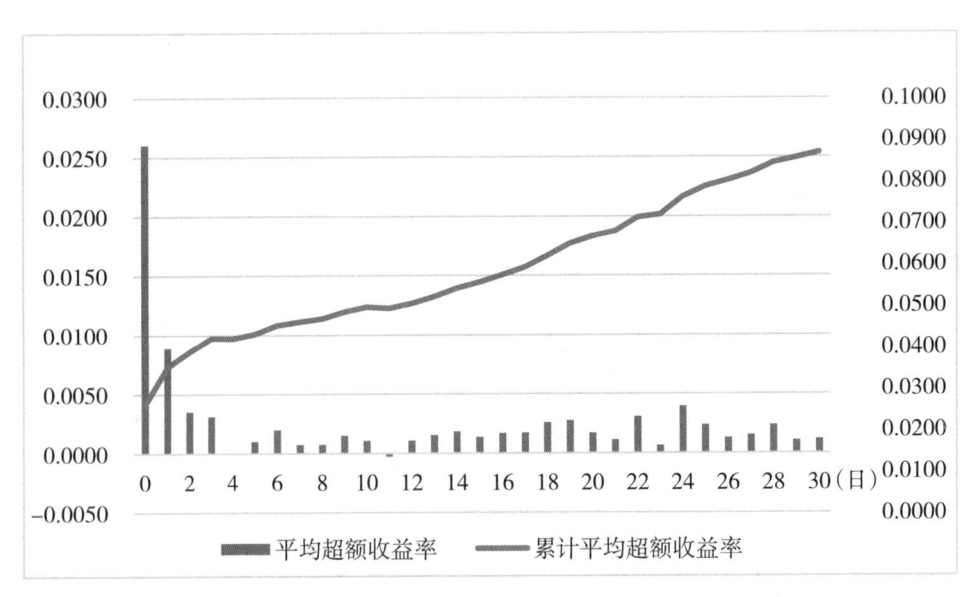

图 8.21 高送转事件的平均超额收益率 AAR 以及累计平均超额收益率 CAAR

表 8.7 高送转事件的 AAR 与 CAAR 统计检验结果

日期	AAR(%)	t	日期	CAAR(%)	t
0	2.6060	20.8638***	[0,0]	2.6060	20.8638***
1	0.8902	7.9384***	[0,1]	3.5194	18.3812***
2	0.3542	3.9396***	[0,2]	3.8861	17.0659***
3	0.3146	3.7302***	[0,3]	4.2129	16.4218***
4	−0.0077	−0.0936	[0,4]	4.2049	14.9050***
5	0.1039	0.7622	[0,5]	4.3131	13.1085***
6	0.2013	2.6756***	[0,6]	4.5232	13.0227***
7	0.0766	1.0701	[0,7]	4.6032	12.6983***
8	0.0774	1.0559	[0,8]	4.6841	12.4338***
9	0.1517	2.1209**	[0,9]	4.8429	12.4693***
10	0.1103	1.5353	[0,10]	4.9586	12.4157***
11	−0.0246	−0.3385	[0,11]	4.9328	12.0695***
12	0.1081	1.5221	[0,12]	5.0462	12.1916***
13	0.1547	2.1140**	[0,13]	5.2088	12.4638***
14	0.1853	2.4612**	[0,14]	5.4038	12.7645***
15	0.1380	1.8670*	[0,15]	5.5493	12.7846***

续表

日期	AAR(%)	t	日期	CAAR(%)	t
16	0.1703	2.3189**	[0,16]	5.7290	13.0834***
17	0.1750	2.3255**	[0,17]	5.9141	13.2046***
18	0.2605	3.4396***	[0,18]	6.1899	13.6564***
19	0.2766	3.5479***	[0,19]	6.4836	13.9617***
20	0.1700	2.1494**	[0,20]	6.6646	13.9834***
21	0.1157	1.4777	[0,21]	6.7881	13.9758***
22	0.3085	3.9410***	[0,22]	7.1176	14.1683***
23	0.0647	0.8248	[0,23]	7.1869	13.8557***
24	0.3940	4.9772***	[0,24]	7.6092	14.3507***
25	0.2397	3.1465***	[0,25]	7.8672	14.4633***
26	0.1309	1.6283	[0,26]	8.0083	14.3462***
27	0.1551	2.0026**	[0,27]	8.1758	14.3658***
28	0.2385	2.9759***	[0,28]	8.4338	14.4190***
29	0.1088	1.3674	[0,29]	8.5518	14.5524***
30	0.1212	1.6102	[0,30]	8.6834	14.6472***

第一,按所属板块划分。从图8.22可以看出,三种不同板块的高送转样本在事件日当天均取得了超过2%的超额收益,且在事件日后的走势基本一致,均能够获取持续的超额收益。但长期来看,中小板和创业板样本的市场表现略优于主板样本。

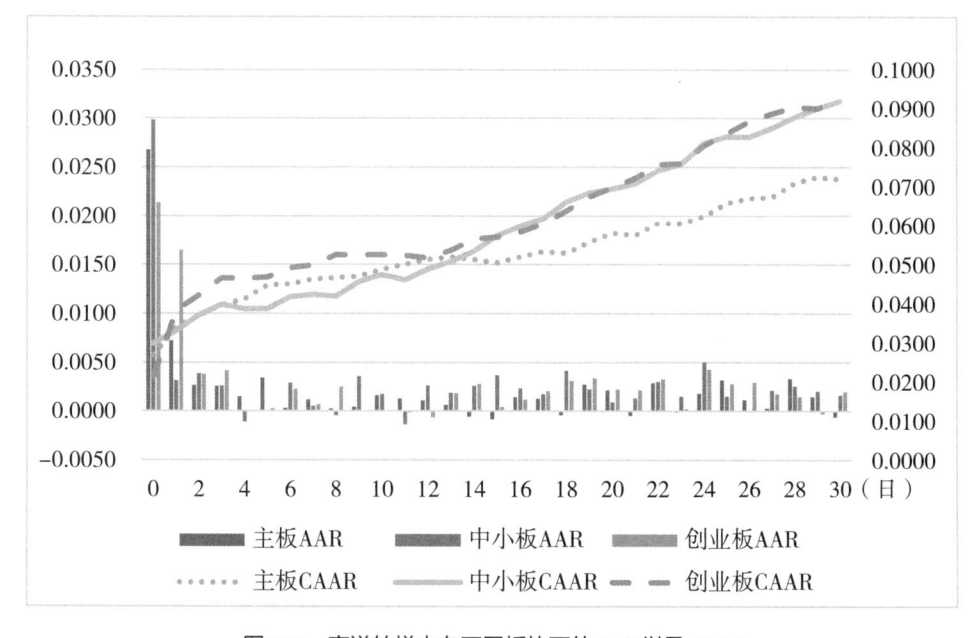

图8.22 高送转样本在不同板块下的AAR以及CAAR

第二,按不同市场行情划分。图8.23是按照股市行情划分的标准,统计出高送转样本在不同行情下的市场表现。从中可以看出,牛市样本的市场表现明显优于震荡市样本和熊市样本,能够持续获得超额收益,并在第30个交易日达到23.95%的累计超额收益率;而震荡市和熊市样本市场表现一般,能获得5%以上的累计超额收益。

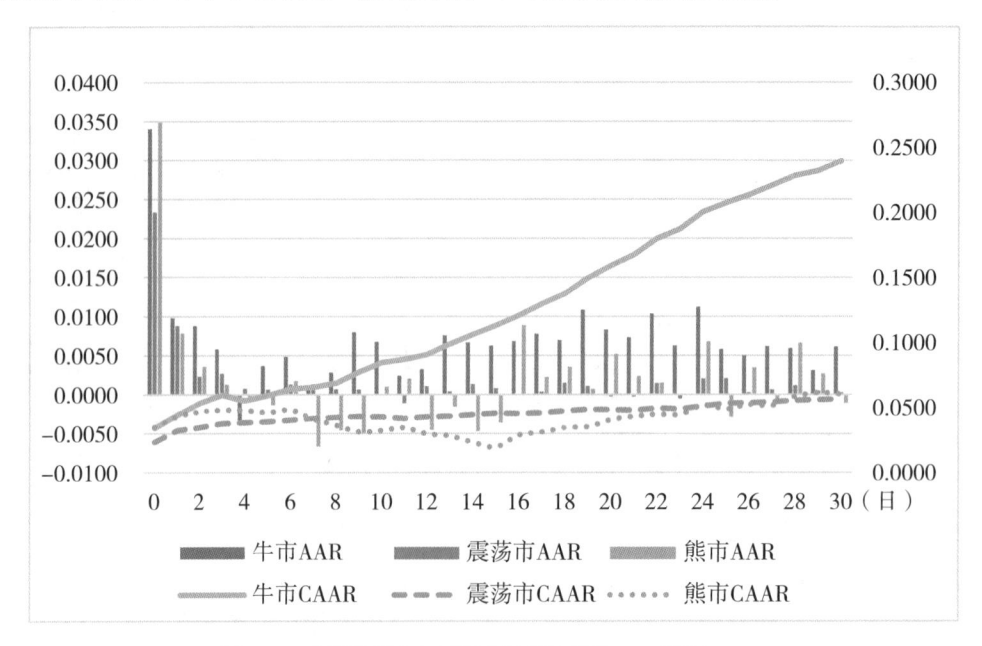

图8.23 高送转样本在不同市场行情下的AAR以及CAAR

第三,按不同送转比例划分。图8.24展示的是将样本数据按送转比例划分为等于1、大于1且小于等于2、大于2的累计平均超额收益情况。一般来说,投资者会更青睐送转比例大的股票,但从图中我们不难看出,送转比例大于1且小于等于2的市场表现却更好。送转比例超过2的股票CAAR却在事件日后起伏较大,虽然在前8个交易日获得了较高的超额收益,但又快速下降至1.58%。这可能是由于市场上越来越多的大比例高送转与限售股减持相结合,成为上市公司大股东操纵股价的工具,导致投资者对于大比例高送转的警惕性开始提高,对10送转20以上的高送转事件反应不太强烈。由此可得,高送转的送转比例达到一定程度,尤其是10送转20以上时,会被投资者认为是市场炒作。因此,高送转比例不宜过高,以合适比例进行分红的方案会更受投资者的信任和支持。

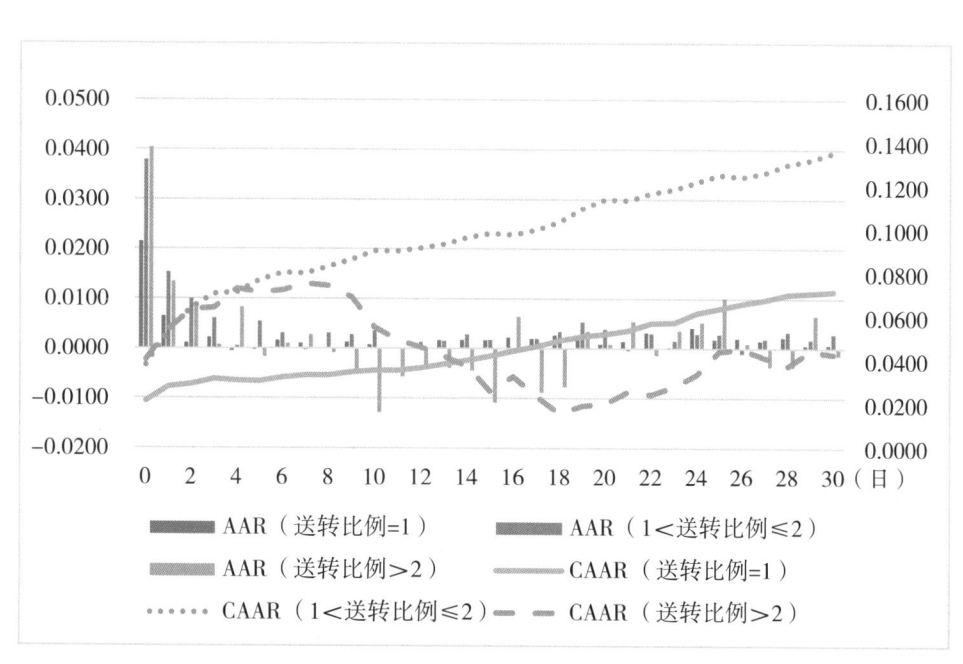

图8.24 高送转样本在不同送转比例下的AAR以及CAAR

(4) 高送转事件策略的构建与回测

根据市场反应模型的研究结果,高送转事件在事件日后均能够持续获得超额收益,因此该事件属于持续性阿尔法事件。根据市场表现,构建事件驱动的量化投资策略,并进行回测。基于不同状况下样本的表现,高送转策略剔除送转比例>2的股票,其余交易规则不变。如图8.25为高送转事件策略在2018—2020年不同持有天数下的测试效果,可以确定高送转事件策略的最佳持有天数为15天。

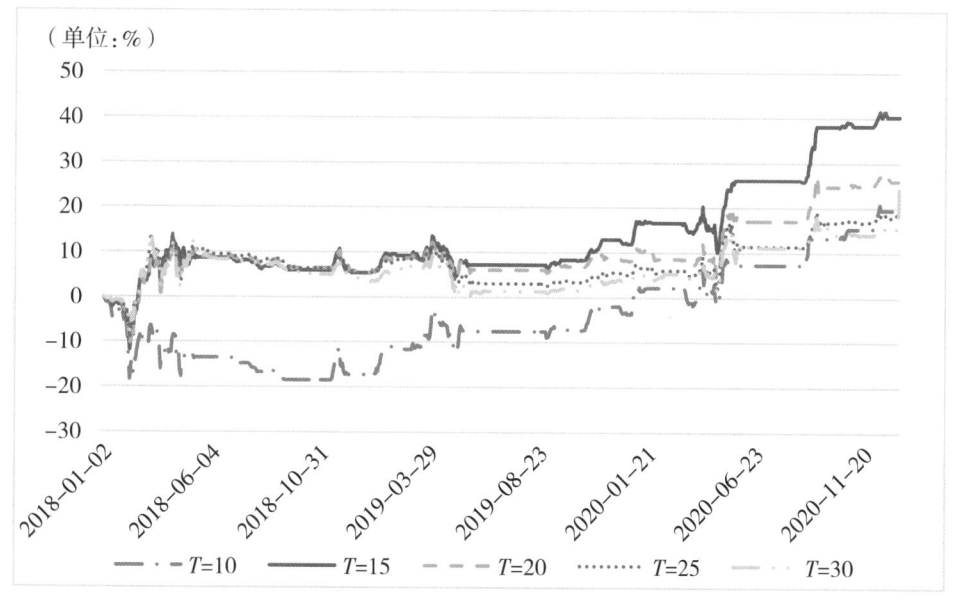

图8.25 高送转事件策略的测试效果

图8.26显示高送转事件策略2021年外推期的策略表现,可以看出,测试期确定出的最佳持有天数下的外推效果不太理想,如表8.8所示,策略收益率为7.21%,夏普比率为0.238,最大回撤为-12.39%。原因可能是最严高送转新规的出台导致近年高送转事件发生频率降低;并且,高送转事件近年来被投资者视作上市公司利益操纵的工具,开始不被投资者认为是利好消息,因此事件有效性有所降低;最后高送转事件还具有可预测性,投资者可以通过公告日之前上市公司的财务数据判断公司高送转的可能性,通过集成学习算法构建高送转预测模型,从而提前介入(张田华、罗康洋,2021)。高送转事件被预测后,往往股价会提前异常波动,在事件日后介入便难以取得理想的超额收益。

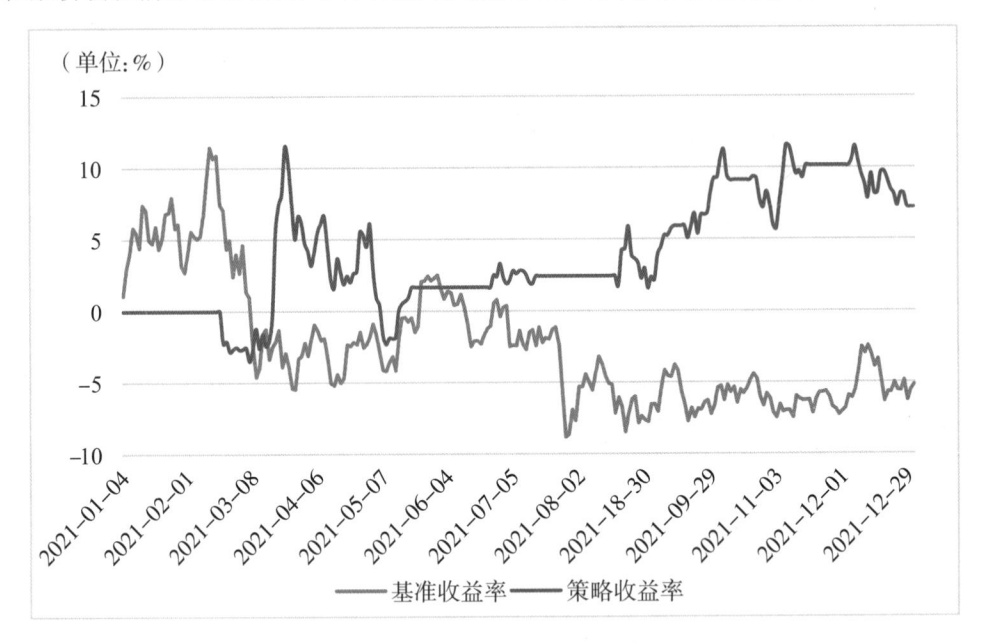

图8.26 高送转事件策略的外推效果

表8.8 高送转事件策略外推效果评价

策略收益率(%)	7.21	夏普比率	0.238
策略年化收益率(%)	7.43	胜率	0.6
超额收益率(%)	12.41	盈亏比	1.78
基准收益率(%)	-5.20	最大回撤(%)	-12.39

8.3.3 业绩预告事件

(1)业绩预告的概念及投资逻辑

业绩预告是指上市公司在财务报告公告日之前,对公司当期净利润情况的预告。业绩预告实质上就是上市公司对本期的盈利情况的预测报告,其目的是避免在财务报告正式公布时公司股票价格出现大幅波动,以提前释放业绩风险,保障中小投资者等信息弱势群体的利益。在一个完整的会计年度中,上市公司需要发布4次财务报告,分别是一季报、半年报、三季报以及年度报告,预告类别包括业绩预增、业绩略增、业绩续盈、业绩扭亏、业绩减亏、业绩首亏、业绩预减、业绩略减等。在多种预告类型中,业绩预增、略增、扭亏、减亏均为业绩上涨,业绩续盈代表本期继续盈利,可能会给市场带来正效应。因此本节主要研究业绩预增、业绩略增、业绩续盈、业绩扭亏、业绩减亏这五种预告类型的事件是否具备投资有效性。

投资者在进行投资时,往往会考虑公司的各个方面,其中公司的业绩、盈利能力是投资者最为关注的因素之一,而业绩预增与业绩略增正是向市场传递本期企业净利润上涨的消息,通常会被投资者看作利好信号。在上市公司发布净利润上涨的业绩预告后,投资者可能会买入该公司股票,从而导致股价上涨;反之,在上市公司发布净利润下降的业绩预告后,投资者可能不看好该公司的未来前景,从而大量抛售,引起股价下跌。因此,可以利用业绩预告事件来构建量化投资策略。

(2)相关信息的统计与分析

选取2009年1月1日至2018年12月31日发生业绩预告事件的上市公司作为研究对象,收集的信息包括股票代码、股票名称、首次公告日期或预案公告日、所属行业、预告类型、报告期、摘要等信息,在该期间内共发生业绩预告事件37156次。以上数据来源于国泰安CSMAR数据库以及iFinD金融数据终端,数据的分类处理通过Excel完成。

如图8.27所示,2009—2018年业绩预告事件发生次数基本呈现逐年递增的趋势,在2017年达到最高,上市公司发布6060次业绩预告(一家上市公司可能在1年多次发布业绩预告),可以看出,业绩预告事件发生的频率还是比较高的。

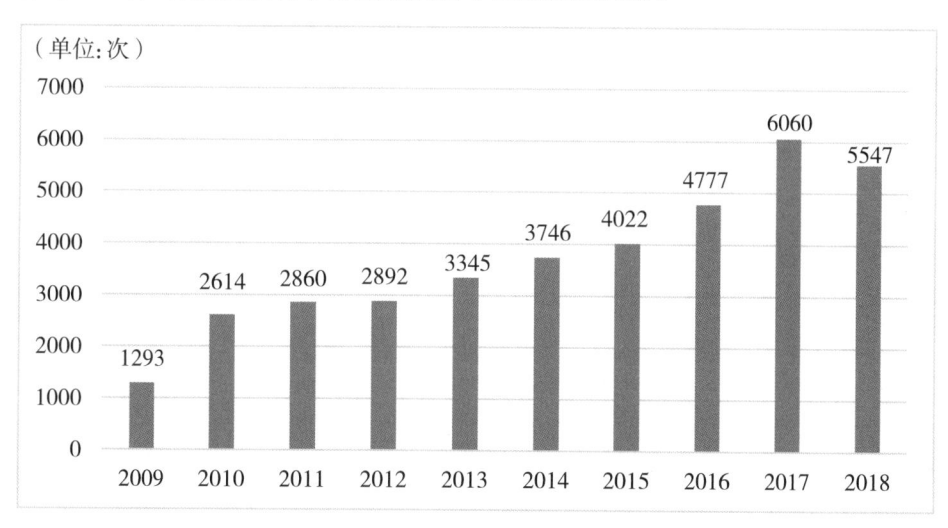

图8.27 2009—2018年业绩预告事件在不同年份的数量分布

表8.9中列出了业绩预告事件在不同板块的分布情况,由表可知,2009—2018年主板

与中小板业绩预告发生次数较多,创业板较少。业绩预告事件在主板与中小板之间的分布占比大致相同。同时,随着在创业板上市的公司越来越多,业绩预告在创业板上市公司的发生次数也越来越多,占比也越来越大。

表8.9 各个板块的业绩预告事件发生次数统计

日期	主板	中小板	创业板	合计
2009年	758	535	0	1293
2010年	1256	1271	87	2614
2011年	1181	1507	172	2860
2012年	722	1350	820	2892
2013年	1000	1534	811	3345
2014年	1043	1702	1001	3746
2015年	1072	1749	1201	4022
2016年	1232	2069	1476	4777
2017年	1785	2385	1890	6060
2018年	1397	2221	1929	5547
合计	11446	16323	9387	37156

如图8.28所示,与高送转事件一样,机械设备、化工、医药生物行业的业绩预告次数最多。银行业、金融服务、非银金融的业绩预告次数最少,并且比例也最低,这可能是由于这些行业上市公司数量少,并且这些行业的上市公司规模普遍较大,盈利比较稳定,业绩增长幅度较少。

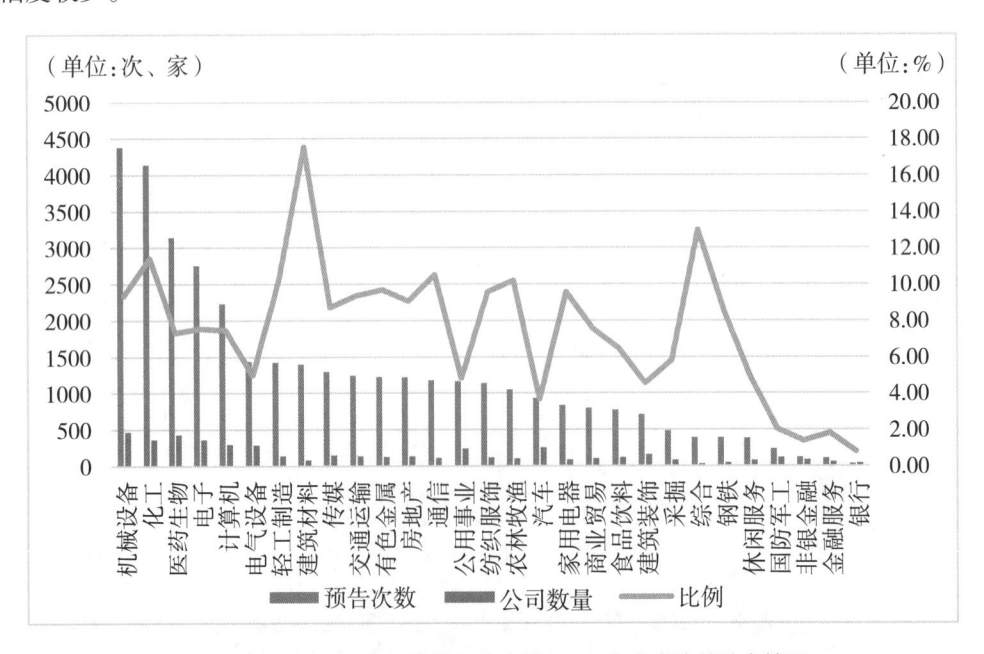

图8.28 2009—2018年间业绩预告事件在不同行业发生的分布情况

图8.29中,2009—2018年业绩预告中预增占比最高,达到40%;业绩略增占比34%;业绩续盈、扭亏和减亏占比较少,分别为11%、11%和4%。业绩预增指净利润涨幅超过50%,业绩略增指净利润涨幅低于50%且大于0,业绩续盈指公司上期盈利,本期继续盈利,业绩扭亏指公司上年亏损但今年盈利,业绩减亏指公司今年亏损少于上年。

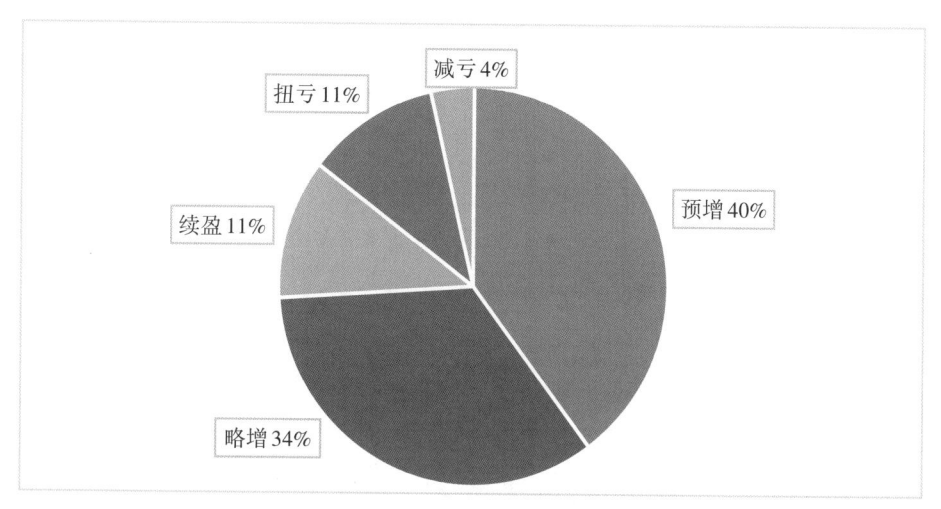

图8.29 业绩预告在不同业绩增长下的数量分布

将业绩预告按不同预告时间分类,分为报告期内预告和报告期后预告。报告期内预告表示在报告期截止日前发布业绩预告,占比为57%;报告期后预告表示在报告期截止日后发布业绩预告,占比为43%。

(3)业绩预告事件有效性研究

按照前面的标准筛选得到业绩预告样本35808个,同时收集样本股票在首次公告日前130日至前30日、首次公告日后30个交易日的日交易数据,以及对应日的沪深300指数数据以建立市场反应模型。

从图8.30中可以看到首次预告当日市场反应最为明显,并在[0,24]区间内持续获得正向AAR,导致累计平均超额收益的快速上涨,在第24个交易日达到最大累计超额收益5.6%,其市场表现位于资产重组与高送转事件之间。总之,业绩预告事件能够带来可观的超额收益,该事件属于持续性阿尔法事件,具备投资有效性。表8.10为t统计检验结果。

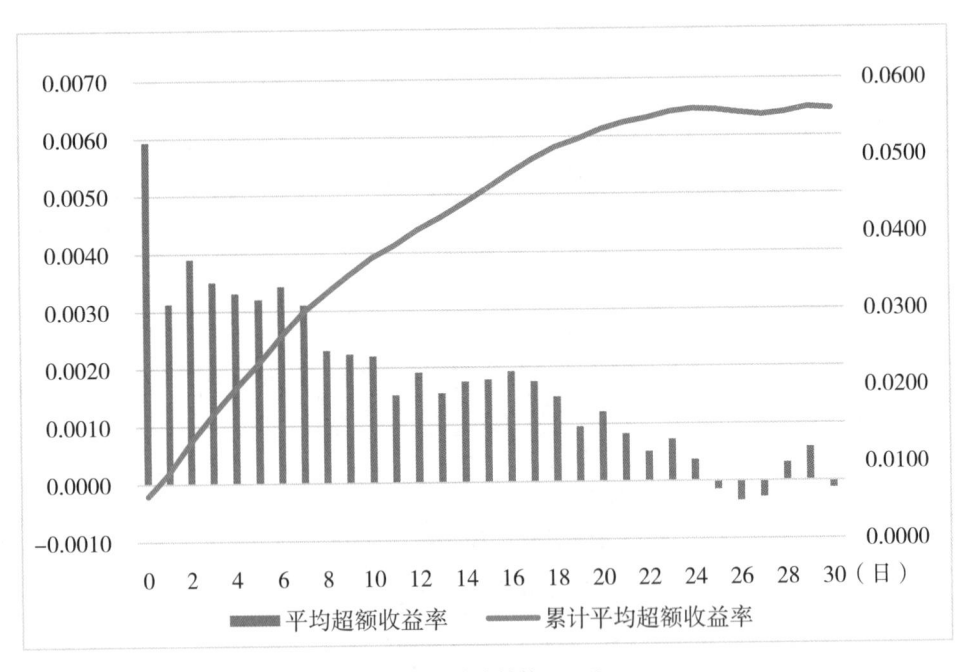

图8.30 业绩预告事件的AAR和CAAR

表8.10 业绩预告事件的AAR与CAAR统计检验结果

日期	AAR(%)	t	日期	CAAR(%)	t
0	0.5940	28.0601***	[0,0]	0.5940	28.0601***
1	0.3132	16.4597***	[0,1]	0.9091	28.3849***
2	0.3901	22.0398***	[0,2]	1.3027	31.8023***
3	0.3502	20.3646***	[0,3]	1.6575	33.5938***
4	0.3309	19.5025***	[0,4]	1.9938	34.7635***
5	0.3202	19.3296***	[0,5]	2.3204	35.6519***
6	0.3428	21.1000***	[0,6]	2.6712	36.6513***
7	0.3106	19.3548***	[0,7]	2.9902	37.1394***
8	0.2308	14.4670***	[0,8]	3.2279	36.8510***
9	0.2242	13.8906***	[0,9]	3.4593	36.6027***
10	0.2202	13.8937***	[0,10]	3.6872	36.4056***
11	0.1525	9.8564***	[0,11]	3.8453	35.9257***
12	0.1911	12.5626***	[0,12]	4.0438	35.6627***
13	0.1553	10.1171***	[0,13]	4.2054	35.3303***
14	0.1754	11.3967***	[0,14]	4.3881	35.1847***
15	0.1785	11.9686***	[0,15]	4.5745	35.0560***
16	0.1926	13.0702***	[0,16]	4.7758	35.1165***
17	0.1744	12.0361***	[0,17]	4.9586	35.1073***

续表

日期	AAR(%)	t	日期	CAAR(%)	t
18	0.1478	10.2122***	[0,18]	5.1138	34.9822***
19	0.0959	6.5913***	[0,19]	5.2146	34.6536***
20	0.1211	8.2724***	[0,20]	5.3420	34.5164***
21	0.0830	5.6270***	[0,21]	5.4294	34.1766***
22	0.0520	3.5689***	[0,22]	5.4843	33.8529***
23	0.0731	5.0130***	[0,23]	5.5614	33.5563***
24	0.0377	2.5742**	[0,24]	5.6011	33.7487***
25	−0.0151	−1.0052	[0,25]	5.5852	33.5341***
26	−0.0344	−2.3294**	[0,26]	5.5488	33.8177***
27	−0.0283	−1.9533*	[0,27]	5.5189	33.9177***
28	0.0322	2.2493**	[0,28]	5.5530	33.9220***
29	0.0585	4.0562***	[0,29]	5.6147	34.4413***
30	−0.0128	−0.8775	[0,30]	5.6012	34.5445***

第一,按不同所属板块划分。如图8.31所示,不同板块的业绩预告样本在事件日后的CAAR走势有所区别。事件日当天主板样本以及创业板样本均取得了较高的超额收益,中小板超额收益较低,且后期超额收益为负,导致CAAR开始下降,主板和创业板样本累计超额收益则持续上升。总体看来,创业板样本的市场表现最佳,最高能够获得9%以上的累计超额收益;中小板样本市场表现最弱,最高能获得3%以上的累计超额收益。

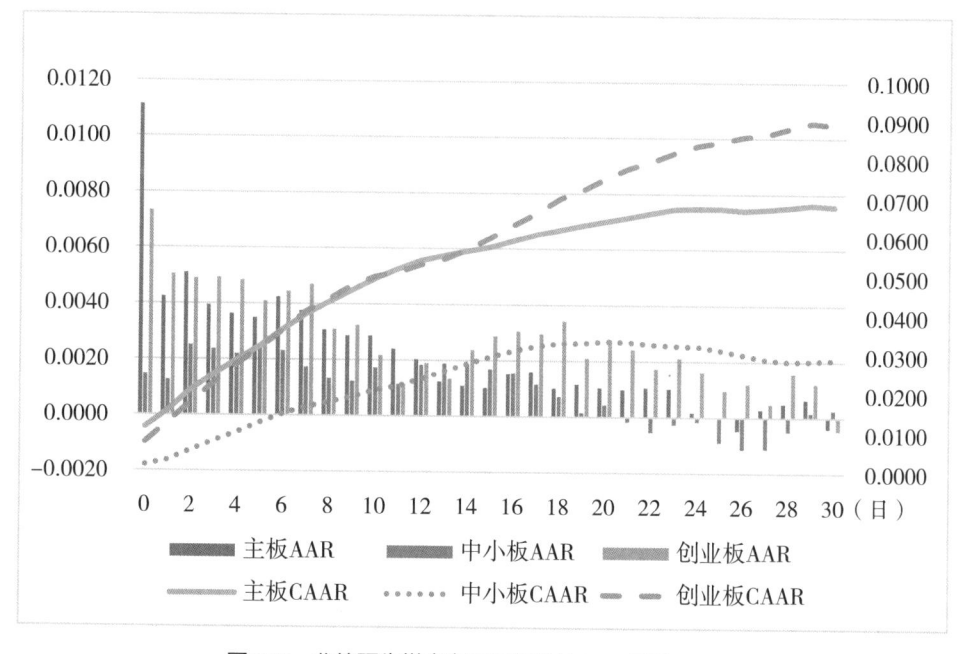

图8.31 业绩预告样本在不同板块的AAR以及CAAR

第二，按不同市场行情划分。图8.32按照前面股市行情划分的标准，统计出业绩预告样本在不同行情下的市场表现。可以看出，牛市样本以及熊市样本的市场表现较好，震荡市样本的市场表现差。牛市样本的累计超额收益率表现比较稳定，持续上升至第25个交易日。但熊市样本的累计超额收益率从第八日开始回调了几日，之后又开始不断上升。

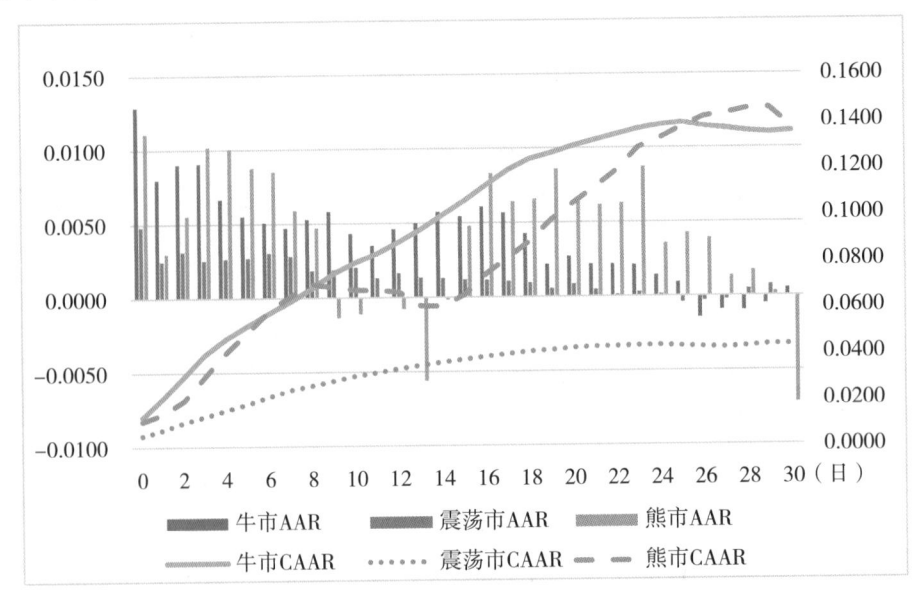

图8.32 业绩预告样本在不同市场行情的AAR以及CAAR

第三，按不同预告类型划分。如图8.33所示，五类业绩预告在事件日后均能持续获得正向的超额收益，业绩预增、略增以及续盈较高，业绩扭亏、减亏较低，为业绩扭亏和减亏的上市公司虽然本期业绩增长，但上期仍处于亏损，投资者可能更青睐连续盈利的公司。

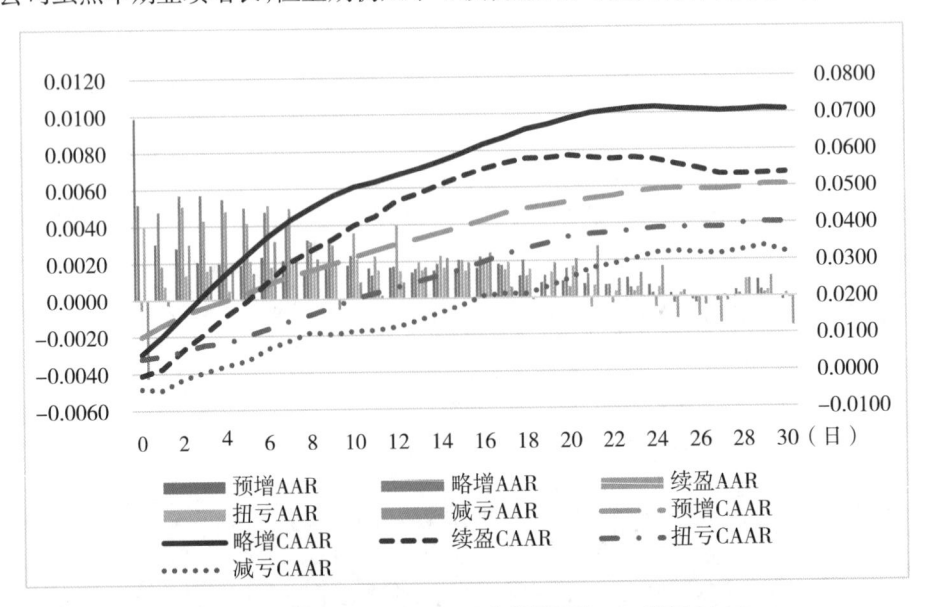

图8.33 业绩预告样本在不同预告类型下的AAR以及CAAR

第四,按不同预告时间划分。将样本划分为期内预告和期后预告,期内预告是指在报告期内就发布预告的样本,期后预告是指在报告期结束后发布预告的样本。上市公司发布的业绩预告本质上属于具有预测性质的财务信息,因此,业绩预告发生在报告期后,业绩预告也就应该更准确。如图8.34所示,期后预告样本在事件日当天获得了更高的超额收益率,长期来看,两者走势基本一致,持续获得正向超额收益。说明从短期来看,投资者认为上市公司在报告期后发布业绩增长的好消息更加准确,但从长期来看,上市公司可能进行二次预告或者正式披露业绩,导致了两组样本的市场表现差别不大。

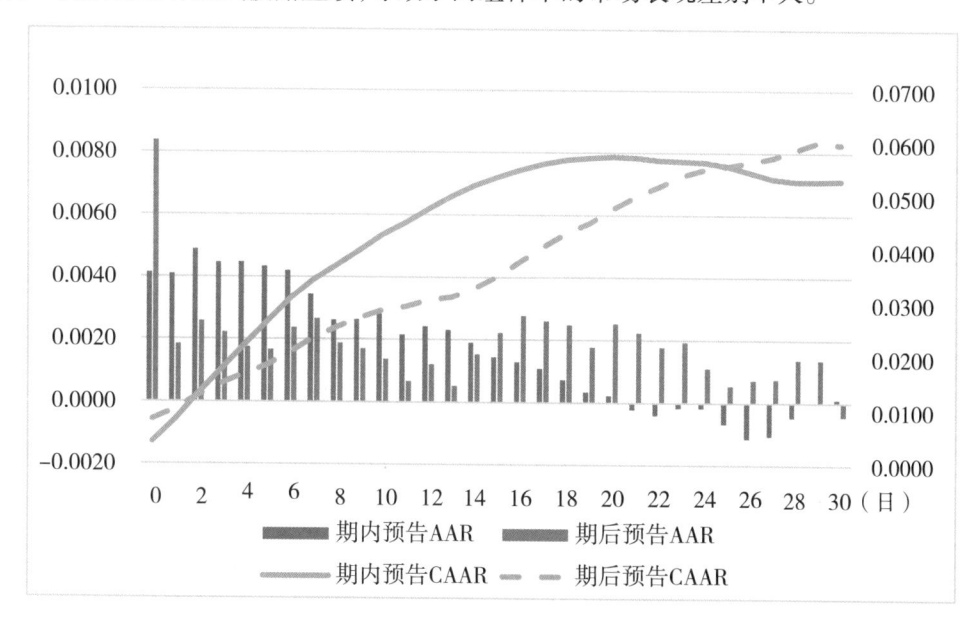

图8.34 业绩预告样本在不同预告时间下的AAR以及CAAR

(4)业绩预告事件策略的构建与回测

根据市场反应模型的研究结果,业绩预告事件在事件日后均能够持续获得超额收益,因此该事件属于持续性阿尔法事件。根据市场表现,可以构建基于事件驱动的量化投资策略,并进行回测。基于不同状况下样本的表现,业绩预告策略剔除业绩扭亏、业绩减亏以及中小板股票,其余交易规则不变。图8.35所示为业绩预告事件策略在2018—2020年不同持有天数下的测试效果,可以确定业绩预告事件策略的最佳持有天数为20天。

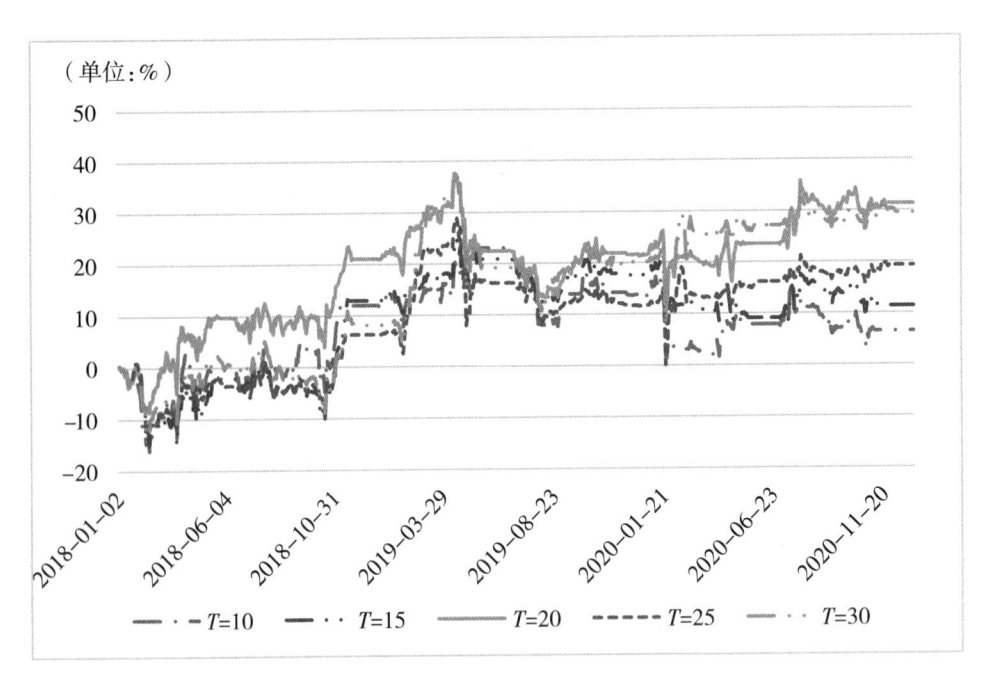

图 8.35　业绩预告事件策略的测试效果

图 8.36 显示为业绩预告事件策略 2021 年外推期的策略表现,可以看出,测试期确定出的最佳持有天数下的外推效果较好,如表 8.11 所示,策略收益率为 16.41%,超额收益率为 21.60%,夏普比率为 0.874,最大回撤为 −7.86%,可见,该策略的整体效果十分理想。

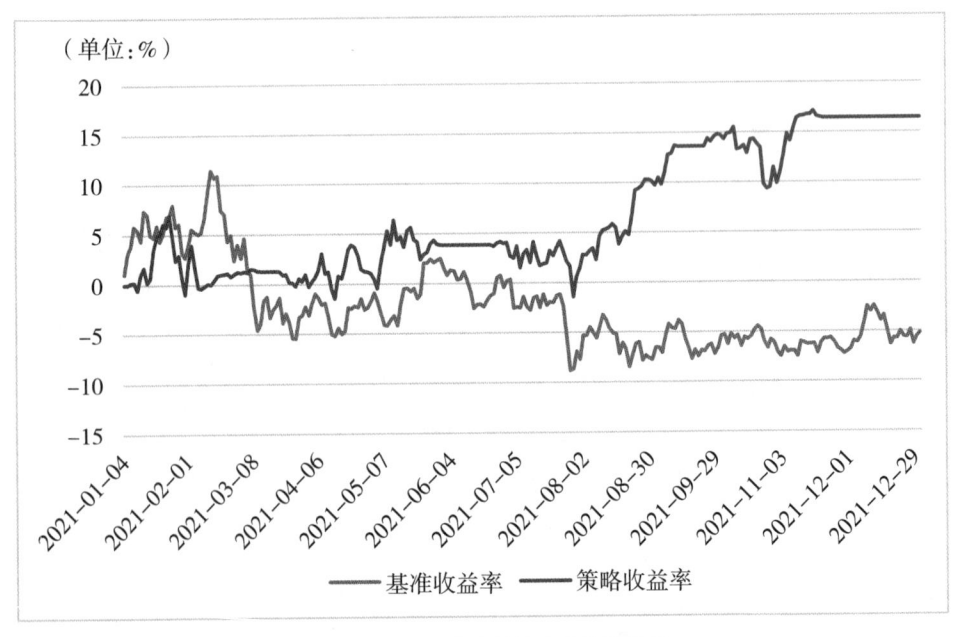

图 8.36　业绩预告事件策略的外推效果

表8.11 业绩预告事件策略外推效果评价

策略收益率(%)	16.41	夏普比率	0.874
策略年化收益率(%)	16.92	胜率	0.529
超额收益率(%)	21.61	盈亏比	1.712
基准收益率(%)	-5.20	最大回撤(%)	-7.86

8.3.4 大股东增持事件

(1)大股东增持的概念及投资逻辑

大股东增持是指上市公司的大股东通过二级市场交易、大宗交易、协议转让等方式增持本公司股票的行为,相比于个人投资者,大股东往往知道本公司更多的内幕信息,因此研究大股东增持行为更具有实际意义。同时,本节将大股东认定为持股5%以上一般股东和实际控制人。

大股东因为参与上市公司的经营管理,所以对上市公司当前所处状况非常了解,因此大股东被认为是内部人士,是公司内幕信息的知情者,对公司的经营情况和未来发展前景有着非常全面和深刻的认识。所以当大股东进行增持时,投资者会认为公司内部人士对公司的业绩和未来发展非常有信心,从而把大股东增持事件当作一种利好信号,大量买入公司股票,推动股价上涨;另外,从大股东增持行为的动因来看,大股东增持本公司的股票可能是因为本公司股票目前的市场价值被低估,大股东通过增持被低估的股票,享受股价回归其内在价值的好处,那么大股东增持也可以作为投资者买入股票的信号。目前来看,大股东增持被普遍认为是一个典型的利好事件,因此当大股东增持事件发生时,可以投资大股东增持事件的股票获得超额收益。

(2)相关信息的统计与分析

本节选取2014年1月1日至2018年12月31日发生大股东增持事件的上市公司作为研究对象,收集的信息包括股票代码、股票名称、首次公告日期或预案公告日、所属行业、增持股份占公司总股本比例上限、增持股份占公司总股本比例下限、股东类别等信息,在该期间内共发生大股东增持事件2292次。以上数据来源于国泰安CSMAR数据库以及iFinD金融数据终端,数据的分类处理通过Excel完成。

图8.37所示为2014—2018年大股东增持事件按年份分布情况,可以看出,除2014年大股东增持事件发生次数极少外,其余四年该事件发生次数比较多,其中在2015年大股东增持事件发生次数最多,当年次数超过1000次,2016—2018年发生次数呈持续上升的状态。

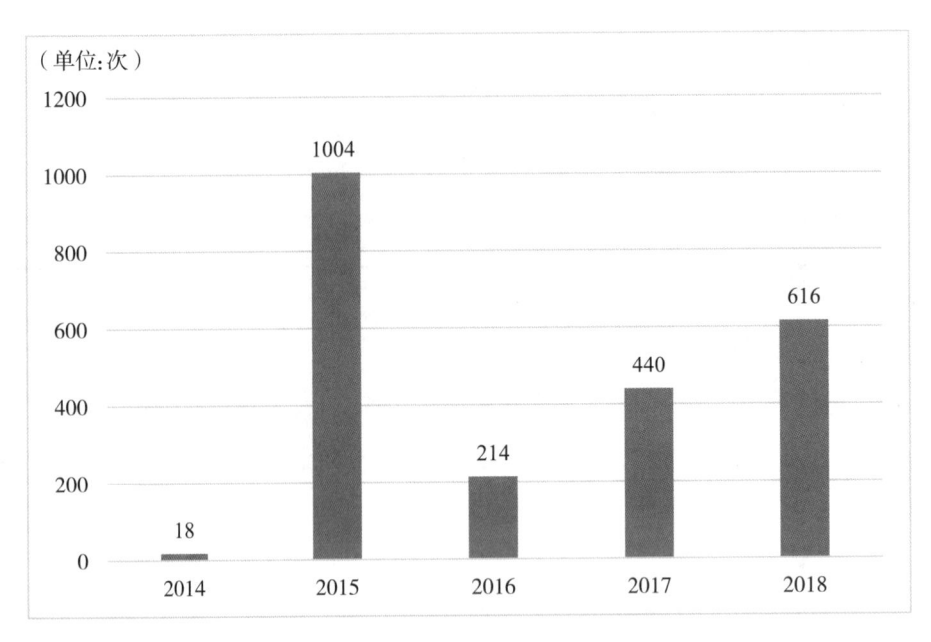

图8.37　2014—2018年大股东增持事件按年份分布情况

如表8.12所示,大股东增持事件在主板发生次数最多,2014—2018年间发生次数为1280次,中小板次之,创业板发生次数最少。不同年份中三个板块的比例也是如此,说明主板公司大股东增持事件比较活跃,而创业板公司发生大股东增持事件较少。

表8.12　各个板块的大股东增持事件发生次数统计

日期	主板	中小板	创业板	合计
2014年	18	0	0	18
2015年	515	303	186	1004
2016年	136	55	23	214
2017年	242	112	86	440
2018年	369	153	94	616
合计	1280	623	389	2292

如图8.38所示,机械设备、化工、医药生物行业为增持次数最多的三个行业,但增持频率最高的为综合以及房地产行业;银行以及建筑材料行业的增持次数最少,并且增持的频率也是最低的。

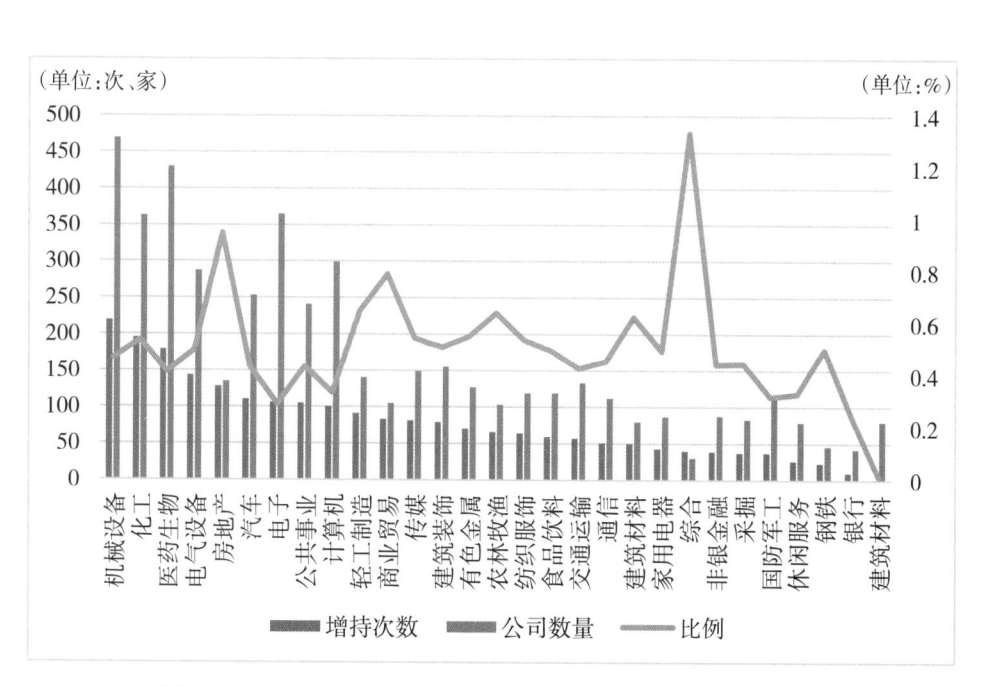

图8.38 2014—2018年间大股东增持事件在不同行业发生的分布情况

按不同增持比例进行分类,增持比例≤1%的样本占比为39%,增持比例>1%的样本占比为61%。上市公司在发布股东增持公告时,一般会披露大股东增持股份占公司总股本比例上限以及下限,本节将增持比例定义为增持股份占公司总股本比例上限与增持股份占公司总股本比例下限的最大值。

按股东类别分类,发生大股东增持事件的增持股东大多数为实际控制人,占比为91%;持股5%以上一般股东增持的样本占比为9%。实际控制人与持股5%以上一般股东均能够对公司决策产生重大影响,对公司的经营情况有全面的认识,属于内部人士,他们的增持行为对于投资者来说均属于利好消息,符合大股东增持的投资逻辑。

(3)大股东增持事件有效性研究

按同样标准筛选得到大股东增持样本2190个,同时收集样本股票在首次公告日前130日至前30日、首次公告日后30个交易日的日交易数据,以及对应日的沪深300指数数据以建立市场反应模型。从图8.39可以看出,事件日后前9个交易日的市场反应明显,连续获得正向超额收益,在[10,15]区间CAAR开始回调,但在第16个交易日后又开始拉升,持续至第25个交易日时达到最大。总的来看,大股东增持事件虽然在第10—15个交易日有一定回调,但大多数时间都能获得超额收益,属于持续性阿尔法事件。表8.13为t统计检验结果。

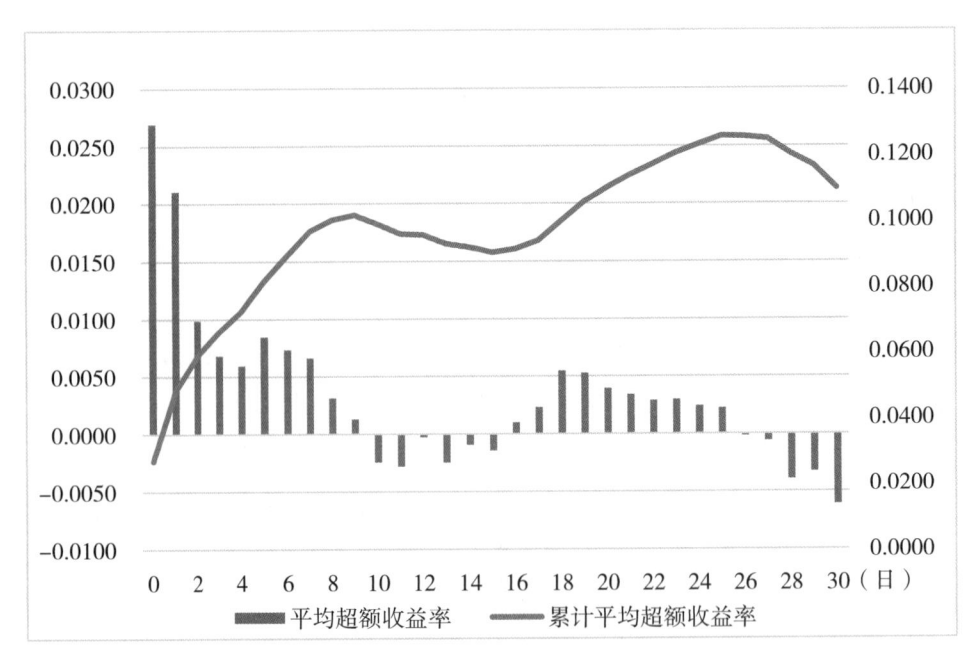

图 8.39　大股东增持事件的平均超额收益率 AAR 与累计平均超额收益率 CAAR

表 8.13　大股东增持事件的 AAR 与 CAAR 统计检验结果

日期	AAR(%)	t	日期	CAAR(%)	t
0	2.6931	23.8349***	[0,0]	2.6931	23.8349***
1	2.1054	19.2389***	[0,1]	4.8552	25.4910***
2	0.9883	9.8460***	[0,2]	5.8915	24.6110***
3	0.6808	7.1161***	[0,3]	6.6125	23.6221***
4	0.5939	7.1327***	[0,4]	7.2456	23.5269***
5	0.8449	11.5051***	[0,5]	8.1517	24.1900***
6	0.7327	10.1938***	[0,6]	8.9442	25.1087***
7	0.6618	9.5784***	[0,7]	9.6651	25.7582***
8	0.3145	4.8599***	[0,8]	10.0100	25.8142***
9	0.1307	2.0064**	[0,9]	10.1537	25.5444***
10	−0.2437	−3.5924***	[0,10]	9.8853	24.8007***
11	−0.2800	−3.7743***	[0,11]	9.5776	23.7199***
12	−0.0277	−0.3749	[0,12]	9.5472	23.1487***
13	−0.2455	−3.2420***	[0,13]	9.2782	22.4587***
14	−0.0943	−1.2245	[0,14]	9.1752	22.2749***
15	−0.1442	−1.8038*	[0,15]	9.0178	21.8544***
16	0.1022	1.3028	[0,16]	9.1292	21.8210***
17	0.2310	3.1106***	[0,17]	9.3813	21.9938***

续表

日期	AAR(%)	t	日期	CAAR(%)	t
18	0.5473	7.8952***	[0,18]	9.9799	22.5665***
19	0.5274	8.0941***	[0,19]	10.5599	22.9904***
20	0.3951	6.3255***	[0,20]	10.9968	23.2415***
21	0.3431	5.4515***	[0,21]	11.3775	23.3241***
22	0.2887	4.4668***	[0,22]	11.6990	23.5260***
23	0.2986	4.7379***	[0,23]	12.0325	23.7552***
24	0.2415	3.7799***	[0,24]	12.3031	23.8435***
25	0.2226	3.2880***	[0,25]	12.5530	23.8766***
26	−0.0191	−0.2849	[0,26]	12.5315	23.5418***
27	−0.0602	−0.8510	[0,27]	12.4638	23.0479***
28	−0.3950	−5.5716***	[0,28]	12.0195	22.3571***
29	−0.3269	−4.8024***	[0,29]	11.6533	21.7766***
30	−0.6120	−9.0830***	[0,30]	10.9701	20.7031***

第一，按不同所属板块划分。如图8.40所示，中小板和主板样本的累计平均超额收益率高于创业板样本，投资者可能对中小板和主板市场的大股东增持事件更感兴趣，积极参与其中；创业板样本表现不佳，但最高也能获得超过10%的累计超额收益。

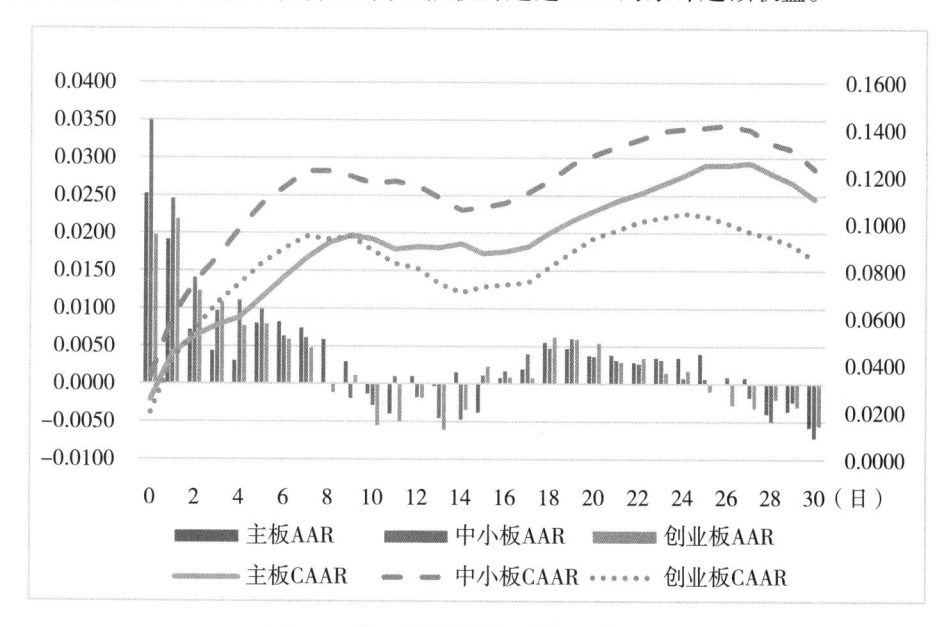

图8.40 样本在不同板块下的AAR与CAAR

第二，按不同市场行情划分。由于大股东增持事件样本的时间范围较小，因此，有必要对2014年1月1日至2018年12月31日的市场行情重新进行划分，具体划分结果如表8.14所示。

表8.14　2014—2018年股市行情划分

区间	市场行情
2014年1月—2014年6月	震荡市
2014年7月—2015年5月	牛市
2015年6月—2015年9月	熊市
2015年10月—2018年1月	震荡市
2018年2月—2018年12月	熊市

从图8.41可以看出，市场行情对大股东增持事件投资有效性的影响是比较大的。样本在不同行情下市场反应差异较大，在震荡市中样本的CAAR持续走低，在第10个交易日累计超额收益开始为负；熊市样本的市场反应最好，最高可以获得20%以上的累计超额收益，这可能是因为熊市中大股东增持往往使该公司的股票价格被低估，大股东增持更能表明公司内部人士坚定持有公司股票的信心，从而向投资者传递利好信号，这一信号在熊市中的正向反应强于牛市；牛市样本的市场表现次之，但也能获得超过10%的累计超额收益。

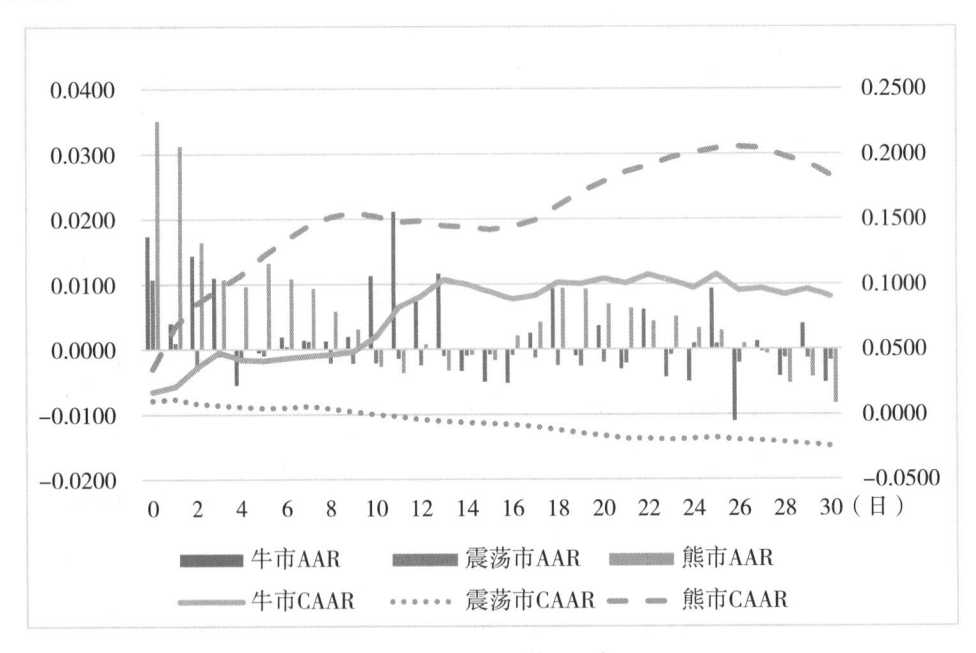

图8.41　样本在不同市场行情下的AAR与CAAR

为进一步解释熊市样本的累计超额收益率高于牛市样本的原因，我们展示了牛市和熊市样本的累计实际收益率和累计预期收益率。从图8.42中可以看到，牛市样本的累计实际收益率高于熊市样本，但由于其预期收益率较高，导致累计超额收益率降低；而熊市样本的预期收益率一路走低，从而导致其能获得更高的超额收益率。

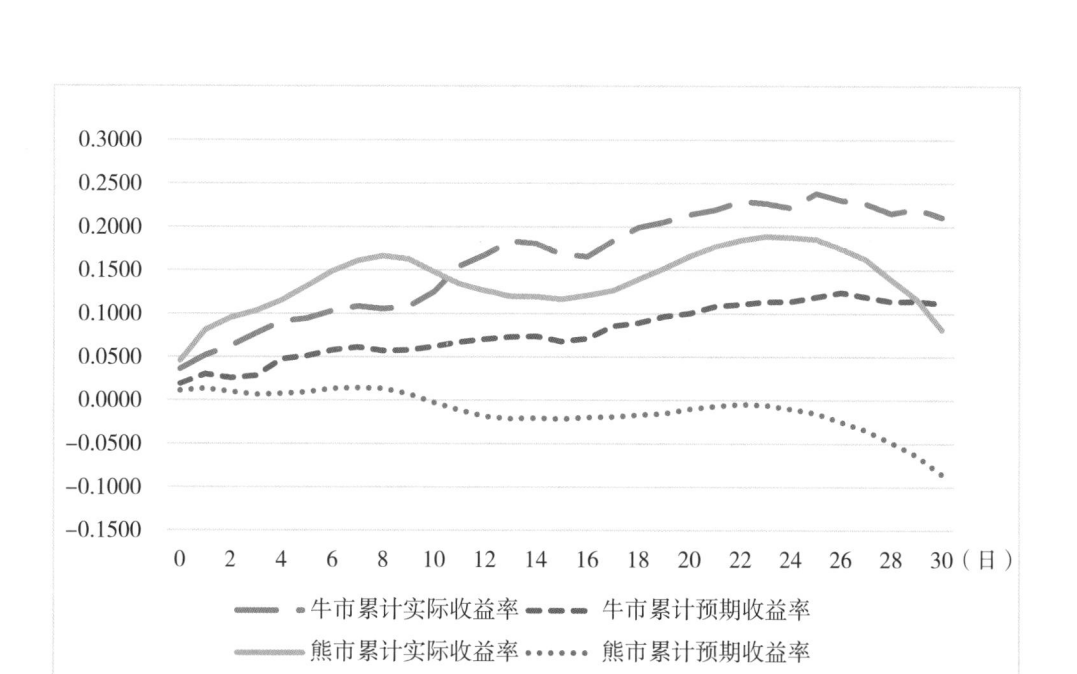

图8.42 牛市和熊市样本的累计实际收益率与累计预期收益率

第一,按不同增持比例划分。从图8.43可以看出,增持比例＞1%样本的市场表现更好,可以获得更高的累计超额收益率。这也说明大股东增持的力度越大,股东对公司的未来发展更加看好,或者认为公司目前股价被低估,更能够向市场传递利好信息。

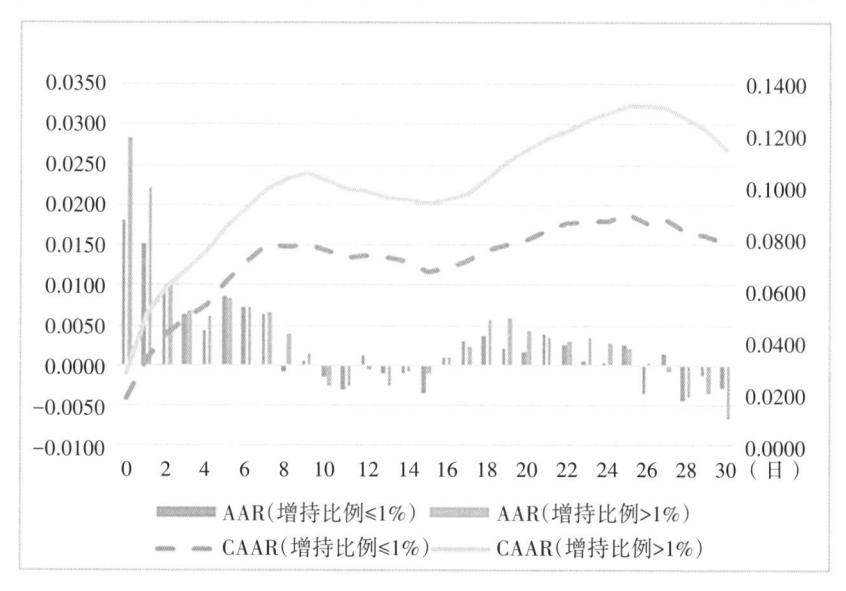

图8.43 样本在不同增持比例的CAAR

第二,按不同股东类别划分。如图8.44所示,不同股东类别样本的市场反应差别不大,实际控制人增持在10日内的市场反应不如持股5%以上的股东增持,但实际控制人增持在10日至30日之间的表现优于持股5%以上的股东增持。

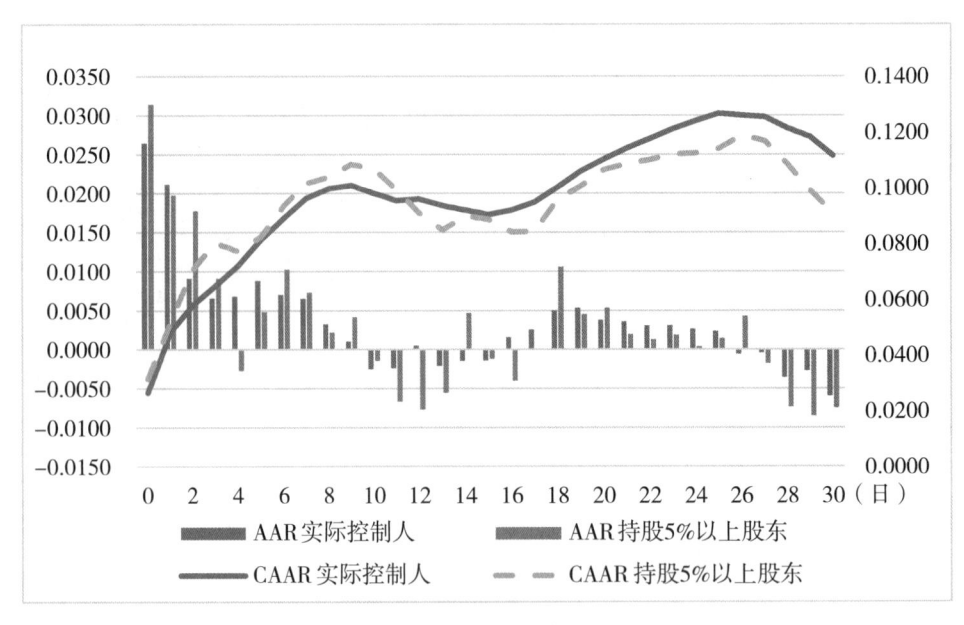

图8.44　样本在不同股东类别下的AAR与CAAR

(4) 大股东增持事件策略的构建与回测

根据市场反应模型的研究结果,大股东增持事件在事件日后均能够持续获得超额收益,因此该事件属于持续性阿尔法事件。根据市场表现,构建事件驱动策略,并进行回测。基于不同状况下样本的表现,大股东增持策略选取增持比例>1%的股票,其余交易规则不变。如图8.45为大股东增持事件策略在2018—2020年不同持有天数下的测试效果,可以确定大股东增持事件策略的最佳持有天数为30天。

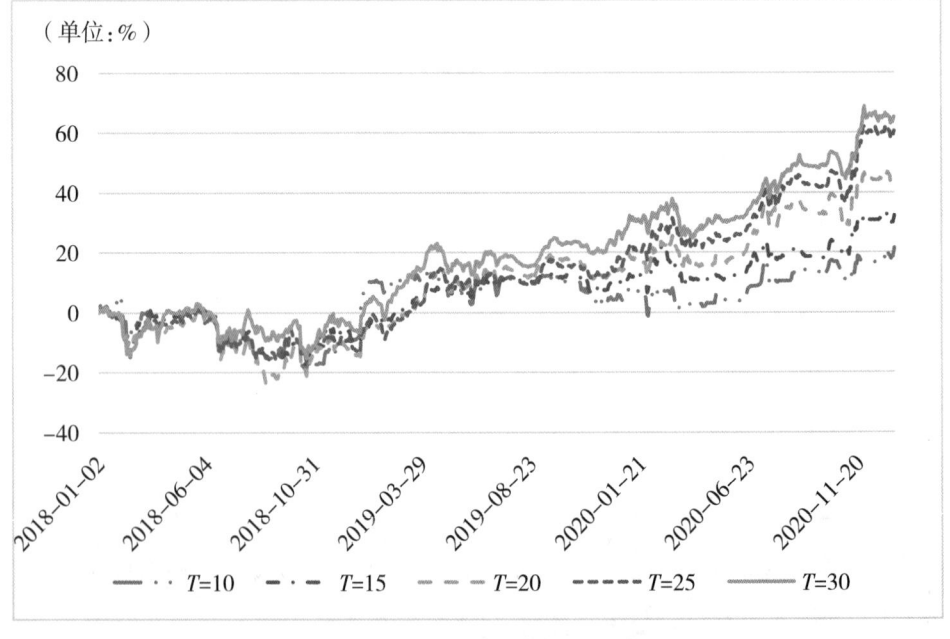

图8.45　大股东增持事件策略的测试效果

图8.46显示大股东增持事件策略2021年外推期的策略表现,可以看出,测试期确定出的最佳持有天数下的外推效果较好,如表8.15所示,策略收益率为23.08%,超额收益率为28.28%,最大回撤为-6.98%,整体效果优于资产重组、高送转和业绩预告策略。

图8.46 大股东增持事件策略的外推效果

表8.15 大股东增持事件策略外推效果评价

策略收益率(%)	23.08	夏普比率	1.523
策略年化收益率(%)	23.82	胜率	0.724
超额收益率(%)	28.28	盈亏比	3.896
基准收益率(%)	-5.20	最大回撤(%)	-6.98

8.3.5 定向增发事件

(1)定向增发概念及投资逻辑

定向增发是指上市公司向符合条件的少数特定投资者非公开发行股份的行为。定向增发经常用来构建事件驱动策略的事件,国内许多机构投资者都将定向增发相关的策略作为其重要的策略组成部分。

一般上市公司定向增发所募集的资金均有其重要用途,一般募集资金可用于开发新项目、收购其他资产、补充流动资金、偿还银行贷款、借壳上市等重要事项。其中开发新项目、收购其他资产对于公司未来发展和业绩增长有较好的预期和想象空间,一旦新项目成功或并购完成,可以扩大企业规模,提升行业地位,促进公司长远发展;补充流动资金以及偿还贷款也有利于帮助上市公司摆脱财务困境,优化财务指标。因此,定向增发的公告往往被投资者视作利好信号,公告日后股价可能会出现上涨。因此,以定向增发事件为驱动构建量化投资策略是可行的。

(2)相关信息的统计与分析

本节选取2009年1月1日至2018年12月31日发生过定向增发事件的上市公司作为研究对象,收集的信息包括股票代码、股票名称、首次公告日期或预案公告日、所属行业、发行比例、募集资金用途等信息,在该期间内共发生定向增发事件3685次。以上数据来源于国泰安CSMAR数据库以及iFinD金融数据终端,数据的分类处理通过Excel完成。

如图8.47所示,2014—2016年间定向增发事件发生次数非常多,这三年A股上市公司进行定向增发每年都超过了650次,其余年份每年发生50~400次不等。整体看来,定向增发事件发生频率较高。

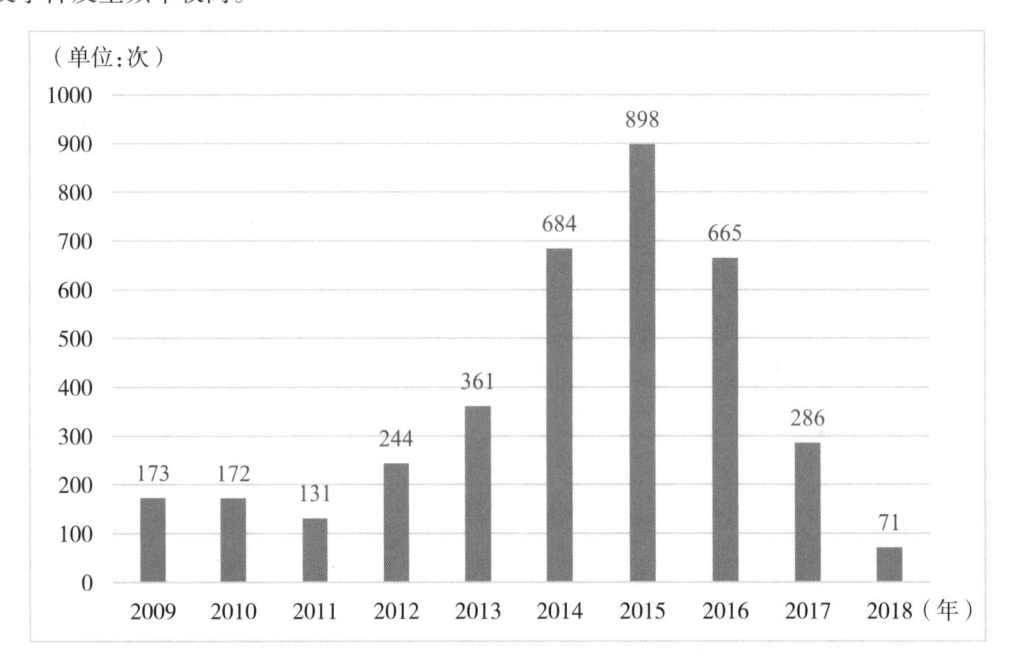

图8.47 2009—2018年定向增发事件按年份分布情况

如表8.16所示,2009—2018年,定向增发事件在主板发生次数最多,一共有1793次,创业板发生的次数最少,仅为745次,中小板发生的次数介于两者之间,为1147次。不同年份中三个板块的比例也是如此,值得注意的是,创业板市场2009年才推出,最初的几年上市公司较少,2009年、2010年没有上市公司进行定向增发也在情理之中。随着在创业板市场上市的公司不断增加,创业板公司进行定向增发也越来越多,有必要将创业板中的定向增发事件纳入研究范围。

表8.16 各个板块的定向增发事件发生次数统计

日期	主板	中小板	创业板	合计
2009年	129	44	0	173
2010年	124	48	0	172
2011年	90	38	3	131
2012年	162	76	6	244
2013年	201	102	58	361
2014年	293	217	174	684
2015年	354	295	249	898
2016年	280	220	165	665
2017年	124	93	69	286
2018年	36	14	21	71
合计	1793	1147	745	3685

从图8.48可以看出，与其他事件类似，机械设备、化工、医药生物是定向增发事件发生最多的行业，综合、有色金属是定向增发发生频率最高的行业；非银金融、银行是发生次数最少，也是发生频率最低的行业。

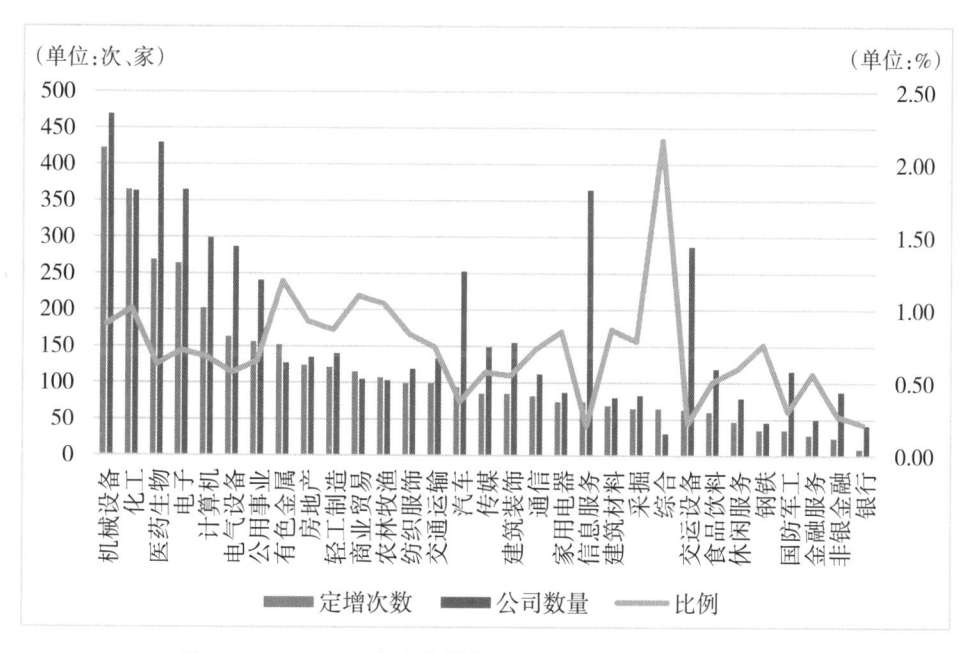

图8.48 2009—2018年定向增发事件在不同行业发生的分布情况

发行比例是指新增发股份数占发行前股本数的比例。从图8.49我们可以看出，发行比例为5%至20%的样本最多，占比达到48%；发行比例>50%样本占比最少，为13%。

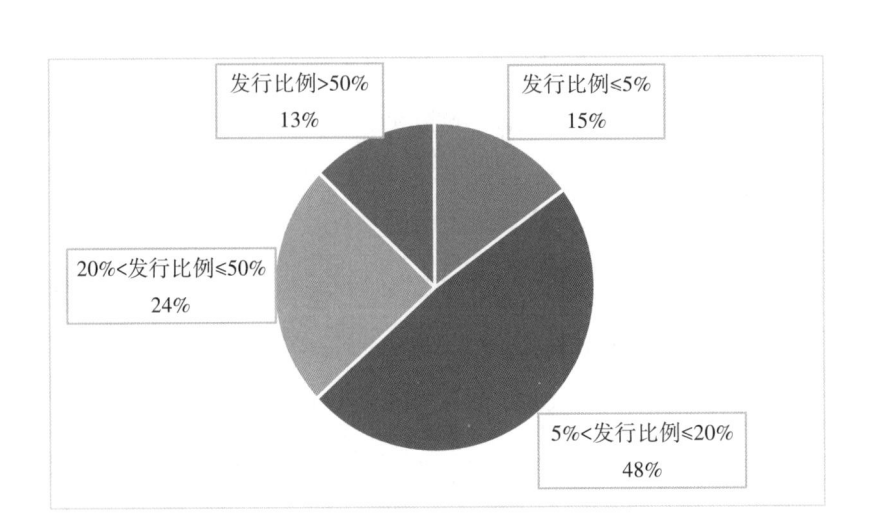

图8.49 2009—2018年定向增发事件按发行比例分布情况

一般来说,上市公司募集资金用途的不同,会影响投资者对该公司估值的判断。如果公司募集资金用于项目融资或并购,投资者会认为公司目前存在优质项目或较好的投资机会,一旦投资成功企业价值便会上升;如果公司募集资金用于补充流动资金或是偿还银行贷款,投资者会认为公司目前处于财务困境,存在借钱还债的可能性,往往不值得投资。从图8.50不难看出,上市公司进行定向增发主要是为了项目融资以及收购其他资产,也有少数公司是为了借壳上市或其他用途。

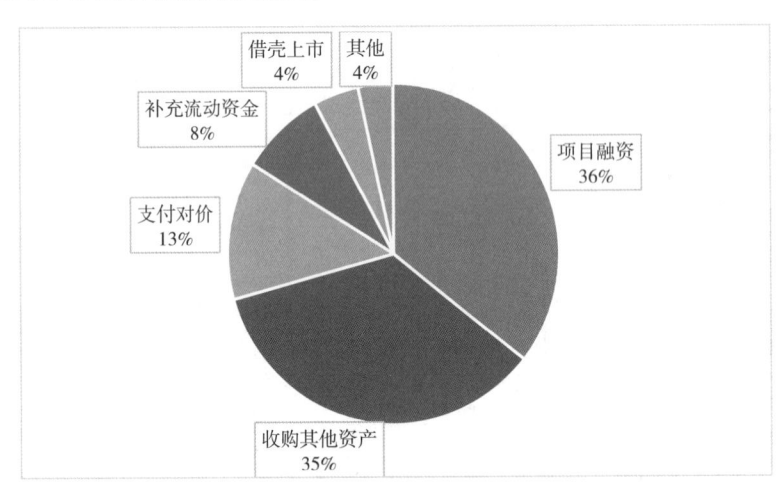

图8.50 2009—2018年定向增发事件按募集资金用途分布情况

(3)定向增发事件有效性研究

按照前面的标准筛选得到定向增发样本3518个,同时收集样本股票在首次公告日前130日至前30日、首次公告日后30个交易日的日交易数据,以及对应日的沪深300指数数据,建立市场反应模型。从图8.51可以看出,事件日后12个交易日都获得了明显的正向平均超额收益率AAR,累计平均超额收益率CAAR持续增长至窗口期末。总的来看,定向增发事件能够带来持续的超额收益,属于持续性阿尔法事件。表8.17为t统计检验结果。

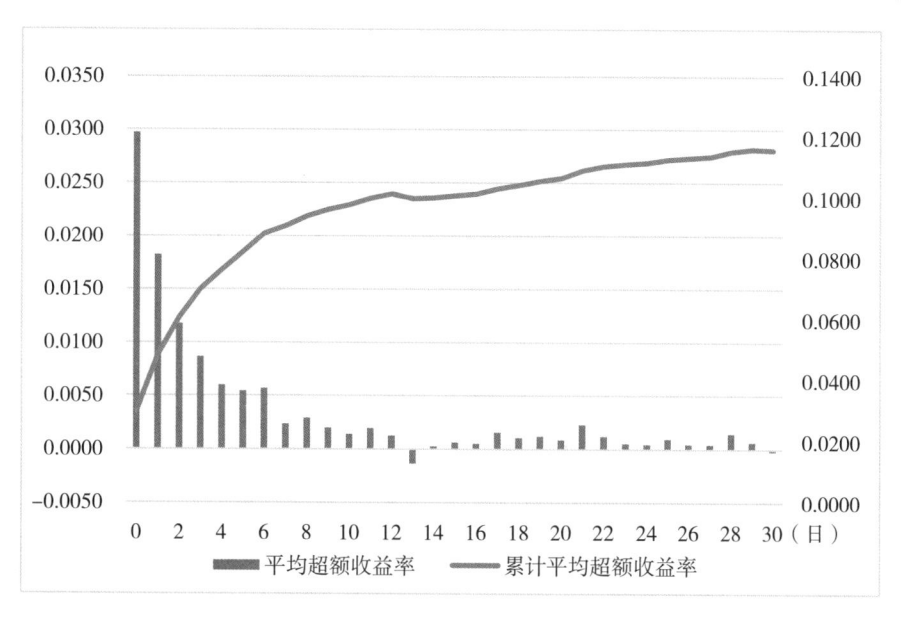

图8.51 定向增发事件的AAR与CAAR

表8.17 定向增发事件的AAR与CAAR统计检验结果

日期	AAR(%)	t	日期	CAAR(%)	t
0	2.9683	26.8362***	[0,0]	2.9683	26.8362***
1	1.8200	18.1453***	[0,1]	4.8422	26.5065***
2	1.1739	13.1859***	[0,2]	6.0730	25.7842***
3	0.8687	10.5138***	[0,3]	6.9944	24.8660***
4	0.5980	7.9624***	[0,4]	7.6342	24.1631***
5	0.5423	7.7598***	[0,5]	8.2179	23.5429***
6	0.5673	8.4676***	[0,6]	8.8318	23.3139***
7	0.2358	3.7966***	[0,7]	9.0885	22.7361***
8	0.2899	4.6278***	[0,8]	9.4047	22.2915***
9	0.1980	3.2972***	[0,9]	9.6214	22.0752***
10	0.1399	2.4585**	[0,10]	9.7747	21.7556***
11	0.1963	3.4162***	[0,11]	9.9902	21.4360***
12	0.1261	1.7358*	[0,12]	10.1290	20.8789***
13	−0.1354	−2.3847**	[0,13]	9.9798	20.2827***
14	0.0276	0.4992	[0,14]	10.0101	19.8556***
15	0.0626	1.1271	[0,15]	10.0791	19.4705***
16	0.0508	0.9080	[0,16]	10.1350	19.2626***

续表

日期	AAR(%)	t	日期	CAAR(%)	t
17	0.1564	2.8007***	[0,17]	10.3072	19.3660***
18	0.1082	1.9385*	[0,18]	10.4266	19.2486***
19	0.1224	2.1754**	[0,19]	10.5618	19.2731***
20	0.0879	1.6195	[0,20]	10.6589	19.5969***
21	0.2308	4.3127***	[0,21]	10.9143	19.7351***
22	0.1223	2.2272*	[0,22]	11.0500	19.9880***
23	0.0561	1.1057	[0,23]	11.1122	19.9782***
24	0.0464	0.8529	[0,24]	11.1638	19.9429***
25	0.0968	1.8719*	[0,25]	11.2713	20.1216***
26	0.0454	0.8575	[0,26]	11.3218	20.1874***
27	0.0426	0.8132	[0,27]	11.3692	20.1785***
28	0.1474	2.7609***	[0,28]	11.5334	20.1408***
29	0.0657	1.2410	[0,29]	11.6067	20.1086***
30	−0.0219	−0.4067	[0,30]	11.5823	19.7884***

第一，按不同所属板块划分。如图8.52所示，中小板与创业板样本的市场反应均优于主板样本，说明投资者更加看好中小板与创业板的定向增发事件。中小板的定向增发事件表现最佳，累计平均超额收益率最大，主板的定向增发事件表现最弱；创业板样本的波动比中小板更大，创业板样本在前4个交易日的CAAR均高于中小板，之后创业板样本的走势开始平缓，略低于中小板。

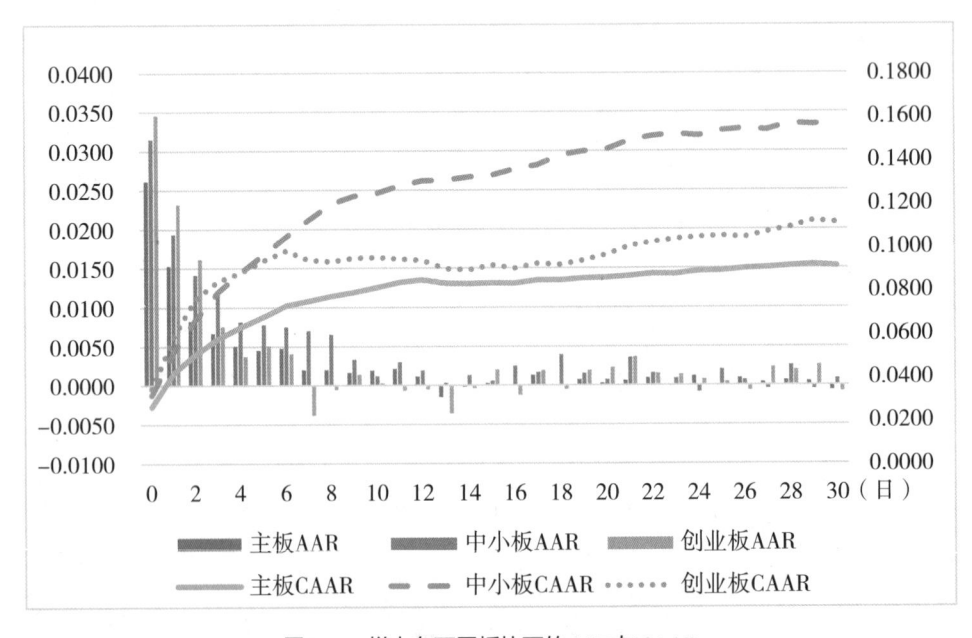

图8.52 样本在不同板块下的AAR与CAAR

第二，按不同市场行情划分。图8.53显示定向增发样本在不同股市行情下的市场表现。从图8.53可以看出，牛市样本的市场表现最好，CAAR最高，震荡市样本的市场表现一直不温不火，而熊市样本前期的表现不佳，但后期CAAR不断上升，最后几天超过了震荡市样本。牛市样本CAAR的市场走势呈持续上升趋势，最高可获得25%以上的超额收益率，这可能是由于在牛市中非公开发行的股票价格往往比较高，特定股东愿意以较高价格向公司注入资本，说明这些股东看好公司前景，这将给其他投资者传递更好的信号，导致其他投资者也纷纷买入，引起股价上涨。

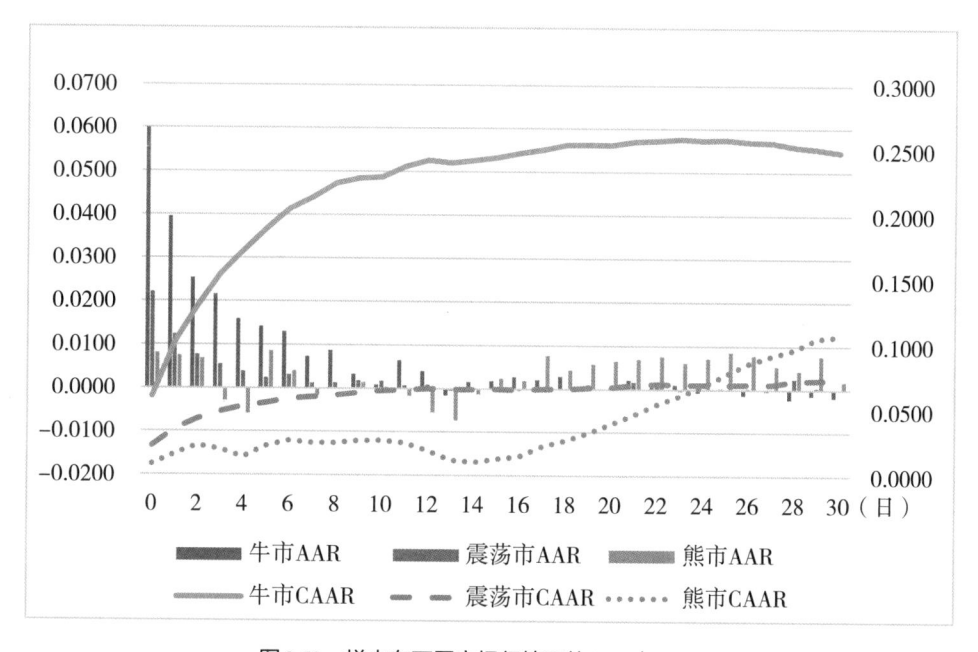

图8.53 样本在不同市场行情下的AAR与CAAR

第三，按不同发行比例划分。从图8.54可以看出，不同的发行比例对定向增发事件投资有效性的影响是比较大的。发行比例超过50%的样本的CAAR远远高于其他发行比例样本，在第10个交易日的累计超额收益率达到20%以上，说明定向发行比例大的股票更受投资者关注，这可能是借壳上市题材在A股炒作较多，由于发行比例越大，公司进行借壳上市的可能越大。因此，投资者会更加关注发行比例较大的股票。

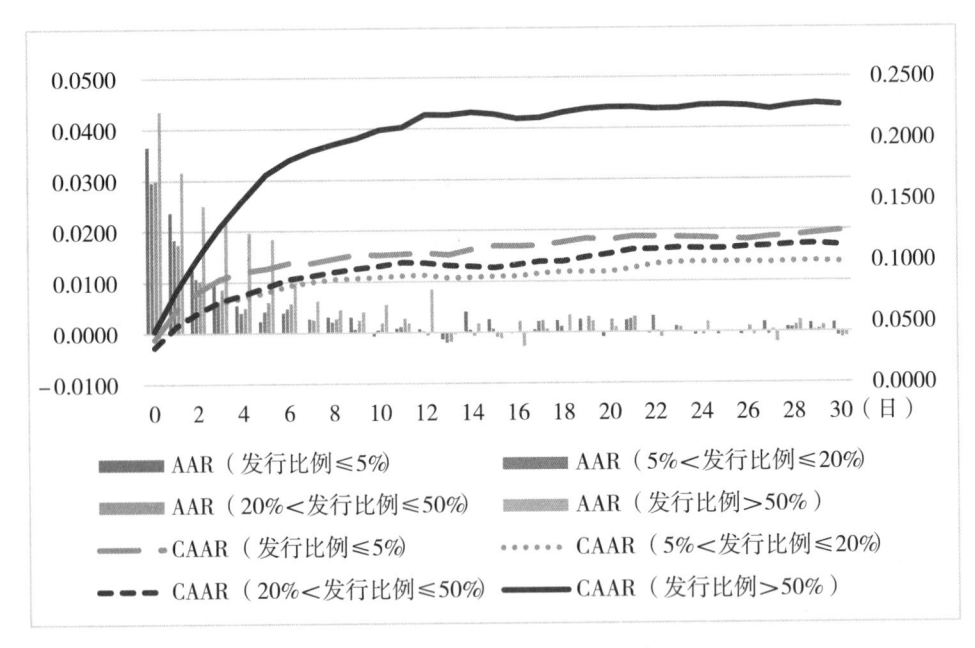

图8.54 样本在不同发行比例下的AAR与CAAR

第四，按不同募集资金用途划分。如图8.55所示，不同募集资金用途的样本在事件日后的市场反应差别较大。其中，增发用于借壳上市的样本市场表现最好，可以获得30%以上的累计超额收益率；支付对价以及收购其他资产的样本市场表现次之，但超额回报也很高，CAAR最高可达10%~15%；项目融资、补充流动资金以及其他用途的样本能获取的超额收益较低，最高的CAAR都在10%以下，说明上市公司增发股票用于日常经营活动对投资者缺乏吸引力。

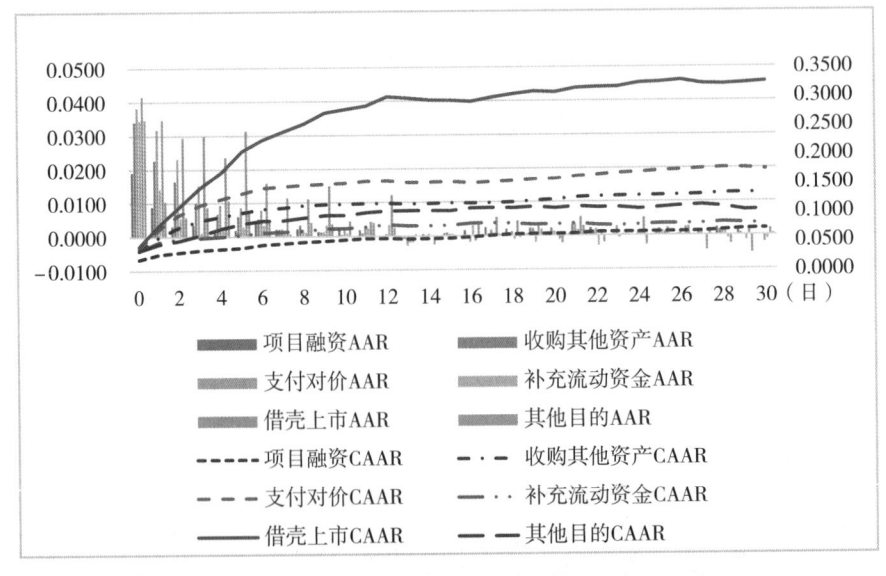

图8.55 样本在不同募集资金用途下的AAR与CAAR

(4)定向增发事件策略的构建与回测

根据市场反应模型的研究结果,定向增发事件在事件日后均能够持续获得超额收益,因此该事件属于持续性阿尔法事件。基于不同状况下样本的表现,定向增发策略选取回测期内发生定向增发的股票,其余交易规则不变。定向增发事件策略在2018—2020年不同持有天数下的测试效果如图8.56所示,可以确定定向增发事件策略的最佳持有天数为30天。

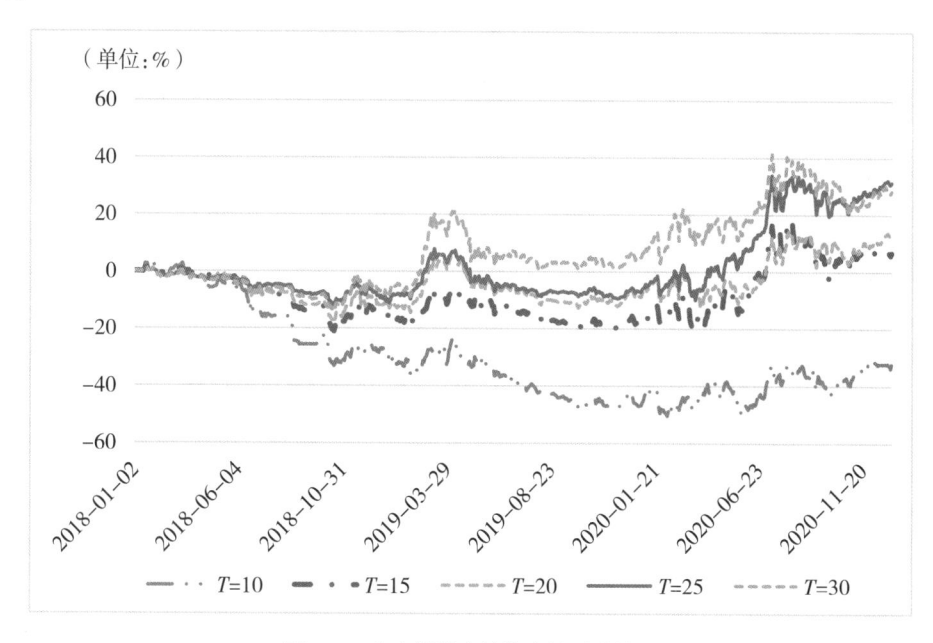

图8.56 定向增发事件策略的测试效果

图8.57显示定向增发事件策略2021年外推期的策略表现。可以看出,测试期确定出的最佳持有天数下的外推效果较好,见表8.18所示。策略收益率高达24.45%,超额收益率达到29.65%,夏普比率为1.608,最大回撤为-8.82%,整体效果十分突出。

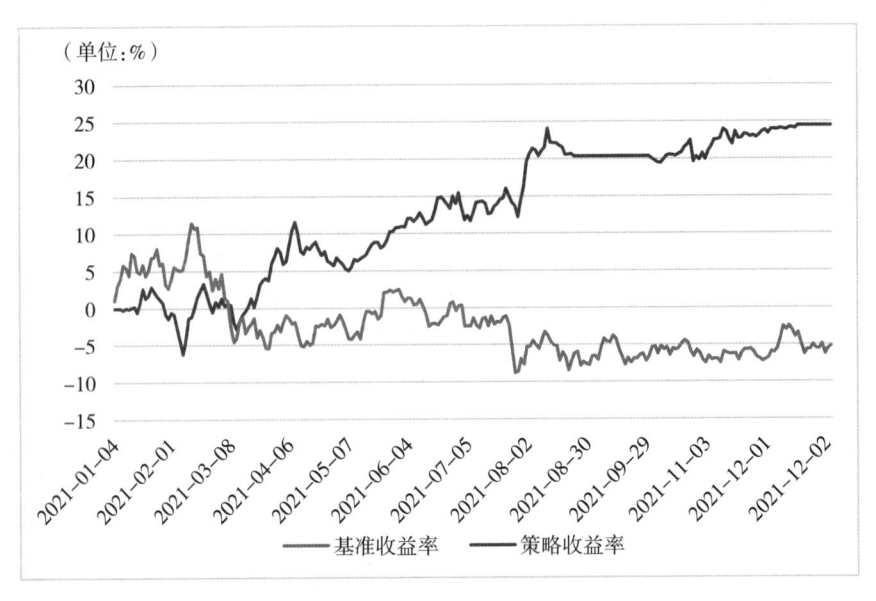

图 8.57　定向增发事件策略的外推效果

表 8.18　定向增发事件策略外推效果评价

策略收益率(%)	24.45	夏普比率	1.608
策略年化收益率(%)	25.24	胜率	0.587
超额收益率(%)	29.65	盈亏比	3.068
基准收益率(%)	−5.20	最大回撤(%)	−8.82

8.4　基于事件驱动的量化投资策略的组合与优化

8.4.1　基于事件驱动的量化投资策略的组合

在实际投资过程中,投资者可能在一段时间同时遇到几种类型事件,对多类型事件进行投资更符合现实,而不是某一类型事件发生后才投资。为此,可以构建组合事件策略,即股票发生资产重组、高送转、业绩预告、大股东增持、定向增发事件之一,且满足选股标准和其他交易规则,则触发买入指令。参照前面制定的交易规则,组合事件策略在外推期的回测效果如图 8.58 所示。可以看到,组合事件策略收益率高于基准收益,表现较好。

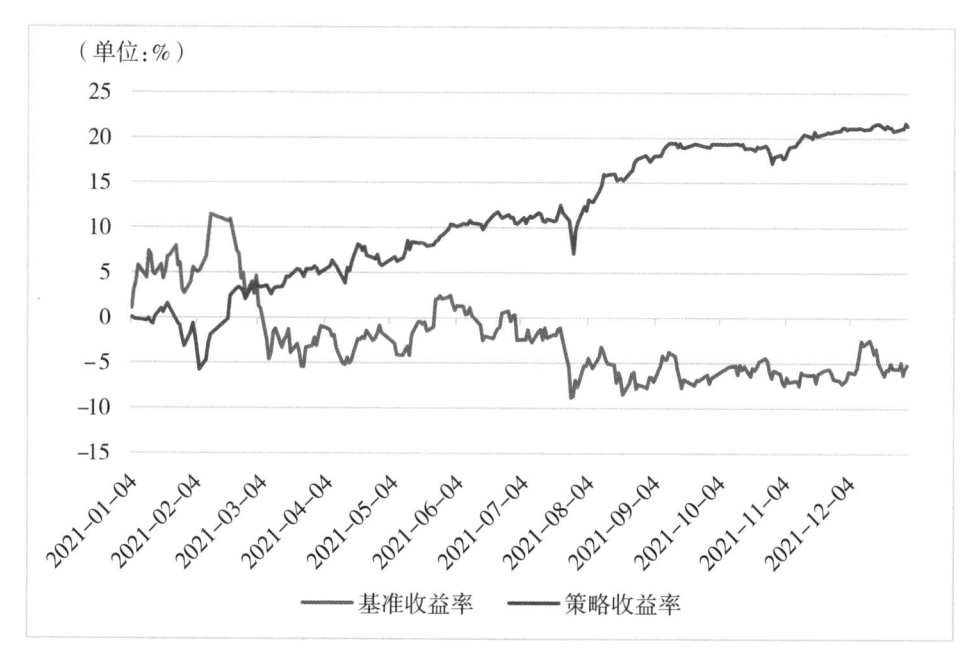

图8.58 组合事件策略的外推效果

组合事件策略与单一事件策略收益对比见表8.19。组合事件策略收益率为21.36%，高于资产重组、高送转以及业绩预告事件策略，其最大回撤为-7.25%，策略稳定性较好。虽然组合事件策略配置了更多事件的股票，降低了非系统性风险，稳定性更好，但收益率也受到一定的影响，导致整体策略效果相比于单一事件没有较大提升，甚至低于大股东增持策略和定向增发策略。

表8.19 组合事件策略与单一事件策略收益对比

事件策略类型	策略收益率(%)	最大回撤(%)
资产重组	19.90	-7.69
高送转	7.21	-12.39
业绩预告	16.41	-7.86
大股东增持	23.08	-6.98
定向增发	24.45	-8.82
组合事件策略	21.36	-7.25
沪深300指数	-5.2	-15.18

图8.59为组合事件策略的持仓占比，由于相比于其他事件，业绩预告事件发生频率更高，导致组合事件策略的持仓也出现了明显的集中特征。但是在整个外推期内组合事件策略并没有出现空仓的情形，在资金通道划分得更多的情况下，策略的持仓情况比高送转和业绩预告策略更好，资金利用率得到了一定的提升，但仍有较大提升空间，可以进行优化。

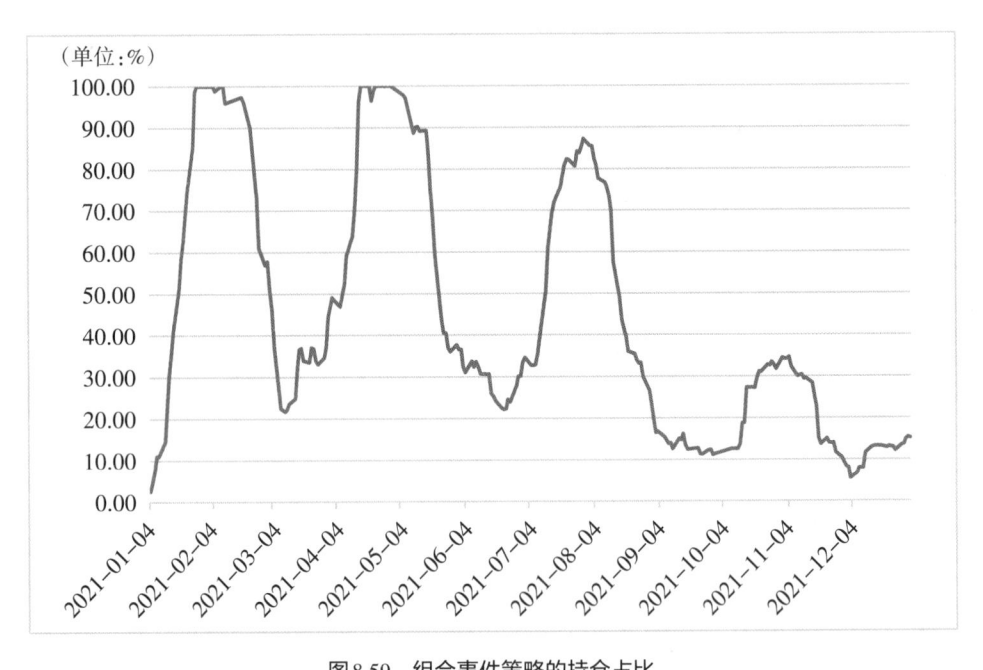

图8.59 组合事件策略的持仓占比

8.4.2 基于事件驱动的量化投资策略的优化

（1）构建超额收益率预测模型

每只股票样本的市场反应受到许多因素影响，不仅包括事件本身，股票的基本面信息以及技术面信息都有可能影响股票的市场反应，为此我们分别选取事件因子、财务因子、技术因子、动量因子以及情绪因子作为解释变量，各个事件最佳持有天数下的超额收益率为被解释变量，并建立多元回归模型，采用逐步回归法提取出能够解释超额收益率的因子，并分别对五种事件构建超额收益率预测模型。

①样本选取与数据来源

以有效性研究中经筛选后的事件股票为样本，样本信息包括股票代码、股票名称、首次公告日期、最佳持有天数下的超额收益率、是否重大资产重组、是否关联交易、送转比例、预告类型、预告事件、增持比例、股东类别、发行比例、募集资金用途等，并收集事件发生时股票的财务指标、技术指标、动量指标、情绪指标。在剔除数据缺失的样本后，最终得到19254个资产重组样本、1990个高送转样本、35858个业绩预告样本、2038个大股东增持样本、3518个定向增发样本。

股票代码、股票名称、收益率、事件信息来源于CSMAR国泰安数据库以及iFinD金融数据终端，财务指标、技术指标、动量指标、情绪指标等信息来源于聚宽数据库，通过聚宽量化平台爬虫获得。数据处理采用Stata15.0计量软件进行。

②模型设定与变量定义

以各事件在最佳持有天数时的累计超额收益率为被解释变量,以事件因子、财务因子、技术因子、动量因子以及情绪因子为解释变量,构建如下回归模型。

$$\mathrm{CAR}_i = \beta_0 + \beta_1 \mathrm{Maj}_i + \beta_2 \mathrm{Rel}_i + \sum_{j=3}^{7} \beta_j \mathrm{Fin}_{ij} + \beta_8 \mathrm{Tec}_i + \beta_9 \mathrm{Mom}_i + \beta_{10} \mathrm{Emo}_i + \varepsilon_i \quad (8.9)$$

$$\mathrm{CAR}_i = \beta_0 + \beta_1 \mathrm{Tra}_i + \sum_{j=2}^{6} \beta_j \mathrm{Fin}_{ij} + \beta_7 \mathrm{Tec}_i + \beta_8 \mathrm{Mom}_i + \beta_9 \mathrm{Emo}_i + \varepsilon_i \quad (8.10)$$

$$\mathrm{CAR}_i = \beta_0 + \beta_1 \mathrm{Type}_i + \beta_2 \mathrm{Time}_i + \sum_{j=3}^{7} \beta_j \mathrm{Fin}_{ij} + \beta_8 \mathrm{Tec}_i + \beta_9 \mathrm{Mom}_i + \beta_{10} \mathrm{Emo}_i + \varepsilon_i \quad (8.11)$$

$$\mathrm{CAR}_i = \beta_0 + \beta_1 \mathrm{Hol}_i + \beta_2 \mathrm{Hod}_i + \sum_{j=3}^{7} \beta_j \mathrm{Fin}_{ij} + \beta_8 \mathrm{Tec}_i + \beta_9 \mathrm{Mom}_i + \beta_{10} \mathrm{Emo}_i + \varepsilon_i \quad (8.12)$$

$$\mathrm{CAR}_i = \beta_0 + \beta_1 \mathrm{Off}_i + \beta_2 \mathrm{Use}_i + \sum_{j=3}^{7} \beta_j \mathrm{Fin}_{ij} + \beta_8 \mathrm{Tec}_i + \beta_9 \mathrm{Mom}_i + \beta_{10} \mathrm{Emo}_i + \varepsilon_i \quad (8.13)$$

模型(8.9)至模型(8.13)分别为资产重组、高送转、业绩预告、大股东增持以及定向增发事件的回归模型,模型中的被解释变量为各事件在最佳持有天数下的累计超额收益率,根据前文所述策略的测试效果,资产重组事件选取第30个交易日的CAR,高送转事件选取第15个交易日的CAR,业绩预告事件选取第20个交易日的CAR,大股东增持事件选取第30个交易日的CAR,定向增发事件选取第25个交易日的CAR。

模型中的解释变量包含根据不同事件选取的具有事件特色的事件因子,还包括财务因子(Fin)、技术因子(Tec)、动量因子(Mom)以及情绪因子(Emo)。解释变量中的事件因子分别对应所属事件模型,是否重大资产重组(Maj),是取1,否则取0;是否关联交易(Rel),是取1,否则取0;送转比例(Tra),为送股比例与转股比例之和;预告类型(Type),包括预增、略增、续盈、扭亏、减亏,分别赋值1~5;预告时间(Time),为首次公告日期与报告期截止日的差;增持比例(Hol),为增持比例上限与增持比例下限的最大值;股东类别(Hod),包括实际控制人以及持股5%以上一般股东,实际控制人取1,否则取0;发行比例(Off),为新发行股本占原股本比例;募集资金用途(Use),包括借壳上市、支付对价、收购其他资产、其他目的、补充流动资金和项目融资,分别赋值1~6。

解释变量中的财务因子(Fin)、技术因子(Tec)、动量因子(Mom)以及情绪因子(Emo)为各事件模型通用。净资产收益率(Roe),等于净利润/股东权益,衡量企业的盈利能力;营业收入增长率(Ir),等于本期营业收入/上期营业收入−1,衡量企业的成长能力;资产周转率(At),等于营业收入/总资产,衡量企业的营运能力;资产负债率(Lev),等于总负债/总资产,衡量企业的长期偿债能力。以上财务指标均取动态比率,例如某只股票的首次公告日期为9月5日,则其净资产收益率为上年6月30日至本年6月30日期间的净利润除以本年6月30日的股东权益。市值(Size),用事件日当天股票市值,取对数表示。

在技术因子的选取上,彭起(2020)研究发现相对于其他技术指标,相对强弱指数具有显著的样本外预测作用。故选取相对强弱指数(RSI)来代表技术因子,相对强弱指数是技术分析中常见的指标,为一段时间内股票上涨部分与涨跌部分之比,等于30日内收盘涨幅之和/30日内收盘涨跌幅之和)×100。

在动量因子和情绪因子的选取上,本章参考周佰成和刘毅男(2019)的指标划分,分别选取事件日前30日收益率(Ret)以及事件日前一日换手率(Tur)代表动量因子和情绪因子,事件日前30日收益率等于事件日前一日收盘价/事件日前30日收盘价−1,事件日前一日换手率等于事件日前一日成交量/流通股本。表8.20为解释变量中的具体指标。

表8.20 模型中解释变量一览表

因子	具体指标	变量名	适用模型
资产重组事件因子	是否重大资产重组	Maj	模型(8.9)
	是否关联交易	Rel	
高送转事件因子	送转比例	Tra	模型(8.10)
业绩预告事件因子	预告类型	Type	模型(8.11)
	预告时间	Time	
大股东增持事件因子	增持比例	Hol	模型(8.12)
	股东类别	Hod	
定向增发事件因子	发行比例	Off	模型(8.13)
	募集资金用途	Use	
财务因子Fin	净资产收益率	Roe	均适用
	营业收入增长率	Ir	
	资产周转率	At	
	资产负债率	Lev	
	市值	Size	
技术因子Tec	相对强弱指数	RSI	均适用
动量因子Mom	事件日前30日收益率	Ret	均适用
情绪因子Emo	事件日前1日换手率[①]	Tur	均适用

①实证结果

在对所有连续变量进行2.5%和97.5%的缩尾处理后,分别对(8.9)—(8.13)模型进行逐步回归,得出如下回归结果,见表8.21所示。

[①]事件日前一日换手率与事件日前30日收益率的选取参考周佰成和刘毅男(2019)构建多因子选股模型时的因子分类。

表8.21 模型回归结果

变量	模型(4-1)	模型(4-2)	模型(4-3)	模型(4-4)	模型(4-5)
Maj	0.1232*** (20.77)				
Rel	−0.0087** (−2.53)				
Tra		0.0428*** (3.19)			
Type			−0.0050*** (−6.86)		
Time			—		
Hol				0.0070*** (2.64)	
Hod				0.0229* (1.83)	
Off					0.0004** (2.50)
Use					−0.0306*** (−7.25)
Roe	0.0249** (2.23)	—	—	—	—
Ir	—	—	−0.0056*** (−2.95)	−0.0180** (−2.19)	−0.0320** (−2.13)
At	—	—	0.0047** (2.09)	—	—
Lev	−0.0148** (−2.05)	—	0.0083** (2.11)	—	−0.1201*** (−3.94)
Size	−0.0278*** (−16.08)	−0.0401*** (−6.38)	−0.0186*** (−18.56)	−0.0143*** (−3.20)	−0.0554*** (−7.31)
RSI	0.0539*** (11.92)	0.0813*** (4.61)	0.0418*** (15.89)	0.0612*** (8.73)	0.1765*** (7.75)
Ret	−0.1193*** (−8.61)	−0.0874** (−2.58)	−0.0192** (−2.33)	−0.5677*** (−24.51)	−0.1096** (−2.05)
Tur	—	—	—	0.0030** (2.46)	−0.0059*** (−2.69)
cons	−0.0670*** (−3.50)	−0.1306* (−1.70)	−0.0528*** (−4.65)	−0.2102*** (−6.03)	−0.1563 (−1.54)

续表

变量	模型(4-1)	模型(4-2)	模型(4-3)	模型(4-4)	模型(4-5)
Prob > F	0.0000	0.0000	0.0000	0.0000	0.0000
Adj R^2	0.1585	0.1477	0.1252	0.3300	0.1073

注：括号内为 t 值，*、**和***分别表示在10%、5%和1%的显著性水平下显著，"—"表示该变量在逐步回归中被剔除。

由表8.21可以看出，事件因子能够很好地解释其事件的累计超额收益率。是否重大资产重组与事件的CAR正相关，表明构成重大资产重组的样本能获得更高的累计超额收益率，这也与有效性研究中的结果一致。同样的，送转比例、预告类型、增持比例、股东类别等事件因子也很好地解释了其事件的超额收益率。财务因子对超额收益率的解释较弱，大多数事件的净资产收益率、资产周转率与其累计超额收益率不相关，所有事件的市值与累计超额收益率负相关，表明小市值样本能够获取更高的超额收益率。各个事件的事件日前30日收益率与累计超额收益率负相关，表明事件发生前的收益率越高，事件日后的超额收益率越低，说明事件驱动具有一定的动量反转效应。RSI与累计超额收益率正相关，RSI越高，表明股价处于历史高位，从而使得市场产生正反馈，使得股价进一步上涨（彭起，2020）。

根据以上逐步回归的实证结果，我们提取出了对事件累计超额收益率产生显著影响的因子，从而构建出超额收益率预测模型来优化原始策略。

（2）单一事件策略优化效果

根据上文构建的超额收益率预测模型，我们可以预测出回测期内股票的累计超额收益率，若回测期内股票符合原始策略的选股标准，且预测超额收益率大于0，则触发买入信号，持有天数为各事件的最佳持有天数。同时，为进一步提高策略稳定性，在原始策略中设置止损线，降低策略回撤较大风险。优化后策略交易规则如表8.22所示。

表8.22 优化后策略交易设置

项目	交易规则
回测区间	测试期：2018年1月1日至2020年12月31日 外推期：2021年1月1日至2021年12月31日
选股标准	①与原始策略选股标准相同 ②预测累计超额收益率>0
买入时点	与原始策略相同
持有天数	资产重组：30天；高送转15天；大股东增持20天； 业绩预告30天；定向增发25天
初始资金	100万元

续表

项目	交易规则
收益基准	沪深300指数
仓位设置	与原始策略一致
交易成本	买入时佣金万分之二,卖出时佣金万分之二加千分之一印花税
止损线设置	15%
其他交易规则	与原始策略一致
回测环境	聚宽量化平台

按以上优化后的策略交易规则进行回测,各单一事件策略的回测效果如下。

①资产重组事件

图8.60为2018—2020年策略优化后的回测效果。从图8.60可以看出,相比于原始策略,优化后策略的累计收益率有所增加。前期策略优化效果并不明显,策略优化前后的收益率差距不大,但2020年开始,优化后的策略收益率得到明显提升,最终累计收益率超过沪深300指数收益。

图8.61为2021年策略优化后的回测效果,可以看出优化后策略在2月、3月表现弱于原始策略,可能由于超额收益率预测模型对于股票收益率的预测不完全准确,但长期来看优化后策略的收益率提升效果非常明显。整体看来,无论是测试期还是外推期,利用超额收益率预测模型提高选股标准确实优化了策略整体收益率。

图8.60 资产重组事件测试期策略优化效果

（单位：%）

图8.61　资产重组事件外推期策略优化效果

优化前后策略评价指标如表8.23所示，在测试期内，策略优化后的收益率从20.60%提高到36.14%，策略年化收益率从6.63%提高到11.14%。策略优化后胜率以及盈亏比都有明显提升，说明超额收益率预测模型对于股票收益率的预测较为准确，能够筛选出超额收益率较高的股票。最大回撤为−22.13%，变化不大，但夏普比率有明显提高，从0.196提高到0.448，说明止损线的设置有效降低了策略风险。同样的，外推期内的优化效果也十分明显，策略优化后的收益率从19.90%提高到29.18%，夏普比率、胜率和盈亏比等也有显著提升。

表8.23　优化前后资产重组策略评价

指标	测试期		外推期	
	原始策略	优化后策略	原始策略	优化后策略
策略收益率(%)	20.60	36.14	19.90	29.18
策略年化收益率(%)	6.63	11.14	20.53	30.13
超额收益率(%)	−8.69	6.85	25.10	34.38
基准收益率(%)	29.29	29.29	−5.20	−5.20
夏普比率	0.196	0.448	1.54	1.932
胜率	0.469	0.503	0.543	0.576
盈亏比	1.44	1.676	2.886	3.726
最大回撤(%)	−22.36	−22.13	−7.69	−8.88

②高送转事件

图8.62、图8.63为高送转事件在测试期和外推期的策略优化效果,可以看到优化后的策略表现略好于原始策略表现,2018—2019年优化后的策略表现较弱,部分月份收益率低于原始策略,但最终在测试期获得了超过60%的累计收益率,优化效果相当明显。

图8.62　高送转事件测试期策略优化效果

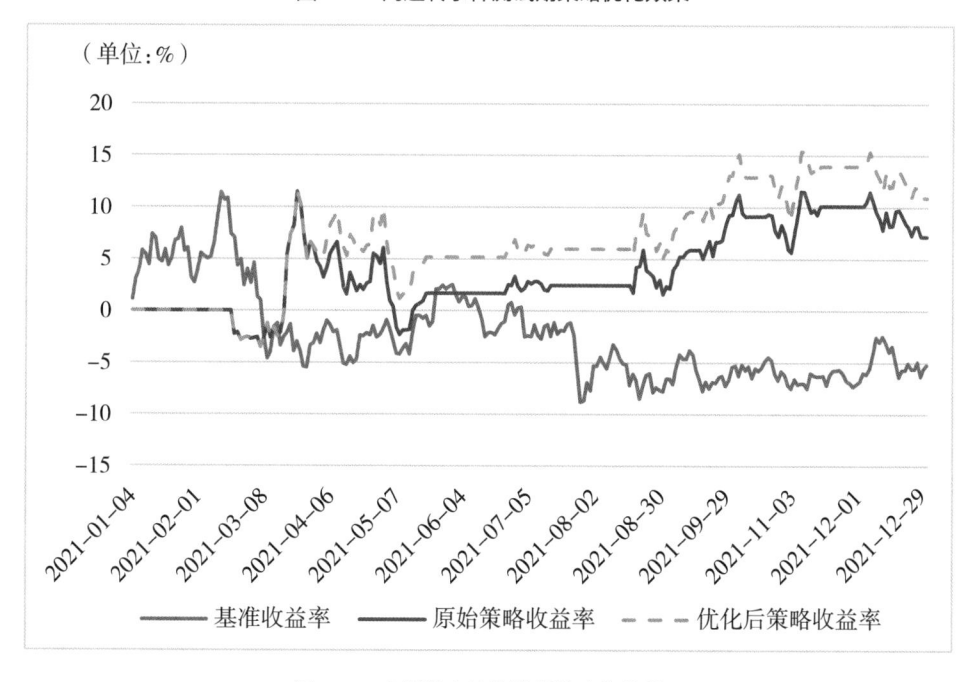

图8.63　高送转事件外推期策略优化效果

优化前后策略评价指标如表 8.24 所示,无论是在测试期还是在外推期,优化后策略取得了比较理想的回测效果,优化后测试期和外推期策略收益率分别为 62.74% 和 10.93%,均高于原始策略收益率的 40.32% 和 7.21%;优化后的年化收益率分别为 18.15% 和 11.26%,均高于原始策略年化收益率的 12.30% 和 7.43%;优化后的夏普比率分别为 0.987 和 0.512,均高于原始策略的 0.714 和 0.238;优化后的胜率分别为 0.482 和 0.625,相比于原始策略都有所提升。

表 8.24 优化前后高送转策略评价

指标	测试期		外推期	
	原始策略	优化后策略	原始策略	优化后策略
策略收益率(%)	40.32	62.74	7.21	10.93
策略年化收益率(%)	12.30	18.15	7.43	11.26
超额收益率(%)	11.03	33.45	12.41	16.13
基准收益率(%)	29.29	29.29	−5.20	−5.20
夏普比率	0.714	0.987	0.238	0.512
胜率	0.474	0.482	0.60	0.625
盈亏比	2.173	2.422	1.78	2.557
最大回撤(%)	−11.86	−13.60	−12.39	−9.28

③业绩预告事件

业绩预告事件测试期策略优化效果如图 8.64、图 8.65 所示,回测区间内策略收益率有所提升,策略的优化效果较好,在 2018 年熊市策略获得了较高的收益率,这与有效性研究中业绩预告的熊市样本表现一致。与高送转事件相比,优化后策略对业绩预告事件在外推期的优化效果更加明显,策略收益率提升更大。

图8.64 业绩预告事件测试期策略优化效果

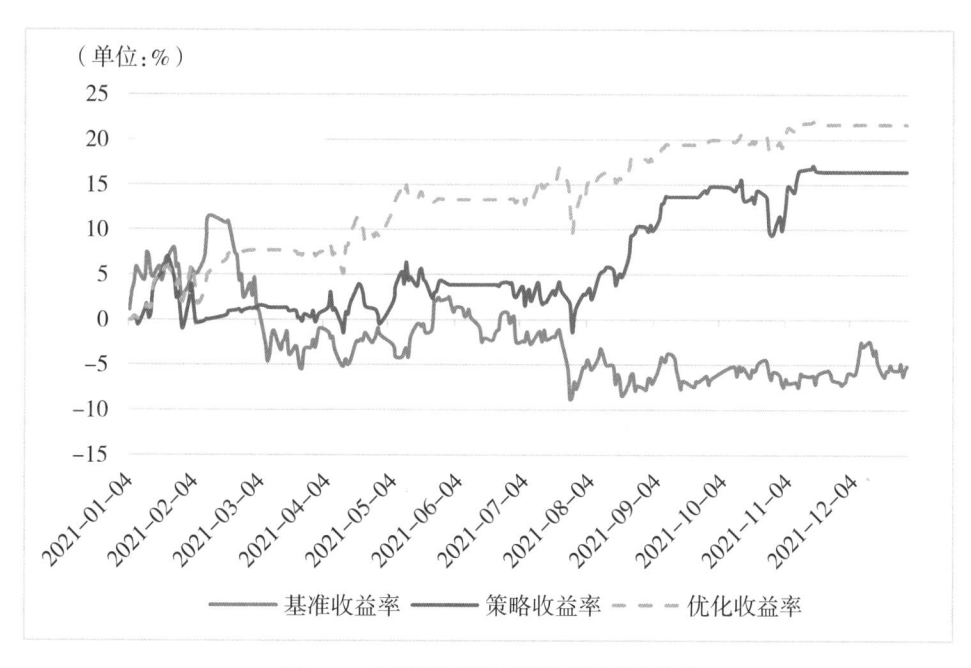

图8.65 业绩预告事件外推期策略优化效果

优化前后策略评价指标如表8.25所示，优化后测试期和外推期策略的收益率分别为41.34%、21.68%，而原始策略分别为31.30%和16.41%；优化后策略的年化收益率分别为12.58%和22.37%，超额收益率分别为12.05%和26.88%，相较于原始策略有较大提升；优化后策略的夏普比率分别为0.504、1.711，远高于原始策略的0.328、0.874。此外，优化后策略的最大回撤也有所降低,说明优化后策略更加稳定,风险有所降低。

表8.25 优化前后业绩预告策略评价

指标	测试期		外推期	
	原始策略	优化后策略	原始策略	优化后策略
策略收益率(%)	31.30	41.34	16.41	21.68
策略年化收益率(%)	9.78	12.58	16.92	22.37
超额收益率(%)	2.01	12.05	21.61	26.88
基准收益率(%)	29.29	29.29	−5.20	−5.20
夏普比率	0.328	0.504	0.874	1.711
胜率	0.485	0.51	0.529	0.592
盈亏比	1.43	1.641	1.712	2.597
最大回撤(%)	−20.16	−17.89	−7.86	−6.21

④大股东增持

大股东增持事件测试期策略优化效果如图8.66所示,大股东增持事件外推期策略优化效果如图8.67所示。可以看出,大股东增持事件策略的优化效果非常明显,优化后策略表现很好,取得了更高的策略收益率。

图8.66 大股东增持事件测试期策略优化效果

图8.67 大股东增持事件外推期策略优化效果

从表8.26可以看出,测试期内,优化后的策略收益高达78.66%,年化收益率为21.99%,是目前4个事件策略中最高的,相比于原始策略也有较大提升,胜率和盈亏比均有所提升,说明选股效果提升明显,最大回撤也从-17.80%下降到-15.55%,说明止损规则设置合理,使得策略更加稳定。外推期内的优化效果也比较明显,策略收益率从23.08%增加到32.36%,策略年化收益率从23.82%增加到33.44%,夏普比率也从1.523提高到2.415,最大回撤有所降低。总体来看,大股东增持事件策略的优化效果比较理想。

表8.26 优化前后大股东增持策略评价

指标	测试期		外推期	
	原始策略	优化后策略	原始策略	优化后策略
策略收益率(%)	65.09	78.66	23.08	32.36
策略年化收益率(%)	18.73	21.99	23.82	33.44
超额收益率(%)	35.80	49.37	28.28	37.56
基准收益率(%)	29.29	29.29	-5.20	-5.20
夏普比率	0.827	1.095	1.523	2.415
胜率	0.48	0.493	0.724	0.793
盈亏比	2.133	2.612	3.896	7.217
最大回撤(%)	-17.80	-15.55	-6.98	-5.19

⑤ 定向增发

定向增发事件测试期策略优化效果如图8.68所示,在2018年熊市中策略的优化效果并不明显,相比于原始策略收益率提升较少,但2019—2020年策略收益率开始逐步提高,优化效果开始明显。定向增发事件外推期策略优化效果见图8.69,策略在外推期的优化效果比较明显,优化后的策略收益率远高于原始策略。

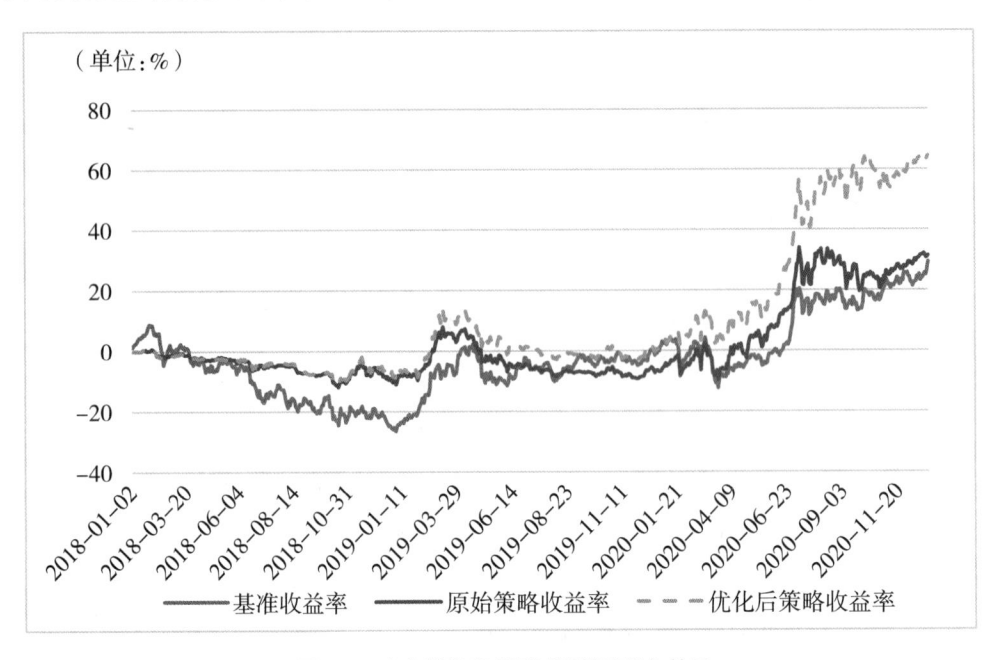

图8.68 定向增发事件测试期策略优化效果

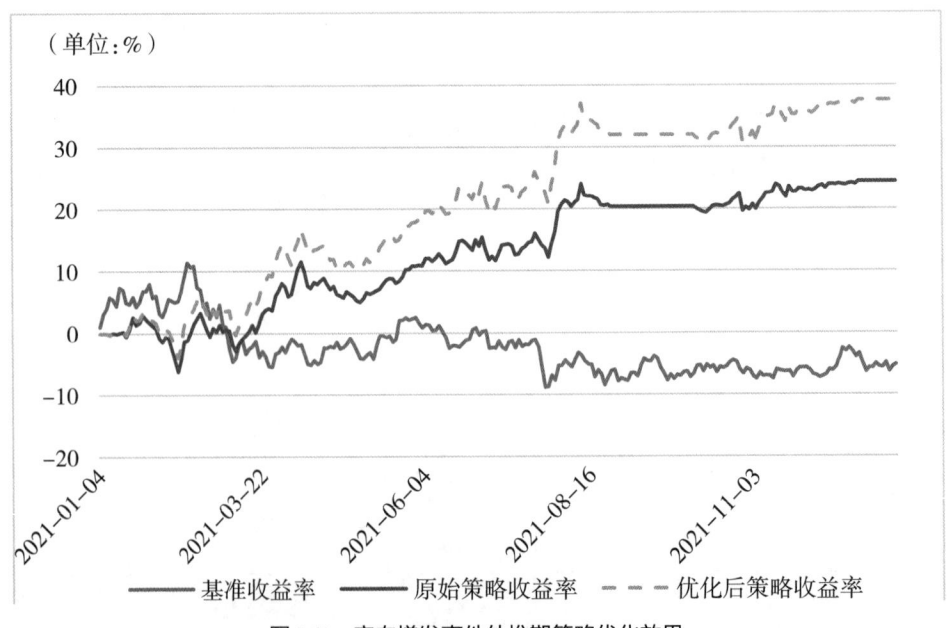

图8.69 定向增发事件外推期策略优化效果

优化前后策略评价指标如表8.27所示,测试期内优化后策略的收益率从31.30%提高到64.35%,年化收益率从9.78%提高到18.55%,都远高于原始策略的收益表现。超额收益率、胜率、盈亏比、夏普比率均有所提升,最大回撤有所下降。同样的,外推期内策略收益率、策略年化收益率、超额收益率均有较大幅度提升,最大回撤降低。总体来看,定向增发事件策略的优化效果明显,策略盈利能力提高,稳定性有所提升。

表8.27 优化前后定向增发策略评价

指标	测试期		外推期	
	原始策略	优化后策略	原始策略	优化后策略
策略收益率(%)	31.30	64.35	24.45	37.61
策略年化收益率(%)	9.78	18.55	25.24	38.88
超额收益率(%)	2.01	35.06	29.65	42.81
基准收益率(%)	29.29	29.29	-5.20	-5.20
夏普比率	0.349	0.833	1.608	2.364
胜率	0.455	0.521	0.587	0.654
盈亏比	1.456	1.896	3.068	5.242
最大回撤(%)	-16.39	-15.10	-8.82	-7.25

(3)组合事件策略优化效果

根据优化前组合事件策略的持仓占比图可知,不同时间段事件发生的频率不同,存在事件集中发生在部分时间段以及某种事件的发生频率高于其他事件的情况,从而导致了外推期内部分时间段持仓占比较低,持仓占比较低的时间段事件发生较少,造成资金闲置,提高了资金成本。下面将从提高资金利用率的角度,并结合超额收益率预测模型,对组合事件策略进行优化。

①动态调整资金通道

将外推期2021年分为36个时间段,每月1日—10日为月上,11日—20日为月中,21日—月底为月下。并将每个时间段内的日持仓占比进行算术平均,得出如表8.28所示的时间段持仓情况。对于平均持仓占比大于或等于持仓占比M的时间段,不予调整资金通道数量;对于平均持仓占比小于持仓占比M的时间段,说明该时间段事件发生较少,因此减少资金通道数量,将资金等额分开的份数减少,使其持仓占比尽可能提升至M,从而提高整体的持仓占比,增加资金利用率。

表8.28 组合事件策略在不同时间段的持仓情况

时间段	平均持仓(%)	时间段	平均持仓(%)	时间段	平均持仓(%)
1月上	7.34	1月中	39.63	1月下	89.56
2月上	99.34	2月中	96.69	2月下	77.49
3月上	39.35	3月中	29.86	3月下	26.37
4月上	50.58	4月中	87.08	4月下	99.37
5月上	95.26	5月中	84.33	5月下	42.20
6月上	33.56	6月中	27.33	6月下	25.39
7月上	34.43	7月中	67.40	7月下	83.36
8月上	80.63	8月中	51.37	8月下	30.89
9月上	15.50	9月中	14.40	9月下	11.80
10月上	12.58	10月中	21.93	10月下	32.30
11月上	32.51	11月中	23.43	11月下	12.62
12月上	7.98	12月中	13.08	12月下	13.76

为了确定最佳的调整方式,我们分别对$M=50\%$、60%、70%、80%、90%进行测试。测试结果如图8.70所示,可以看到持仓占比越高,策略收益率也就越高,当$M=90\%$时,即提高平均持仓低于90%时间段的持仓占比时,组合事件策略的策略收益率最高,因此我们通过调整持仓占比低于90%以下时间段的资金通道来优化策略。

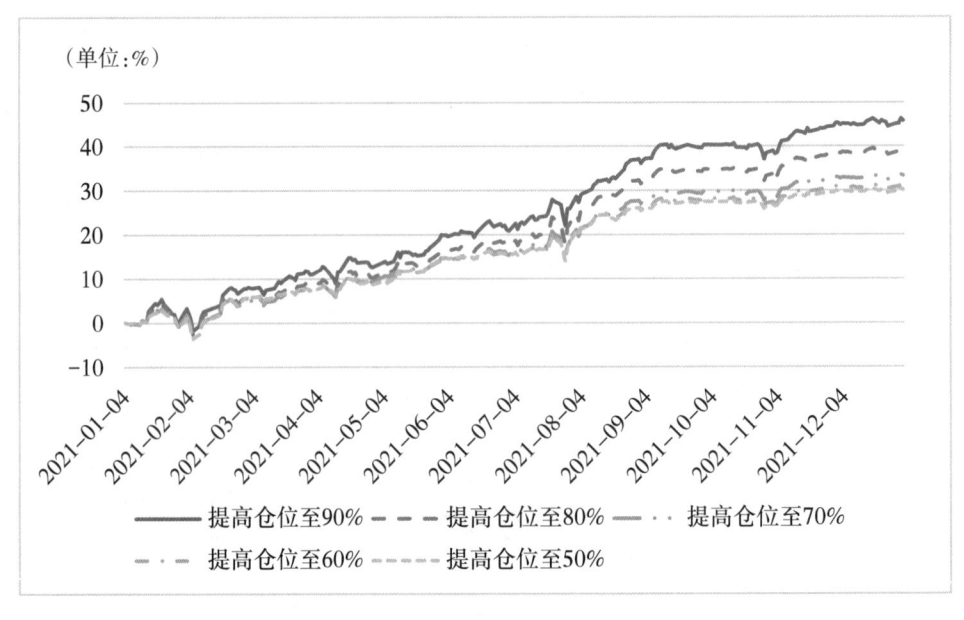

图8.70 不同持仓占比下的策略收益情况

组合事件策略持仓占比的提升效果如图8.71所示,可以看到动态调整资金通道这一方法改善了原始策略资金闲置的问题。原始的组合事件策略中业绩预告事件占比较高,而在业绩正式公告日前后等时间段并没有业绩预告发生,只有少量资产重组、大股东增持等事件发生,从而导致持仓占比较低、资金闲置的情况,通过减少这些时段的资金通道数量,增加了全年的持仓占比,提高了资金利用率,进一步提高了策略收益。

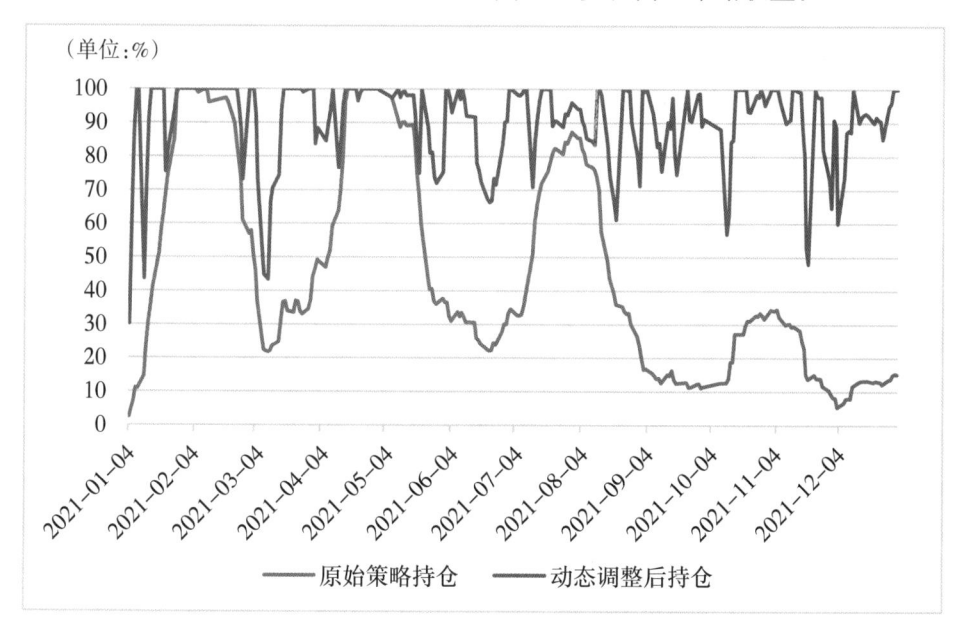

图8.71 组合事件策略持仓提升效果

②优化效果

超额收益率预测模型对组合事件策略的优化方式与单一策略类似,组合事件策略的股票池为五种事件策略符合选股标准的股票集合。如图8.72所示,组合事件策略的收益率得到了大幅提升,优化效果十分理想。说明超额收益率预测模型的预测效果好,筛选出了收益率更高的股票样本;同时通过减少持仓低于90%时间段的资金通道,在一定程度上降低了资金闲置成本,也有助于提升策略收益率。

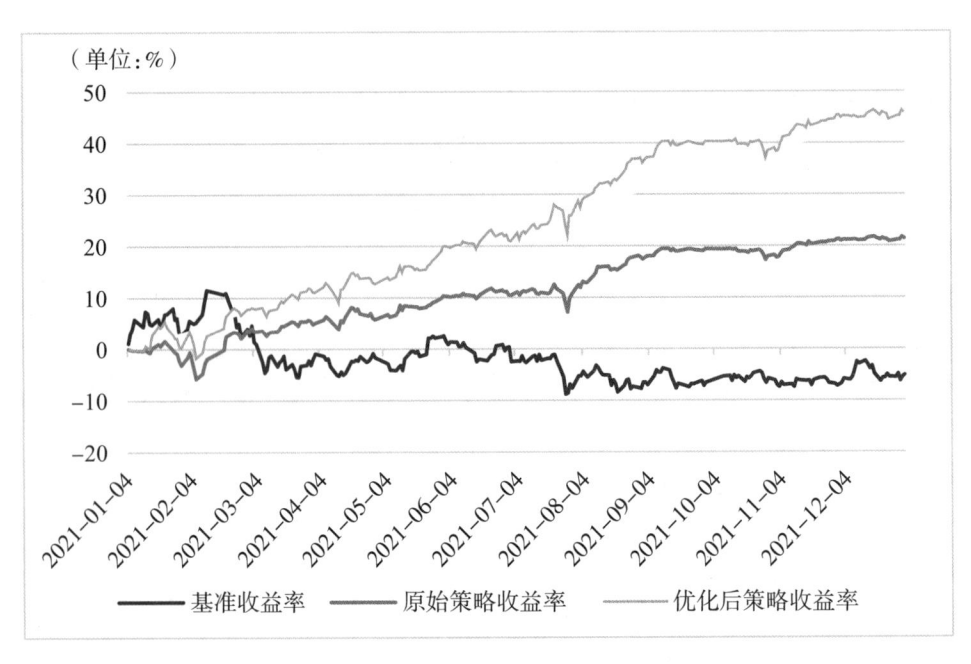

图8.72 组合事件策略外推期优化效果

优化前后策略评价指标见表8.29所示,在引入了超额收益率预测模型以及动态调整资金通道后,组合事件策略收益率从21.36%提升至45.83%,远超同期市场上的股票型基金平均收益率和混合型基金平均收益率;超额收益率从26.56%提高到51.03%,夏普比率从1.85提高到3.61,最大回撤略有下降。与五个优化后的单一事件策略相比,组合事件策略在外推期的优化效果最好,优化后策略收益率最高,也进一步表明优化后的组合事件策略大幅降低了资金成本,较好地解决了事件发生频率较低时的资金闲置问题。

表8.29 优化前后组合事件策略评价

指标	原始策略	优化后策略
策略收益率(%)	21.36	45.83
策略年化收益率(%)	22.04	47.43
超额收益率(%)	26.56	51.03
基准收益率(%)	−5.20	−5.20
股票型基金平均收益率(%)	7.75	7.75
混合型基金平均收益率(%)	8.71	8.71
夏普比率	1.85	3.61
胜率	0.559	0.637
盈亏比	2.493	4.119
最大回撤(%)	−7.25	−6.81

第9章 量化投资策略的风险及防范

量化投资策略在获得投资收益的同时,也面临着多种风险,如果不加以预防和控制,将会产生比较严重的后果。因而,风险防范对于量化投资策略来说至关重要。本章在对量化投资策略风险的内涵进行界定的基础上,介绍了量化投资策略风险的几种度量方法;然后,揭示了量化投资策略风险的主要表现,即数据陷阱的风险、系统故障的风险、市场操纵的风险、量化模型的风险以及市场异常的风险;最后,有针对性地提出量化投资策略的风险防范。

9.1 量化投资策略的风险及其度量

9.1.1 量化投资策略风险的内涵

量化投资策略有助于快速、准确地分析和处理大量数据,帮助投资者进行投资决策,有利于提高投资收益。但量化投资策略并不是绝对安全可靠的,由于受市场操作、数据缺陷、模型趋同以及系统故障等因素的影响,量化投资策略在实际应用过程中面临多方面的风险。

量化投资策略风险是指在量化投资策略的构建、执行等过程中,由于受市场操作、数据缺陷、系统故障、市场异常以及各种事先无法预料因素等的影响,量化投资策略在实际运行过程中面临不确定性,存在实际收益与预期收益发生偏离的可能性,导致量化投资策略面临风险。这样就可能达不到投资者的预期收益目标,使投资者遭受损失。

一般来说,量化投资策略风险主要有:数据陷阱的风险、系统故障的风险、市场操纵的风险、量化模型的风险以及市场异常的风险等。这些风险可以分为内部风险和外部风险，内部风险往往可以通过策略分析师、策略投资者等不断改进、不断完善来避免或降低，比如，量化模型的风险等；而外部风险往往是策略分析师、策略投资者等难以改变和规避的，比如，市场异常的风险。因此，投资者在使用量化投资策略时要注意量化投资的风险，并采取相应措施来进行防范。

9.1.2 量化投资策略风险的度量

量化投资策略风险的度量指标较多，一般来说主要有：标准差、变差系数、最大回撤、β 指标、VaR 等。

(1) 标准差

标准差在概率统计中经常作为统计分布程度上的测量，是各数据偏离平均数的距离的平均数，一般用 σ 表示，反映一个数据集的离散程度。在投资策略中，可以用标准差来判断实际可能的收益率与期望收益率的偏离程度，也可以用来反映投资策略的风险程度。一般来说，标准差越大，说明实际可能的结果与期望收益率偏离越大，实际收益率不稳定，因而该策略的风险大；标准差越小，说明实际可能的结果与期望收益率偏离越小，实际收益率比较稳定，因而该策略的风险较小（详细内容见4.3量化投资策略的评价标准）。

(2) 变差系数

用标准差来衡量某一策略的风险时，其数值越小，策略的风险就越小；数值越大，则策略的风险也越大。另外，标准差数值的大小，不仅受离散程度的影响，而且受平均收益率大小的影响。当两个策略的平均收益率不同时，直接用标准差进行比较可能不够合理，此时用变差系数（又叫离差系数）来度量投资策略的相对风险更理想一些。变差系数的计算公式为：

$$CV = \sigma / x \tag{9.1}$$

其中，CV 表示变差系数，σ 表示标准差，x 表示平均收益率。

变差系数是相对偏离程度的衡量标准——每单位收益所含风险的衡量标准。变差系数越大，量化投资策略的相对风险也就越大。

例如，假设有两种量化投资策略 A 和 B，它们5年平均收益率的分布如表9.1所示。

表9.1 量化投资策略 A 和 B 的比较表

指标	量化投资策略 A	量化投资策略 B
平均收益率	0.12	0.24
标准差	0.06	0.09
变差系数 CV	0.5	0.38

如果以标准差作为风险的衡量标准,则认为量化投资策略B的风险大于量化投资策略A的风险;但如果以变差系数作为衡量标准,相对来说,量化投资策略A的风险大于量化投资策略B的风险。

(3)最大回撤

最大回撤衡量投资者一定时期内可能面临的最大亏损,即一定时期内策略的最高净值到最低净值时收益率的最大回撤幅度。最大回撤衡量最极端可能的亏损,反映投资者忍耐亏损的极限。最大回撤是一个重要的风险指标,从某种角度上说,最大回撤比收益率、夏普比率和信息比率更加重要。因为每个策略都有止损线,一旦最大回撤超过止损线,将会强制平仓。当然,如果仅仅看最大回撤来判断一个策略的好坏也是不全面的,回撤并不可怕,重要的是回撤后净值能否起死回生。因此,要结合投资者的收益预期和风险承受能力来确定策略是否符合要求(详细内容见4.3量化投资策略的评价标准)。

(4)β指标

β用来衡量策略收益相对于整个市场收益的波动情况,是一个相对指标。β越高,意味着策略相对于市场基准的波动性越大。β大于1,则策略的波动性大于市场基准的波动性。β由资本资产定价模型(CAPM)引申而来,能够衡量投资过程中的系统性风险,反映策略对基准变化的敏感性。其计算公式为:

$$\beta = \frac{\mathrm{Cov}(p_n, B_n)}{\sigma_B^2} \tag{9.2}$$

其中,β表示系统性风险;B_n表示基准收益率;$\mathrm{Cov}(p_n, B_n)$表示策略与基准收益率的协方差;σ_B^2表示基准收益率的方差。

当策略的风险与整个证券市场的风险相一致时,该策略的β就等于1。如果策略的β大于1或小于1,则说明该策略的风险程度高于或低于整个市场水平。β的含义如下:(1)β=1,表示该策略的风险收益率与市场组合平均风险收益率呈同比例变化,其风险程度与市场投资组合的风险程度一致;(2)β>1,说明该策略的风险收益率高于市场组合平均风险收益率,则该策略的风险大于整个市场投资组合的风险;(3)β<1,说明该策略的风险收益率小于市场组合平均风险收益率,则该策略的风险程度小于整个市场投资组合的风险。

(5)VaR

VaR(Value at Risk,VaR)一般被称为"风险价值"或"在险价值",指在一定的置信水平下,某一金融资产(或证券组合)在未来特定的一段时间内的最大可能损失。JP摩根公司的定义为:VaR是在既定头寸被冲销或重估前可能发生的市场价值最大损失的估计值;而Jorion则把VaR定义为:给定置信区间的一个持有期内的最坏的预期损失。

例如,某一投资公司持有的证券组合在未来24小时内,置信度为95%,在证券市场正常波动的情况下,VaR值为100万元,其含义是,该公司的证券组合在24小时内,由于市场价格变化而带来的最大损失超过100万元的概率为5%,平均20个交易日才可能出现一次这种情况。或者说有95%的把握判断该投资公司在下一个交易日内的损失在100万元以内。5%的概率反映了金融资产管理者的风险厌恶程度,可根据不同的投资者对风险的偏好程度和承受能力来确定。

VaR从统计的意义上讲,是指面临"正常"的市场波动时"处于风险状态的价值"。即在给定的置信水平和一定的持有期限内,预期的最大损失值。VaR的计算公式为:

$$P(\Delta P \Delta t \leqslant \text{VaR}) = \alpha \tag{9.3}$$

其中,P表示资产价值损失小于可能损失上限的概率,即英文的Probability;ΔP表示某一金融资产在一定持有期Δt的价值损失额;VaR表示给定置信水平下的在险价值,即可能的损失上限;α表示给定的置信水平。

要确定一个金融机构或资产组合的VaR或建立VaR的模型,必须首先确定以下三个系数:持有期的长短、置信区间的大小以及观察期间。

第一,持有期。持有期Δt,即确定计算在哪一段时间内的持有资产的最大损失值,也就是明确风险管理者关心资产在一定期限内的风险价值。持有期的选择应依据所持有资产的特点来确定,比如对于一些流动性很强的交易头寸往往需以每日为周期计算风险收益和VaR值。

第二,置信水平α。一般来说,对置信区间的选择在一定程度上反映了金融机构对风险的不同偏好。选择较大的置信水平意味着其对风险比较厌恶,希望能得到把握性较大的预测结果,希望模型对于极端事件的预测准确性较高。根据各自的风险偏好不同,选择的置信区间也各不相同。

第三,观察期间。观察期间是对给定持有期限的回报的波动性和关联性考察的整体时间长度,是整个数据选取的时间范围,有时又称数据窗口。例如,选择对某资产组合在未来6个月,或是1年的观察期间内,考察其每周回报率的波动性(风险)。这种选择要在历史数据的可能性和市场发生结构性变化的危险之间进行权衡。

总之,VaR是在一定置信水平下经过某段持有期资产价值损失的单边临界值,在实际应用时它体现为作为临界点的金额数目。

9.2 量化投资策略风险的表现

9.2.1 数据陷阱的风险

与传统的投资方式相比,量化投资方式更为客观合理,可有效避免因投资者主观因素导致的风险,并采取"构建模型"的方式,借助大数据等技术展开分析,使得分析结果更为全面、系统,更加客观。尽管如此,但由于量化投资对数据的依赖性较强,而量化投资数据同时具备较强的历史性特征,导致量化投资的安全性有所降低。

在信息技术快速发展的时代,大数据技术的应用越来越广泛,量化投资的数据不断增多,数据分析的难度不断加大,增加了精准分辨数据真实性及有效性的难度。量化投资对数据的依赖非常大,安全性较低。投资者无法判断数据的真实有效性,如果对于虚假或无效数据进行建模分析,将导致分析结果产生较大偏差,导致所得到的结论不能与现实市场环境相一致。当统计模型的样本发生了变动,最终可能导致结论不正确而无法适用于交易决策中。

据调查统计,在证券市场量化投资的各类风险中,以数据陷阱风险最为严重。对于投资者而言,在进行量化投资的过程中,有必要加强对数据陷阱风险的防范,以确保投资分析结果的准确性,降低投资失误率,实现对自身利益及资本市场稳定性的保护。

9.2.2 系统故障的风险

量化投资依赖于硬件设备、网络的可靠性和安全性,如果出现技术故障或者与交易平台之间出现通信对接问题,那么就会影响交易的执行和效果,引发意外的风险。量化投资是基于互联网及计算机系统的智能分析,通过抓取并分析数据信息,在此基础上得出精准的分析结果而实现的,系统故障风险是量化投资的主要风险之一。在我国证券市场发展过程中,系统故障时有发生,比如突然停电、网络或通信出现突发故障与繁忙,或因受到网络黑客、网络病毒的攻击或入侵等原因,程序化交易系统出现故障而导致交易出现问题。此外,交易系统软件漏洞以及风险控制缺失也会导致不确定性的风险。2013年8月16日发生的光大证券异常交易事件就起源于交易软件风险控制的缺失。

由于当前的量化投资分析系统仍存在较多不足之处,不同机构与散户之间使用的量化投资交易系统都不同,有的量化投资策略在交易前未对系统进行有效性测试,一旦出现系统故障,将给投资者造成很大的损失,可见,系统故障风险正处于不断累积的状态。同时,由于交易所使用的处理系统存在一定的延时问题,导致在对交易订单进行验证时需占用额外的资源。除交易系统问题外,在构建量化投资模型时,由于未考虑资金配置及仓位是否匹配,导致爆仓问题时有发生。基于此,必须加强对系统故障风险的管控,尤其需注重加强对量化投资交易系统的完善及风险管控。而在交易系统风险防控方面,除加强对系统本身的优化升级外,对系统操作人员的管控同样极为重要。

总的来说,量化投资策略中系统故障的风险主要包括四个方面:(1)网络问题或硬件故障影响量化投资效果;(2)模型在设计的过程中没有对资金配置及仓位充分考虑,使得仓位与资金没有达到匹配,从而出现爆仓的问题;(3)目前的交易系统缺少统一的标准认证,基本上是各家机构各自设计,没有经过投入前的测试,进而导致系统存在漏洞,引发安全问题;(4)交易所的处理系统也存在延时问题,交易机制对订单进行系统验证时还需要消耗额外资源。

9.2.3 市场操纵的风险

我国证券市场采取量化投资策略的多为机构投资者,而机构投资者往往拥有优秀的人才、丰富的经验、雄厚的资金、先进的技术和广泛的信息,在证券市场上处于明显的优势地位,在一定程度上可能会通过量化投资交易达到操纵市场、获取超额收益的目的,导致证券市场波动加剧。而在我国证券市场中,占大多数比例的还是中小投资者,他们的专业知识水平普遍较低,经验不足,资金较少,缺乏技术和信息渠道,在证券市场上处于明显的劣势地位。由于量化投资具有一定的门槛,中小投资者一般很少将量化投资策略运用于交易中。因而,从这一点来看,量化投资策略存在市场操纵的风险。

如何做好市场操纵风险的防范,是证券市场需要研究的重点。总体来看,目前我国证券市场量化投资监管力度仍有待提高,尚未建立完善的量化投资风险监管体系,相关法律法规的制定存在较多漏洞,对导致风险产生的相关当事人的惩处力度偏小。因此,对市场操纵者的惩罚力度不够,震慑力不足,这就导致部分投资者,尤其是采取量化投资策略的投资者存在侥幸心理和利己主义思想,市场操纵行为屡禁不止。

9.2.4 量化模型的风险

量化投资是基于历史数据和统计规律构建的,依赖于量化模型的准确性和稳定性,如果量化模型存在缺陷,或者因市场环境、市场行情的变化而失效,那么就会导致量化模型出现偏差、失效或产生误导性的结果,从而导致风险的发生。量化交易一般根据投资意愿选择投资策略,构建投资模型,进而进行参数优化,不同的模型在不同的市场情况下表现出不同的风险特征。有些量化交易模型从长期来看是盈利的,但是短期内可能会出现较大的资金回撤。一些投资者在这种资金回撤下可能难以继续进行量化交易,从而错过后期出现的大量盈利机会。其次,量化交易依赖历史行情,行情数据不完整也可能导致模型对行情数据的不匹配。行情数据自身风格转换,也可能导致模型失效,如交易流动性、价格波动幅度、价格波动频率等。这一点是目前量化界最难克服的。同时,量化交易中的算

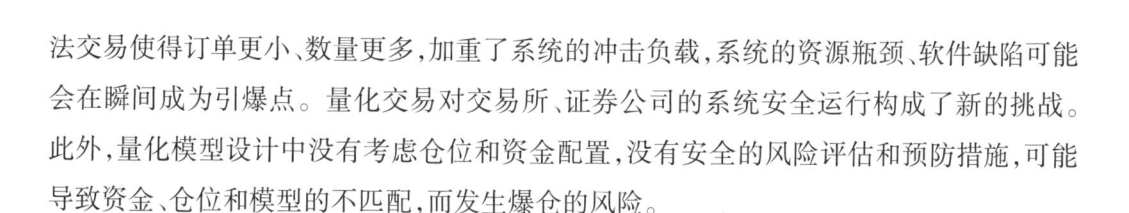

法交易使得订单更小、数量更多,加重了系统的冲击负载,系统的资源瓶颈、软件缺陷可能会在瞬间成为引爆点。量化交易对交易所、证券公司的系统安全运行构成了新的挑战。此外,量化模型设计中没有考虑仓位和资金配置,没有安全的风险评估和预防措施,可能导致资金、仓位和模型的不匹配,而发生爆仓的风险。

9.2.5 市场异常的风险

量化投资策略往往是针对不同的投资市场、投资环境和投资标的而设计出来的,有一定的适应条件,一个量化投资策略并不适合所有的市场环境。当市场行情出现异常变化时,以前适用的量化投资策略可能变得不再有效,如果不及时对策略进行调整和优化,可能面临较大的风险。当市场出现异常时,用程序化交易系统下的委托单也可能无法成交,这样往往会造成市场恐慌,进一步加剧市场的波动。在特殊场景下,会因量化投资算法趋同和策略趋同而引起市场异常的风险。由于多家量化机构采取相同算法或策略出现策略拥挤现象,进而引发交易趋同、波动加剧的问题,引发价格共振异常,在极端情况下可能会加剧市场波动,如果缺乏适当的价格稳定机制还可能进一步引发瀑布效应[①]。比如,2007年,长期资本系的基金发现了日本债券收益率的机会,由于它们的量化投资策略同质化比较严重,都建立了相同或相似的头寸,采用相同或相似的买卖策略,引发价格共振异常,最终导致了市场崩溃。另外,市场外部异常冲击如恐怖袭击、国际冲突、爆发战争、政策变化、监管干预等等,如果没有安全的风险评估和预防措施,也可能带来一些不确定风险。

9.3 量化投资策略的风险防范

由于量化投资策略面临多种风险,如果不加以预防和控制,将会产生严重的后果。因而,风险防范对于量化投资策略来说至关重要。其实,量化投资策略的风险防范是一个复杂的系统工程,需要多方面的共同努力,即监管机构的外部监管和量化投资机构的内部防控的有机结合。

9.3.1 遵循"公平交易、定性监管、分类监管"的原则

(1)公平交易原则。公平交易原则是资本市场的基本原则,为防范投资者对资本市场

---

① 瀑布效应是指信息的发出者心理比较平静,可信息被对方接收后却产生了不一样的心理变化,并导致对方态度、行为产生相应的变化。这种心理现象,就如同大自然中的瀑布一样,上面平静如常,下面却引起了飞溅的浪花。

公平交易环境的破坏,监管机构应在日常监管中着重突出对公平交易的重视,并通过设置监管红线的方式来保护投资者的合法权益。(2)定性监管原则。由于量化投资策略大多是以前沿的金融、数学理论为基础制定的,其程序更新换代速率快,在监管指标界定上难以用量化方式划分,因而需要从定性的角度对不同量化交易进行界定,具体的认定标准需要根据市场运行情况制定。因此,应通过定性分析的方式对量化投资进行监管,并结合资本市场发展状况及时更新定性监管标准。(3)分类监管原则。由于量化投资策略被广泛应用于资本市场的各个领域,因此,应根据量化投资对象的性质、类型等加以区分,采取分类监管的原则,分门别类地进行监管,防止破坏交易安全性及公平性的行为,以防范量化投资风险。

9.3.2 建立和完善相关法律法规

建立和完善相关法律法规,加强对量化投资风险的防范。首先,完善《证券投资基金法》《私募投资基金监督管理条例》,增加有关量化投资基金方面的法律法规,赋予中国证监会调查证券交易异常的权力,并确定该交易是否可以取消的法律规定;加强处罚操纵市场的相关制度,防止量化投资操纵市场。其次,设立量化交易的准入机制。确定量化交易机构的资质条件,对备案登记、交易算法、风险管理以及从业人员专业能力等进行具体规定。在完善量化交易的报告制度方面,要求量化交易机构定期报告交易数据和风险管理方案,以便监管部门及时掌握量化投资和高频交易的应用状况,以防范量化投资风险。再次,建立量化交易算法的报备制度。量化交易监管的核心在于对交易算法的规范,监管部门应要求量化交易机构报备其算法和代码,同时利用大数据分析技术对量化交易进行分析。最后,推出有关量化交易监管的法律法规,充分运用人工智能、云计算、大数据等现代科技手段对量化交易进行监管,以防范量化投资风险。

9.3.3 推行"三位一体"监管模式

应注重加强证券交易所、地方证监局、证监会之间的协作关系,构建"三位一体"的监管模式。其中,应以证券交易所监管作为监管的第一道防线,证监会作为最后一道防线,依次进行层层监管。在具体监管内容方面,应由证券交易所主管对量化投资异常情况实时进行监控,并依据实际情况及时制定相应的应对措施,同时向监管机构通报最新情况。完善证券交易所的核心交易系统前端控制,建立交易前风险控制、监督系统和错单控制服务,以及限制可在规定时间内发送到交易所的订单数量。地方证监局则应集中精力,会同其他监管机构共同管理辖区内的资本市场交易问题。对于资本市场量化投资相关规章制度的制定以及风险预警机制的建立则主要应由证监会主导。

在监管流程方面,各部门应把监管责任予以明确。作为风险监管的第一道防线,当证

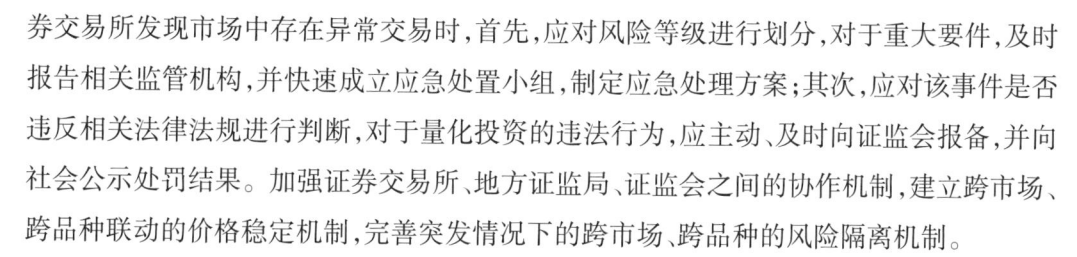

券交易所发现市场中存在异常交易时,首先,应对风险等级进行划分,对于重大要件,及时报告相关监管机构,并快速成立应急处置小组,制定应急处理方案;其次,应对该事件是否违反相关法律法规进行判断,对于量化投资的违法行为,应主动、及时向证监会报备,并向社会公示处罚结果。加强证券交易所、地方证监局、证监会之间的协作机制,建立跨市场、跨品种联动的价格稳定机制,完善突发情况下的跨市场、跨品种的风险隔离机制。

9.3.4 建立事前、事中、事后的风险防控体系

风险防控体系是资本市场量化投资业务中不可或缺的重要环节,量化投资机构在业务开展过程中应始终将风险防控置于首位,并尽可能在风险引发危机前对影响因素进行防控。为有效规避风险,并将风险导致的损失降至最低,应加快构建涉及量化投资事前、事中、事后的风险防控体系。对处于不同阶段的量化投资业务,具体可按以下方式进行风险防控:(1)事前风险预警。由投资经理、资产管理专业委员会、资产管理量化投资决策小组三方共同建立风险预警系统,制定量化投资授权决策制度,量化投资业务的开展均须遵守相关制度。同时,在业务开展前,应由投资经理对制定的规则、策略以及产品市场等相关信息进行深入调查,尽可能找出其中不足及可能引发的风险,对风险预警系统进行补充和完善。(2)事中风险监控。风险管理部门应对量化投资进行在线监测,对预估的风险点进行全方位的实时监控,及时按照预先制定的方案进行损失弥补及风险管控。比如,根据量化投资策略的最大资金回撤情况,严格控制量化投资的仓位。(3)事后风险管控。对于事后的风险管控则主要根据风险管控报表,评估相应的风险指标,并与风险管控团队成员共同讨论当前风险所处等级、危害以及应对方法,并采取相应的风险管控措施。总之,只有把事前风险预警、事中风险监控和事后风险管控有机结合起来,建立立体风险防控体系,才能有效防范量化投资策略的风险。

9.3.5 加强系统建设和流程监控

首先,可以从规范证券、期货公司的数据接口入手,具有一定安全认证的接口才可使用,并对接口具体内容向证监会报备,同时交易所也应完善其核心系统和预警响应,对于交易前发送的订单予以限制,设立当日最大头寸并实现同步监控,当量化投资策略交易出现异常时,能够提前预警并反馈给监管部门客户端口,实施追踪的同时触发应急处置机制。其次,完善证券、期货公司的风险监督流程,对错误指令的发送以及投资者信用等级以外的交易指令及时进行控制,应确保风险在可控的范围内,同时对突发异常状况的跨市场、跨品种交易及时进行有效风险隔离,减少市场异动。再次,对于提交的订单设置最低存续时间,防止大单拆分、频繁撤单等引起的假市场活跃景象,确保每笔订单都合规,符合风险控制的要求。加强量化投资策略风险控制流程的培训,建立大额交易监管机制,强

化风控,防止市场操纵。最后,证券公司的风险管理部门与量化投资自营部门应该加强沟通,实现流程监控,量化投资交易系统应该接入公司风险监控系统,进行前端控制,阻止错误指令以及超过交易者信用和资本所能承受的风险范围的指令,发送至交易所,并加强自营业务部分的风险控制。

9.3.6 完善量化投资技术

为有效规避数据缺陷及系统故障导致的风险,可以完善量化投资技术。首先,应重视对所应用计算机技术的改进,并提升计算机技术与构建的数学模型间的契合程度,加强系统对数据的分析及更新效率,以便为后续的量化投资分析打下坚实的技术及数据基础。同时,要考虑大数据、云计算、人工智能等多种技术混合使用,努力拓展数据分析的深度与广度。使用大数据可以在短时间处理大量的数据和信息,保证量化投资能够及时进行决策,提升投资决策的效率和质量,保证投资更准确。人工智能与量化投资策略相融合能够解决量化投资策略中有效性存在疑问以及同质化现象严重等问题,能够改善量化投资领域的生态环境。同时,针对系统中的技术分析模块,应加入证券估值指标、基本面分析指标、交易趋势及套利交易等,以提高分析结果的准确性。为促进量化投资的发展,除建立一套量化投资相关的技术理论外,同时应关注量化投资策略在实际生活中的组织实施,提高量化投资策略的科学性以及可行性。此外,在量化投资策略实施的过程中,应在量化投资理论的基础上融入心理学理论,从"人"的角度出发,科学处理量化投资技术、互联网技术的支持与参与者个人理念的关系,从人的角度出发,加强决策的科学性。

参考文献

[1] Arlen K, Reha H, Peter J. Optimisation and quantitative investment management[J]. Journal of Asset Management, 2006, 7(1):83-92.

[2] Barrow S, Crone F. Neural network ensemble operators for time series forecasting[J]. Expert Systems with Applications, 2014(9):4235-4244.

[3] Clarkson P, Hanna J D, Richardson G. D. The impact of IFRS adoption on the value relevance of book value and earnings[J]. Journal of Contemporary Accounting & Economics, 2011, 7(1):1-17.

[4] Davis J L, Fama E F, French K R. Characteristics, covariances, and average returns: 1929 to 1997[J]. The Journal of Finance, 2000, 55(1):389-406.

[5] DeBondt W, Taylor R H. Does the stock market over react? [J]. Journal of Finance, 1985, 40(3):793-805.

[6] Ellaji C H, Jayasri P, Pradeepthi C, et al. AI-based approaches for profitable investment and trading in stock market[J]. Materials Today: Proceedings, 2021, 14(1): 1-15.

[7] Fama E F, French K R. Common risk factors in the returns on stocks and boots[J]. Journal of Finance. 1993, 33(1):3-56.

[8] Fama F. Common risk factors in the returns on stocks and bonds[J]. Journal of Financial Economics, 1993, 33(4):3-56.

[9] Fang Y J, Chen J, Xue Z. Research on quantitative investment strategies based on deep learning[J]. Algorithms, 2019, 12(2):35-36.

[10] Frank K. The effect of growth on the value relevance of accounting data[J]. Journal of Business Research, 2002, 55(1):69-78.

[11] Franses P H, Van Griensven K. Forecasting exchange rates neural networks for tech-

nical trading rules [J]. Studies in Nonlinear Dynamics and Econometries, 1998, 2(4):109-114.

[12] Gencay R. Non-linear prediction of security with moving average rules [J]. Journal of Forecasting, 1996, 15(3):152-163.

[13] Heatona J B, Polsonb N G, Wittec J H. Deep learning for finance: deep portfolios [J].Applied Stochastic Models in Business and Industry, 2017, 33(6):46-58.

[14] Jegadeesh N, Titman S. Returns to buying winners and selling losers: implications for stock market efficiency[J]. The Journal of Finance, 1993, 48(1):65-91.

[15] Kercheval A N, Zhang Y. Modelling high-frequency limit order book dynamics with support vector machines[J]. Quant. Finance. 2015, 15(6): 1315-1329.

[16] Lee W C. Hedging and optimal hedge ratios for international index futures markets [J]. Review of Pacific Basin Financial Markets and Policies, 2009, 12(4):593-610.

[17] Lintner J.The valuation of rick assets and the selection of risky investments in stock portfolios and capital budgets [J]. Review of Econometrics and Statistics, 1965, 47(1):13-37.

[18] Kazem A, Sharifi E, Hussain F K, et al. Support vector regression with chaos-based firefly algorithm for stock market price forecasting [J]. Applied Soft Computing, 2013, 13(2): 947-959.

[19]Kenneth R, Richard R. Stock return variances: the arrival of information and reaction of traders[J]. Journal of Financial Economics, 1986, 17(1):5-26.

[20] Kumar L, Pandey A, Srivastava S, et al. A hybrid machine learning system for stock market forecasting[J]. Proceedings of World Academy of Science Engineering and Technology, 2011:315-318.

[21] Markowitz H M. Portfolio selection[J]. Journal of Finance, 1952, 7(1):77-91.

[22] Masaya A, Hideki N. Deep learning for forecasting stock returns in the cross-section [J]. Stat. Finance, 2018(3): 1-12.

[23] Michel B, et al. Evaluatingmultiple classifiers for stock price direction predictiont [J]. Expert Systems with Applications, 2015, 42(20):17-18.

[24] Minami S. Predicting equity price with corporate action events using LSTM-RNN[J]. Math. Finance, 2018(8): 58-63.

[25] Mossin J. Equilibrant in a capital asset market. [J]. Econometric, 1966, 34(4): 768-783.

[26] Nair B B, Mohandas V P, Sakthivel N R. A decision tree- rough set hybrid system

for stock market trend prediction[J]. International Journal of Computer Applications, 2010, 6(9):1-6.

[27]Picasso A, Merello S, Ma Y, et al. Technical analysis and sentiment embeddings for market trend prediction[J]. Expert Systems with Applications, 2019, 135: 60-70.

[28]Persio L D, Honchar O. Artificial neural networks architectures for stock price prediction: comparisons and applications [J]. International Journal of Circuits, Systems and Signal Processing, 2016,10:403-413.

[29] Proctor J L, Brunton S L, Kutz J N. Dynamic mode decomposition with control[J]. Siam Journal on Applied Dynamical Systems, 2014, 15(1):1101-1109.

[30] Rastogi R K, Chiefli G. Overreaction in the Australian equity market: 1974-1997[J]. Pacific Bosin Finance Journal, 2000,8(1):375-398.

[31]Rebagliati S, Emanuela S. Pattern recognition using hidden markov models in financial time series[J]. Acta et Commentationes Universitatis Tartuensis de Mathematica, 2017, 21(1): 25-41.

[32] Ritika S. Stock prediction using deep learning[J]. Mutimedia Tools and Appl. 2017, 76, (18):569-584.

[33]Ross S. The economic theory of agency: the principal's problem[J]. The American Economic Review,1973,63(2):134-139.

[34] Sang C, Di Pierro M. Improving trading technical analysis with tensor flow long short-term memory neural network[J]. The Journal of Finance and Data Science, 2019, (5): 1-11.

[35] Shambora W E, Rossiter R. Are there exploitable inefficiencies in the futures market for oil [J]. Energy Economics,2007,29(1):18-27.

[36] Sharpe W. A simplified model for portfolio analysis[J]. Management Science,1963,9(2): 277-293.

[37] Sharpe W F. Capital asset prices: a theory of market equilibrium under conditions of risk [J]. Journal of Finance. 1983,19(3):425-442.

[38] Shen F, Chao, J, Zhao J. Forecasting exchange rate using deep belief networks and conjugate gradient method[J]. Neurocomputing 2015,167:243-253.

[39] Spelta A. Financial market predictability with tensor decomposition and links forecast [J]. Applied Network Science, 2017, 2(1):7-24.

[40] 陈荣达,虞欢欢.基于启发式算法的支持向量机选股模型[J].系统工程,2014,32(2):40-48.

[41] 陈艳,王宣承.基于变量选择和遗传网络规划的期货高频交易策略研究[J].中国管理科学,2015,23(10):47-56.

[42] 陈智颖,陈苗臻,吴巧花.动量效应与反转效应成因及理论应用研究综述[J].财会月刊,2019(15):171-176.

[43] 丁鹏.量化投资策略与技术[M].北京:电子工业出版社,2012.

[44] 方世建,桂玲,吴博.股指期货套期保值模型发展的比较评述[J].中国管理科学,2010,16(10):241-245.

[45] 冯永昌,孙冬萌.智能投顾行业机遇与挑战并存[J].金融科技时代,2017(6):17-24.

[46] 傅中杰,吴清强.基于隐马尔科夫模型的市场指数量化择时研究[J].厦门大学学报(自然科学版),2018,57(3):404-412.

[47] 付胜华,檀向球.股指期货套期保值研究及其实证分析[J].金融研究,2009,67(4):113-119.

[48] 高扬.私募机构持股在企业并购中的信号传递效应研究[J].财经问题研究,2020(5):56-65.

[49] 郭喜才.量化投资的发展及其监管[J].江西社会科学,2014,34(3):58-62.

[50] 韩山杰,谈世哲.基于Tensor Flow进行股票预测的深度学习模型的设计与实现[J]计算机应用与软件,2018,35(6):267-291.

[51] 何诚颖.解读量化投资之秘[M].北京:中国财政经济出版社,2014.

[52] 黄强.基于价值成长的多因子选股模型的量化投资策略研究[D].四川大学,2021.

[53] 黄亚兰.基于深度学习的量化投资策略研究[D].上海财经大学,2021.

[54] 贾权,陈章武.中国股市有效性的实证分析[J].金融研究,2003(7):86-92.

[55] 雷祥善.基于人工智能的量化交易系统及港股市场的实证研究[D].华中科技大学,2019.

[56] 李斌,冯佳捷.中国股市的公司质量因子研究[J].管理评论,2019,31(3):14-26.

[57] 李斌,林彦,唐闻轩.ML-TEA:一套基于机器学习和技术分析的量化投资算法[J].系统工程理论与实践,2017,37(5):1089-1100.

[58] 李斌,邵新月,李玥阳.机器学习驱动的基本面量化投资研究[J].中国工业经济,

2019,8(4):61-79.

[59]李倩,梅婷.三因素模型方法探析及适用性再检验:基于上证A股的经验数据[J].管理世界,2015,259(4):184-185.

[60]李志冰,杨光艺,冯永昌,等.Fama-French五因子模型在中国股票市场的实证检验[J].金融研究,2017(6):191-206.

[61]梁艳清.基于高管增持的事件驱动投资策略研究[D].华南理工大学,2015.

[62]吕凯晨,闫宏飞,陈翀.基于沪深300成分股的量化投资策略研究[J].广西师范大学学报(自然科学版),2019,37(1):1-12.

[63]孟叶,于忠清,周强.基于集成学习的股票指数预测方法[J].现代电子技术,2019,42(19):115-118.

[64]欧阳飞.基于机器学习的多因子量化投资策略研究[D].兰州财经大学,2022.

[65]鹏程,吴陵涌.论我国证券市场技术分析理论的可靠性[J].中南财经大学学报,2002(1):76-80.

[66]彭起.经济变量和技术指标对中国股市收益率的预测作用[D].山东大学,2020.

[67]彭志.量化投资和高频交易:风险、挑战及监管[J].南方金融,2016(10):84-89.

[68]邱锡鹏.神经网络与深度学习[M].北京:机械工业出版社,2020.

[69]权小锋,洪涛,吴世农.选择性关注、鸵鸟效应与市场异象[J].金融研究,2012(3):109-123.

[70]孙达昌,毕秀春.基于深度学习算法的高频交易策略及其盈利能力[J].中国科学技术大学学报,2018,48(11):923-932.

[71]任君,王建华,王传美.基于ELSTM-L模型的股票预测系统[J].统计与决策,2019,27(5):159-164.

[72]苏治,卢曼,李德轩.深度学习的金融实证应用:动态、贡献与展望[J].金融研究,2017,443.

[73]谭柯.基于stacking策略的"高送转"预测及投资策略研究[D].上海师范大学,2021.

[74]谭小芬,林雨菲.中国A股市场动量效应和反转效应的实证研究及其理论解释[J].科技与经济,2012(8):45-57.

[75]王碧涵.基于股权激励的事件驱动投资策略研究[D].华中科技大学,2018.

[76]汪超.中国股市动量效应和反转效应的研究[J].中国人口·资源与环境,2015,25(5):568-570.

[77] 王刚贞,李文博,朱家明.基于AI产业的量化投资组合策略[J].沈阳大学学报(社会科学版),2022,24(1):44-51.

[78] 王普惠.基于机器学习的量化投资决策研究与应用[D].北京邮电大学,2021.

[79] 王望,蔡杨,黄金萍.基于量化投资策略下超额收益ALPHA模型的建立与实践[J].经济研究导刊,2019(8):92-93.

[80] 王文波,费浦生,羿旭明.基于EMD与神经网络的中国股票市场预测[J].系统工程理论与实践,2010,30(6):1027-1033.

[81] 王玥.上市公司高管增持股票对其价格的影响及投资策略研究[D].广东财经大学,2017.

[82] 王志刚,曾勇,李平.技术交易规则预测能力与收益率动态过程——基于Bootstrap方法的实证分析[J].数量经济技术研究,2007,24(9):122-133.

[83] 吴迪.基于北向资金流动的量化投资策略研究[D].山西财经大学,2022.

[84] 谢合亮,胡迪.多因子量化模型在投资组合中的应用——基于LASSO与Elastic Net的比较研究[J].统计与信息论坛,2017,32(10):36-42.

[85] 徐鹏.一种多因子量化投资模型的实证研究[D].上海财经大学,2020.

[86] 杨德勇,王家庆.我国A股市场动量效应与反转效应的实证研究[J].江西财经大学学报,2013(5):54-62.

[87] 杨青,王晨蔚.基于深度学习LSTM神经网络的全球股票指数预测研究[J]统计研究,2019,36(3):65-77.

[88] 易力,胡振华.风格择时能力对基金绩效的影响研究[J].管理评论,2016,28(4):41-51.

[89] 尹力博,韦亚,韩复龄.中国股市异象的时变特征及影响因素研究[J].中国管理科学,2019,27(08):14-25.

[90] 余立威,宁凌.股市量化投资策略与实证检验[J].统计与决策,2016(6):145-149.

[91] 张贵勇.改进的卷积神经网络在金融预测中的应用研究[D].郑州大学,2016.

[92] 张旸.量化选股智能建模及参数优化研究[D].东华理工大学,2019.

[93] 张翔.量化投资与Python语言[M].北京:清华大学出版社,2018.

[94] 张晓燕,张远远.量化投资在中国的发展及影响分析[J].清华金融评论,2022(1):44-45.

[95] 张笑瑜.基于事件驱动的量化投资策略研究[D].西南大学,2022.

[96] 张学勇,盖明星.技术分析与超额收益率研究进展[J].经济理论与经济管理,2013(9):42-50.

[97] 张彦桥,梁雷超.Python量化交易:策略、技巧与实战[M].北京:电子工业出版社,2019.

[98] 赵振全,丁志国,苏治."动量交易策略"与"反转交易策略"国际实证比较研究[J].中国软科学,2005(1):120-125.

[99] 赵建,霍佳震.基于遗传算法的量化投资策略的优化与决策[J].上海管理科学,2011(5):19-24.

[100] 周佰成,刘毅男.量化投资策略[M].北京:清华大学出版社,2019.

[101] 周建鹏.不同股市周期下不同类型投资者赎回异象差异分析[D].湖南大学,2019.

[102] 周亮.影响股票收益的基本面因子略探——基于中小板上市公司的实证分析[J].金融理论与实践,2017(2):93-98.

[103] 周琳杰.中国股票市场动量策略赢利性研究[J].世界经济,2002(8):60-64.

[104] 朱睿.基于LSTM神经网络的股票指数价格预测与量化投资策略研究[D].云南财经大学,2023.

附　录

附录1　2016年1月4日短期策略选出的500只股票

序号	股票代码	公司简称	序号	股票代码	公司简称
1	002771	真视通	2	002590	万安科技
3	002733	雄韬股份	4	002123	梦网科技
5	603108	润达医疗	6	600961	株冶集团
7	002712	思美传媒	8	000881	中广核技
9	000020	深华发A	10	002593	日上集团
11	002094	青岛金王	12	002243	力合科创
13	600026	中远海能	14	002354	天娱数科
15	002766	索菱股份	16	000707	双环科技
17	000561	烽火电子	18	002602	世纪华通
19	603611	诺力股份	20	600101	明星电力
21	002352	顺丰控股	22	000567	海德股份
23	002453	华软科技	24	002546	新联电子
25	000050	深天马A	26	600097	开创国际
27	600081	东风科技	28	002713	东易日盛
29	000888	峨眉山A	30	002053	云南能投
31	002273	水晶光电	32	600369	西南证券
33	002526	山东矿机	34	600576	祥源文旅
35	002772	众兴菌业	36	000605	渤海股份
37	002402	和而泰	38	002552	宝鼎科技

续表

序号	股票代码	公司简称	序号	股票代码	公司简称
39	601222	林洋能源	40	600193	创兴资源
41	000938	紫光股份	42	601689	拓普集团
43	002171	楚江新材	44	603309	维力医疗
45	002657	中科金财	46	603318	水发燃气
47	000723	美锦能源	48	002719	麦趣尔
49	603030	全筑股份	50	600399	抚顺特钢
51	002560	通达股份	52	002214	大立科技
53	002743	富煌钢构	54	002189	中光学
55	002253	川大智胜	56	002342	巨力索具
57	603555	贵人鸟	58	000532	华金资本
59	600739	辽宁成大	60	000899	赣能股份
61	600307	酒钢宏兴	62	002747	埃斯顿
63	600814	杭州解百	64	000545	金浦钛业
65	600463	空港股份	66	600777	新潮能源
67	600467	好当家	68	002347	泰尔股份
69	000967	盈峰环境	70	002234	民和股份
71	600035	楚天高速	72	600620	天宸股份
73	002585	双星新材	74	600338	西藏珠峰
75	002658	雪迪龙	76	000795	英洛华
77	002775	文科园林	78	002134	天津普林
79	600515	海南机场	80	600107	美尔雅
81	002126	银轮股份	82	000516	国际医学
83	000661	长春高新	84	000603	盛达资源
85	002111	威海广泰	86	000595	宝塔实业
87	600551	时代出版	88	600800	渤海化学
89	000691	亚太实业	90	002634	棒杰股份
91	000953	河化股份	92	600135	乐凯胶片
93	600470	六国化工	94	002735	王子新材
95	603268	松发股份	96	601999	出版传媒

续表

序号	股票代码	公司简称	序号	股票代码	公司简称
97	002756	永兴材料	98	002141	贤丰控股
99	600967	内蒙一机	100	000409	云鼎科技
101	002741	光华科技	102	600367	红星发展
103	002739	万达电影	104	603006	联明股份
105	600161	天坛生物	106	002425	凯撒文化
107	000721	西安饮食	108	600667	太极实业
109	603158	腾龙股份	110	002426	胜利精密
111	002732	燕塘乳业	112	002765	蓝黛科技
113	002303	美盈森	114	002616	长青集团
115	002095	生意宝	116	603988	中电电机
117	002572	索菲亚	118	002457	青龙管业
119	000738	航发控制	120	002224	三力士
121	600973	宝胜股份	122	600828	茂业商业
123	600735	新华锦	124	002190	成飞集成
125	002172	澳洋健康	126	002363	隆基机械
127	002248	华东数控	128	000070	特发信息
129	600063	皖维高新	130	000584	哈工智能
131	002607	中公教育	132	002169	智光电气
133	002587	奥拓电子	134	002611	东方精工
135	000850	华茂股份	136	600590	泰豪科技
137	002281	光迅科技	138	002520	日发精机
139	002401	中远海科	140	603001	奥康国际
141	002659	凯文教育	142	603015	弘讯科技
143	002332	仙琚制药	144	603838	四通股份
145	002117	东港股份	146	600643	爱建集团
147	600745	闻泰科技	148	002734	利民股份
149	002283	天润工业	150	600248	陕西建工
151	002227	奥特迅	152	600563	法拉电子
153	002370	亚太药业	154	600843	上工申贝

续表

序号	股票代码	公司简称	序号	股票代码	公司简称
155	600667	太极实业	156	002529	海源复材
157	600785	新华百货	158	002717	岭南股份
159	002335	科华数据	160	600393	粤泰股份
161	000910	大亚圣象	162	603338	浙江鼎力
163	000407	胜利股份	164	002640	跨境通
165	002054	德美化工	166	002545	东方铁塔
167	002070	众和退	168	002098	浔兴股份
169	002221	东华能源	170	002493	荣盛石化
171	002376	新北洋	172	600261	阳光照明
173	600333	长春燃气	174	002662	京威股份
175	600345	长江通信	176	000607	华媒控股
177	600770	综艺股份	178	600756	浪潮软件
179	600436	片仔癀	180	600598	北大荒
181	000530	冰山冷热	182	002195	二三四五
183	002023	海特高新	184	000785	居然之家
185	002416	爱施德	186	600438	通威股份
187	002625	光启技术	188	002715	登云股份
189	600423	柳化股份	190	000650	仁和药业
191	002014	永新股份	192	600279	重庆港
193	002033	丽江股份	194	600220	江苏阳光
195	000411	英特集团	196	002299	圣农发展
197	600152	维科技术	198	603618	杭电股份
199	002389	航天彩虹	200	000555	神州信息
201	600523	贵航股份	202	603885	吉祥航空
203	601933	永辉超市	204	002184	海得控制
205	002296	辉煌科技	206	002627	三峡旅游
207	000821	京山轻机	208	600278	东方创业
209	000823	超声电子	210	002382	蓝帆医疗
211	000429	粤高速A	212	002108	沧州明珠

续表

序号	股票代码	公司简称	序号	股票代码	公司简称
213	600391	航发科技	214	603901	永创智能
215	002745	木林森	216	000582	北部湾港
217	000766	通化金马	218	600559	老白干酒
219	002418	康盛股份	220	600202	哈空调
221	002606	大连电瓷	222	000078	海王生物
223	002006	精功科技	224	002455	百川股份
225	002505	鹏都农牧	226	002534	西子洁能
227	600797	浙大网新	228	600570	恒生电子
229	002249	大洋电机	230	002466	天齐锂业
231	600753	东方银星	232	603636	南威软件
233	002367	康力电梯	234	600328	中盐化工
235	000678	襄阳轴承	236	603589	口子窖
237	002043	兔宝宝	238	600366	宁波韵升
239	600368	五洲交通	240	002667	鞍重股份
241	002508	老板电器	242	002375	亚厦股份
243	002729	好利科技	244	600385	退市金泰
245	600319	亚星化学	246	002703	浙江世宝
247	600529	山东药玻	248	002310	东方园林
249	600475	华光环能	250	002727	一心堂
251	002709	天赐材料	252	600487	亨通光电
253	002506	协鑫集成	254	002191	劲嘉股份
255	002677	浙江美大	256	002133	广宇集团
257	002513	蓝丰生化	258	002693	双城药业
259	002138	顺络电子	260	603088	宁波精达
261	600763	通策医疗	262	603898	好莱客
263	603599	广信股份	264	600581	八一钢铁
265	002091	江苏国泰	266	600501	航天晨光
267	002183	怡亚通	268	600116	三峡水利
269	002724	海洋王	270	002437	誉衡药业

续表

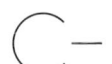

序号	股票代码	公司简称	序号	股票代码	公司简称
271	002374	中锐股份	272	002009	天奇股份
273	600841	动力新科	274	603567	珍宝岛
275	000716	黑芝麻	276	000856	冀东装备
277	002310	东方园林	278	600486	扬农化工
279	000926	福星股份	280	000509	华塑控股
281	002021	航天电器	282	600105	永鼎股份
283	000048	京基智农	284	002574	明牌珠宝
285	600285	羚锐制药	286	002245	蔚蓝锂芯
287	002058	威尔泰	288	002626	金达威
289	600422	昆药集团	290	600211	西藏药业
291	600283	钱江水利	292	002282	博深股份
293	000812	陕西金叶	294	600707	彩虹股份
295	000159	国际实业	296	600566	济川药业
297	603017	中衡设计	298	000632	三木集团
299	002757	南兴股份	300	603223	恒通股份
301	002424	贵州百灵	302	000560	我爱我家
303	002594	比亚迪	304	000863	三湘印象
305	600079	人福医药	306	002291	遥望科技
307	000948	南天信息	308	000333	美的集团
309	002674	兴业科技	310	000819	岳阳兴长
311	002467	二六三	312	000990	诚志股份
313	000755	山西路桥	314	002718	友邦吊顶
315	002666	德联集团	316	600658	电子城
317	000030	富奥股份	318	000705	浙江震元
319	600773	西藏城投	320	000703	恒逸石化
321	000962	东方钽业	322	002019	亿帆医药
323	600483	福能股份	324	002686	亿利达
325	000573	粤宏远A	326	000633	合金投资
327	002222	福晶科技	328	002078	太阳纸业

续表

序号	股票代码	公司简称	序号	股票代码	公司简称
329	002403	爱仕达	330	000782	美达股份
331	002721	金一文化	332	000733	振华科技
333	000428	华天酒店	334	002492	恒基达鑫
335	000993	闽东电力	336	002350	北京科锐
337	000792	盐湖股份	338	002730	电光科技
339	002263	大东南	340	000681	视觉中国
341	002725	跃岭股份	342	600466	蓝光发展
343	002564	天沃科技	344	600571	信雅达
345	002395	双象股份	346	600098	广州发展
347	002229	鸿博股份	348	600848	上海临港
349	600547	山东黄金	350	000963	华东医药
351	000932	华菱钢铁	352	002636	金安国纪
353	600499	科达制造	354	002577	雷柏科技
355	603100	川仪股份	356	600373	中文传媒
357	600425	青松建化	358	600550	保变电气
359	002651	利君股份	360	600833	第一医药
361	000506	中润资源	362	603222	济民医疗
363	002404	嘉欣丝绸	364	002489	浙江永强
365	600073	上海梅林	366	002694	顾地科技
367	603018	华设集团	368	600889	南京化纤
369	000520	长航凤凰	370	002173	创新医疗
371	600998	九州通	372	000538	云南白药
373	002753	永东股份	374	002356	赫美集团
375	600619	海立股份	376	002468	申通快递
377	000753	漳州发展	378	600822	上海物贸
379	603918	金桥信息	380	600337	美克家居
381	002462	嘉事堂	382	002536	飞龙股份
383	002380	科远智慧	384	600587	新华医疗
385	600834	申通地铁	386	002480	新筑股份

续表

序号	股票代码	公司简称	序号	股票代码	公司简称
387	000695	滨海能源	388	600884	杉杉股份
389	600897	厦门空港	390	002027	分众传媒
391	600230	沧州大化	392	000655	金岭矿业
393	002630	华西能源	394	600966	博汇纸业
395	600360	华微电子	396	600478	科力远
397	000988	华工科技	398	002541	鸿路钢构
399	002201	正威新材	400	002584	西陇科学
401	600829	人民同泰	402	000617	中油资本
403	002469	三维化学	404	000985	大庆华科
405	000778	新兴铸管	406	002272	川润股份
407	002237	恒邦股份	408	000818	航锦科技
409	601890	亚星锚链	410	000700	模塑科技
411	600774	汉商集团	412	600865	百大集团
413	603609	禾丰股份	414	000572	海马汽车
415	002496	辉丰股份	416	002151	北斗星通
417	002196	方正电机	418	002153	石基信息
419	603989	艾华集团	420	600138	中国旅
421	002301	齐心集团	422	603128	华贸物流
423	002406	远东传动	424	600983	惠而浦
425	002210	飞马国际	426	000622	恒立实业
427	603566	普莱柯	428	002523	天桥起重
429	600720	苏美达	430	603099	长白山
431	600796	钱江生化	432	002275	桂林三金
433	002097	山河智能	434	600169	太原重工
435	002194	武汉凡谷	436	002533	金杯电工
437	603333	尚纬股份	438	600162	香江控股
439	001896	豫能控股	440	002114	罗平锌电
441	002055	得润电子	442	603688	石英股份
443	000802	北京文化	444	002002	鸿达兴业

续表

序号	股票代码	公司简称	序号	股票代码	公司简称
445	002212	天融信	446	600318	新力金融
447	600459	贵研铂业	448	002511	中顺洁柔
449	002589	瑞康医药	450	000779	甘咨询
451	603020	爱普股份	452	002168	惠程科技
453	600730	中国高科	454	002372	伟星新材
455	002524	光正眼科	456	002479	富春环保
457	600406	国电南瑞	458	600178	东安动力
459	000862	银星能源	460	600227	圣济堂
461	002203	海亮股份	462	002327	富安娜
463	601677	明泰铝业	464	600187	国中水务
465	002588	史丹利	466	002679	福建金森
467	002017	东信和平	468	600137	浪莎股份
469	002665	首航高科	470	600511	国药股份
471	000563	陕国投A	472	002391	长青股份
473	002642	荣联科技	474	002701	奥瑞金
475	600976	健民集团	476	002507	涪陵榨菜
477	000761	本钢板材	478	600975	新五丰
479	603558	健盛集团	480	002361	神剑股份
481	002746	仙坛股份	482	600662	外服控股
483	000301	东方盛虹	484	600054	黄山旅游
485	002362	汉王科技	486	603993	洛阳钼业
487	603168	莎普爱思	488	002444	巨星科技
489	600186	莲花健康	490	000790	华神科技
491	600096	云天化	492	002400	省广集团
493	002343	慈文传媒	494	600507	方大特钢
495	600606	绿地控股	496	002300	太阳电缆
497	600461	洪城环境	498	603939	益丰药房
499	600377	宁沪高速	500	603003	龙宇燃油

附录2 2016年1月4日短期策略优化后选出的500只股票

序号	股票代码	公司简称	序号	股票代码	公司简称
1	002771	真视通	2	000881	中广核技
3	600892	大晟文化	4	002134	天津普林
5	000707	双环科技	6	000723	美锦能源
7	000025	特力A	8	002590	万安科技
9	603108	润达医疗	10	000561	烽火电子
11	002602	世纪华通	12	000020	深华发A
13	600961	株冶集团	14	603318	水发燃气
15	002301	齐心集团	16	002253	川大智胜
17	000560	我爱我家	18	600576	祥源文旅
19	000532	华金资本	20	002517	恺英网络
21	600551	时代出版	22	000632	三木集团
23	002739	万达电影	24	002095	生意宝
25	002214	大立科技	26	000938	紫光股份
27	002354	天娱数科	28	600152	维科技术
29	000629	钒钛股份	30	002137	实益达
31	002094	青岛金王	32	002123	梦网科技
33	002027	分众传媒	34	600399	抚顺特钢
35	002183	怡亚通	36	002668	奥马电器
37	600107	美尔雅	38	000605	渤海股份
39	002466	天齐锂业	40	600161	天坛生物
41	002636	金安国纪	42	600105	永鼎股份
43	600777	新潮能源	44	600650	锦江在线
45	600097	开创国际	46	000721	西安饮食
47	000850	华茂股份	48	601222	林洋能源
49	002343	慈文传媒	50	002171	楚江新材
51	603998	方盛制药	52	002323	雅博股份
53	002273	水晶光电	54	000567	海德股份

续表

序号	股票代码	公司简称	序号	股票代码	公司简称
55	600035	楚天高速	56	600774	汉商集团
57	002713	东易日盛	58	603636	南威软件
59	002712	思美传媒	60	002054	德美化工
61	002677	浙江美大	62	600261	阳光照明
63	000678	襄阳轴承	64	603729	龙韵股份
65	600884	杉杉股份	66	002033	丽江股份
67	600026	中远海能	68	002526	山东矿机
69	000050	深天马A	70	002169	智光电气
71	600756	浪潮软件	72	002453	华软科技
73	002426	胜利精密	74	002766	索菱股份
75	002761	浙江建投	76	002172	澳洋健康
77	002402	和而泰	78	000070	特发信息
79	000899	赣能股份	80	000061	农产品
81	600063	皖维高新	82	000545	金浦钛业
83	000795	英洛华	84	002190	成飞集成
85	000607	华媒控股	86	603611	诺力股份
87	000048	京基智农	88	002352	顺丰控股
89	002184	海得控制	90	000967	盈峰环境
91	002709	天赐材料	92	002560	通达股份
93	600319	亚星化学	94	000910	大亚圣象
95	600563	法拉电子	96	002245	蔚蓝锂芯
97	000603	盛达资源	98	002074	国轩高科
99	000802	北京文化	100	002117	东港股份
101	002679	福建金森	102	600393	粤泰股份
103	601689	拓普集团	104	600797	浙大网新
105	002468	申通快递	106	600318	新力金融
107	002625	光启技术	108	002493	荣盛石化
109	002243	力合科创	110	000409	云鼎科技
111	002657	中科金财	112	000716	黑芝麻

续表

序号	股票代码	公司简称	序号	股票代码	公司简称
113	600202	哈空调	114	002462	嘉事堂
115	002405	四维图新	116	000985	大庆华科
117	002298	中电兴发	118	000990	诚志股份
119	600889	南京化纤	120	002303	美盈森
121	603309	维力医疗	122	002248	华东数控
123	002276	万马股份	124	600193	创兴资源
125	002191	劲嘉股份	126	600248	陕西建工
127	002133	广宇集团	128	600661	昂立教育
129	002161	远望谷	130	002513	蓝丰生化
131	000863	三湘印象	132	603005	晶方科技
133	600487	亨通光电	134	000520	长航凤凰
135	002314	南山控股	136	002196	方正电机
137	002425	凯撒文化	138	600745	闻泰科技
139	600559	老白干酒	140	002377	国创高新
141	600436	片仔癀	142	600006	东风汽车
143	600428	中远海特	144	000558	莱茵体育
145	600114	东睦股份	146	000705	浙江震元
147	002479	富春环保	148	600770	综艺股份
149	002296	辉煌科技	150	600073	上海梅林
151	002043	兔宝宝	152	603006	联明股份
153	002370	亚太药业	154	002416	爱施德
155	603898	好莱客	156	600841	动力新科
157	600966	博汇纸业	158	600391	航发科技
159	600302	标准股份	160	002601	龙佰集团
161	002166	莱茵生物	162	600368	五洲交通
163	002546	新联电子	164	600828	茂业商业
165	000902	新洋丰	166	600803	新奥股份
167	603555	贵人鸟	168	600581	八一钢铁
169	002126	银轮股份	170	002480	新筑股份

续表

序号	股票代码	公司简称	序号	股票代码	公司简称
171	002393	力生制药	172	000691	亚太实业
173	002746	仙坛股份	174	600360	华微电子
175	002019	亿帆医药	176	002705	新宝股份
177	600577	精达股份	178	000885	城发环境
179	002153	石基信息	180	600475	华光环能
181	002775	文科园林	182	600855	航天长峰
183	002629	仁智股份	184	600643	爱建集团
185	000962	东方钽业	186	000516	国际医学
187	002189	中光学	188	600843	上工申贝
189	002046	国机精工	190	002407	多氟多
191	002733	雄韬股份	192	002332	仙琚制药
193	600483	福能股份	194	000790	华神科技
195	002310	东方园林	196	002347	泰尔股份
197	002553	南方精工	198	600606	绿地控股
199	002634	棒杰股份	200	603901	永创智能
201	002572	索菲亚	202	002380	科远智慧
203	002078	太阳纸业	204	000413	东旭光电
205	002115	三维通信	206	002593	日上集团
207	600246	万通发展	208	002210	飞马国际
209	603589	口子窖	210	600822	上海物贸
211	000617	中油资本	212	002401	中远海科
213	002418	康盛股份	214	600184	光电股份
215	002203	海亮股份	216	000509	华塑控股
217	600467	好当家	218	600367	红星发展
219	601069	西部黄金	220	002345	潮宏基
221	600359	新农开发	222	000582	北部湾港
223	600410	华胜天成	224	000960	锡业股份
225	600593	大连圣亚	226	601515	东风股份
227	002030	达安基因	228	002741	光华科技

续表

序号	股票代码	公司简称	序号	股票代码	公司简称
229	002299	圣农发展	230	002131	利欧股份
231	000681	视觉中国	232	000538	云南白药
233	000593	德龙汇能	234	601599	浙文影业
235	002367	康力电梯	236	002431	棕榈股份
237	002489	浙江永强	238	002508	老板电器
239	600570	恒生电子	240	002506	协鑫集成
241	002281	光迅科技	242	600566	济川药业
243	002350	北京科锐	244	002167	东方锆业
245	002667	鞍重股份	246	002382	蓝帆医疗
247	000012	南玻A	248	600707	彩虹股份
249	002654	万润科技	250	000700	模塑科技
251	002059	云南旅游	252	000584	哈工智能
253	603158	腾龙股份	254	600516	方大炭素
255	000630	铜陵有色	256	002009	天奇股份
257	002589	瑞康医药	258	603100	川仪股份
259	002505	鹏都农牧	260	600481	双良节能
261	002552	宝鼎科技	262	000010	美丽生态
263	600537	亿晶光电	264	000782	美达股份
265	600814	杭州解百	266	002545	东方铁塔
267	603088	宁波精达	268	002490	山东墨龙
269	600328	中盐化工	270	002655	共达电声
271	601999	出版传媒	272	600610	中毅达
273	000059	华锦股份	274	002290	禾盛新材
275	002626	金达威	276	002729	好利科技
277	600163	中闽能源	278	000953	河化股份
279	600529	山东药玻	280	000333	美的集团
281	600515	海南机场	282	600547	山东黄金
283	600425	青松建化	284	600137	浪莎股份
285	002249	大洋电机	286	002587	奥拓电子

续表

序号	股票代码	公司简称	序号	股票代码	公司简称
287	600775	南京熊猫	288	002585	双星新材
289	601933	永辉超市	290	600470	六国化工
291	000856	冀东装备	292	002543	万和电气
293	600992	贵绳股份	294	600283	钱江水利
295	002640	跨境通	296	002355	兴民智通
297	002173	创新医疗	298	002108	沧州明珠
299	600230	沧州大化	300	002467	二六三
301	002279	久其软件	302	600812	华北制药
303	600369	西南证券	304	600373	中文传媒
305	002119	康强电子	306	002114	罗平锌电
307	002732	燕塘乳业	308	002365	永安药业
309	600784	鲁银投资	310	600215	派斯林
311	002063	远光软件	312	603566	普莱柯
313	002419	天虹股份	314	000823	超声电子
315	002356	赫美集团	316	000878	云南铜业
317	600279	重庆港	318	600967	内蒙一机
319	600567	山鹰国际	320	600366	宁波韵升
321	000913	钱江摩托	322	002750	龙津药业
323	002403	爱仕达	324	600667	太极实业
325	600081	东风科技	326	002494	华斯股份
327	000997	新大陆	328	000503	国新健康
329	002730	电光科技	330	002616	长青集团
331	603885	吉祥航空	332	600217	中再资环
333	002026	山东威达	334	000429	粤高速A
335	600250	南纺股份	336	000948	南天信息
337	600422	昆药集团	338	600346	恒力石化
339	600337	美克家居	340	000733	振华科技
341	002606	大连电瓷	342	600871	石化油服
343	000619	海螺新材	344	002120	韵达股份

续表

序号	股票代码	公司简称	序号	股票代码	公司简称
345	002424	贵州百灵	346	002497	雅化集团
347	601727	上海电气	348	002666	德联集团
349	000848	承德露露	350	002528	英飞拓
351	002272	川润股份	352	600973	宝胜股份
353	002182	云海金属	354	000622	恒立实业
355	600757	长江传媒	356	000977	浪潮信息
357	600345	长江通信	358	002121	科陆电子
359	002098	浔兴股份	360	000682	东方电子
361	600730	中国高科	362	002206	海利得
363	002111	威海广泰	364	002016	世荣兆业
365	002151	北斗星通	366	601333	广深铁路
367	002372	伟星新材	368	002414	高德红外
369	000610	西安旅游	370	000812	陕西金叶
371	002392	北京利尔	372	603703	盛洋科技
373	002451	摩恩电气	374	002457	青龙管业
375	603918	金桥信息	376	002234	民和股份
377	603015	弘讯科技	378	002651	利君股份
379	600076	康欣新材	380	000506	中润资源
381	002662	京威股份	382	002437	誉衡药业
383	002312	川发龙蟒	384	600135	乐凯胶片
385	002676	顺威股份	386	600550	保变电气
387	000563	陕国投A	388	000912	泸天化
389	002445	中南文化	390	000633	合金投资
391	002073	软控股份	392	002715	登云股份
393	000825	太钢不锈	394	000301	东方盛虹
395	600195	中牧股份	396	601231	环旭电子
397	000595	宝塔实业	398	002391	长青股份
399	002330	得利斯	400	600116	三峡水利
401	600865	百大集团	402	002511	中顺洁柔

续表

序号	股票代码	公司简称	序号	股票代码	公司简称
403	600976	健民集团	404	600377	宁沪高速
405	601021	春秋航空	406	600058	五矿发展
407	000572	海马汽车	408	600620	天宸股份
409	002584	西陇科学	410	600755	厦门国贸
411	002661	克明食品	412	002697	红旗连锁
413	600662	外服控股	414	603669	灵康药业
415	002165	红宝丽	416	002719	麦趣尔
417	600511	国药股份	418	600329	达仁堂
419	600523	贵航股份	420	002223	鱼跃医疗
421	600998	九州通	422	600883	博闻科技
423	600507	方大特钢	424	002669	康达新材
425	002400	省广集团	426	600917	重庆燃气
427	000785	居然之家	428	600588	用友网络
429	002743	富煌钢构	430	002611	东方精工
431	603939	益丰药房	432	002241	歌尔股份
433	002685	华东重机	434	600617	国新能源
435	002318	久立特材	436	002686	亿利达
437	600072	中船科技	438	600501	航天晨光
439	600664	哈药股份	440	000655	金岭矿业
441	000932	华菱钢铁	442	600216	浙江医药
443	603003	龙宇燃油	444	002362	汉王科技
445	600983	惠而浦	446	002381	双箭股份
447	600658	电子城	448	600466	蓝光发展
449	002642	荣联科技	450	600088	中视传媒
451	002261	拓维信息	452	002012	凯恩股份
453	002374	中锐股份	454	600257	大湖股份
455	000928	中钢国际	456	002615	哈尔斯
457	000818	航锦科技	458	002399	海普瑞
459	600829	人民同泰	460	002597	金禾实业

续表

序号	股票代码	公司简称	序号	股票代码	公司简称
461	600844	丹化科技	462	002017	东信和平
463	600876	洛阳玻璃	464	600238	海南椰岛
465	000609	中迪投资	466	002373	千方科技
467	002180	纳思达	468	000799	酒鬼酒
469	002455	百川股份	470	002703	浙江世宝
471	002694	顾地科技	472	601238	广汽集团
473	002772	众兴菌业	474	002507	涪陵榨菜
475	000407	胜利股份	476	603456	九洲药业
477	002520	日发精机	478	600438	通威股份
479	603368	柳药集团	480	600277	亿利洁能
481	002448	中原内配	482	600984	建设机械
483	002492	恒基达鑫	484	002496	辉丰股份
485	002185	华天科技	486	000428	华天酒店
487	600059	古越龙山	488	002221	东华能源
489	600562	国睿科技	490	002690	美亚光电
491	600371	万向德农	492	600624	复旦复华
493	000822	山东海化	494	000710	贝瑞基因
495	000717	中南股份	496	002213	大为股份
497	600653	申华控股	498	600760	中航沈飞
499	600308	华泰股份	500	600285	羚锐制药

附录3 2007—2021年月度市场情绪指数

日期	FScore	日期	FScore
2007-01	24.16	2014-07	26.19
2007-02	24.17	2014-08	26.05
2007-03	25.22	2014-09	27.52

续表

日期	FScore	日期	FScore
2007-04	29.11	2014-10	27.52
2007-05	26.34	2014-11	26.22
2007-06	25.00	2014-12	31.53
2007-07	23.31	2015-01	30.38
2007-08	32.25	2015-02	30.79
2007-09	27.36	2015-03	33.21
2007-10	23.68	2015-04	34.63
2007-11	24.09	2015-05	36.63
2007-12	26.76	2015-06	34.35
2008-01	24.52	2015-07	22.75
2008-02	24.06	2015-08	19.46
2008-03	23.32	2015-09	18.95
2008-04	20.57	2015-10	18.79
2008-05	23.98	2015-11	22.48
2008-06	18.48	2015-12	28.65
2008-07	16.70	2016-01	20.89
2008-08	12.92	2016-02	22.38
2008-09	13.01	2016-03	24.39
2008-10	8.22	2016-04	24.56
2008-11	13.31	2016-05	24.02
2008-12	16.67	2016-06	24.94
2009-01	14.95	2016-07	26.42
2009-02	16.94	2016-08	30.91
2009-03	16.87	2016-09	28.85
2009-04	18.13	2016-10	29.49
2009-05	19.29	2016-11	32.91
2009-06	19.31	2016-12	35.24
2009-07	21.73	2017-01	37.43
2009-08	22.24	2017-02	33.37

续表

日期	FScore	日期	FScore
2009-09	22.02	2017-03	37.72
2009-10	27.75	2017-04	35.32
2009-11	22.99	2017-05	33.94
2009-12	28.07	2017-06	33.61
2010-01	31.21	2017-07	32.72
2010-02	27.56	2017-08	34.75
2010-03	31.96	2017-09	36.11
2010-04	30.81	2017-10	35.12
2010-05	27.75	2017-11	36.73
2010-06	27.79	2017-12	34.60
2010-07	26.18	2018-01	32.37
2010-08	28.75	2018-02	31.78
2010-09	28.24	2018-03	31.30
2010-10	25.91	2018-04	30.86
2010-11	28.60	2018-05	30.81
2010-12	29.09	2018-06	29.29
2011-01	27.34	2018-07	28.66
2011-02	27.24	2018-08	27.74
2011-03	31.06	2018-09	28.93
2011-04	28.81	2018-10	26.49
2011-05	28.76	2018-11	28.82
2011-06	28.82	2018-12	29.70
2011-07	27.22	2019-01	31.62
2011-08	28.18	2019-02	30.39
2011-09	26.95	2019-03	32.31
2011-10	23.41	2019-04	32.63
2011-11	25.37	2019-05	31.96
2011-12	23.97	2019-06	31.68
2012-01	22.72	2019-07	39.32

续表

日期	FScore	日期	FScore
2012-02	24.87	2019-08	32.48
2012-03	27.59	2019-09	32.09
2012-04	24.56	2019-10	32.75
2012-05	26.11	2019-11	36.28
2012-06	24.69	2019-12	36.20
2012-07	22.86	2020-01	34.41
2012-08	22.91	2020-02	33.16
2012-09	22.03	2020-03	30.86
2012-10	21.76	2020-04	31.58
2012-11	27.16	2020-05	29.88
2012-12	21.43	2020-06	32.75
2013-01	21.98	2020-07	49.61
2013-02	23.00	2020-08	43.32
2013-03	21.55	2020-09	46.37
2013-04	21.65	2020-10	35.07
2013-05	20.79	2020-11	36.29
2013-06	19.42	2020-12	43.81
2013-07	18.21	2021-01	38.30
2013-08	19.54	2021-02	38.81
2013-09	20.80	2021-03	39.27
2013-10	22.00	2021-04	42.80
2013-11	20.79	2021-05	39.02
2013-12	23.20	2021-06	42.99
2014-01	33.28	2021-07	41.66
2014-02	24.37	2021-08	40.19
2014-03	23.93	2021-09	39.64
2014-04	22.94	2021-10	35.92
2014-05	22.21	2021-11	39.58
2014-06	24.29	2021-12	39.27

附录4 同行业相关系数大于0.9的配对股票

序号	股票A	股票B	行业	相关系数
1	华明装备	江苏雷利	电气机械及器材制造业	0.9844
2	东方日升	江苏雷利	电气机械及器材制造业	0.9843
3	时代万恒	禾望电气	电气机械及器材制造业	0.9843
4	星光股份	德宏股份	电气机械及器材制造业	0.9830
5	科华数据	禾望电气	电气机械及器材制造业	0.9809
6	全通教育	冰川网络	软件和信息技术服务业	0.9864
7	天利科技	金证股份	软件和信息技术服务业	0.9858
8	真视通	ST中安	软件和信息技术服务业	0.9837
9	全通教育	先进数通	软件和信息技术服务业	0.9813
10	全通教育	网达软件	软件和信息技术服务业	0.9792
11	柳化股份	彤程新材	化学原料及化学制品制造业	0.9989
12	柳化股份	汇得科技	化学原料及化学制品制造业	0.9885
13	雅化集团	华宝股份	化学原料及化学制品制造业	0.9754
14	凯龙股份	鼎龙股份	化学原料及化学制品制造业	0.9750
15	中毅达	吉华集团	化学原料及化学制品制造业	0.9748
16	全志科技	朗科智能	计算机、通信和其他电子设备制造业	0.9848
17	晨曦航空	英飞特	计算机、通信和其他电子设备制造业	0.9800
18	朗科智能	移为通信	计算机、通信和其他电子设备制造业	0.9795
19	*ST新海	多伦科技	计算机、通信和其他电子设备制造业	0.9792
20	ST宇顺	朗科智能	计算机、通信和其他电子设备制造业	0.9780
21	同和药业	海特生物	医药制造业	0.9870
22	绿康生化	海特生物	医药制造业	0.9811
23	海南海药	海特生物	医药制造业	0.9808
24	天宇股份	江中药业	医药制造业	0.9763
25	未名医药	海特生物	医药制造业	0.9761
26	五粮液	贵州茅台	酒、饮料和精制茶制造业	0.9875
27	水井坊	山西汾酒	酒、饮料和精制茶制造业	0.9820

续表

序号	股票A	股票B	行业	相关系数
28	五粮液	水井坊	酒、饮料和精制茶制造业	0.9775
29	泸州老窖	五粮液	酒、饮料和精制茶制造业	0.9764
30	洋河股份	山西汾酒	酒、饮料和精制茶制造业	0.9235
31	日月股份	杭叉集团	通用设备制造业	0.9827
32	凌霄泵业	盛运退	通用设备制造业	0.9818
33	博深股份	银都股份	通用设备制造业	0.9807
34	鲍斯股份	大元泵业	通用设备制造业	0.9778
35	宏盛股份	银都股份	通用设备制造业	0.9748
36	华西证券	华安证券	资本市场服务	0.9817
37	申万宏源	国海证券	资本市场服务	0.9813
38	国海证券	太平洋	资本市场服务	0.9797
39	浙商证券	中国银河	资本市场服务	0.9777
40	申万宏源	太平洋	资本市场服务	0.9769
41	北汽蓝谷	华达科技	汽车制造业	0.9800
42	北汽蓝谷	日盈电子	汽车制造业	0.9788
43	亚太股份	华达科技	汽车制造业	0.9765
44	兆丰股份	金麒麟	汽车制造业	0.9758
45	爱柯迪	科华控股	汽车制造业	0.9756
46	双一科技	惠达卫浴	非金属矿物制品业	0.9784
47	蒙娜丽莎	三峡新材	非金属矿物制品业	0.9784
48	悦心健康	惠达卫浴	非金属矿物制品业	0.9755
49	南玻A	蒙娜丽莎	非金属矿物制品业	0.9741
50	蒙娜丽莎	索通发展	非金属矿物制品业	0.9720
51	润泽科技	星光农机	专用设备制造业	0.9803
52	福能东方	天鹅股份	专用设备制造业	0.9757
53	福能东方	新美星	专用设备制造业	0.9746
54	和佳退	古鳌科技	专用设备制造业	0.9746
55	阳普医疗	华荣股份	专用设备制造业	0.9693
56	招商港口	招商轮船	水上运输业	0.9965

续表

序号	股票A	股票B	行业	相关系数
57	招商港口	淮河能源	水上运输业	0.9804
58	中远海能	招商轮船	水上运输业	0.9701
59	厦门港务	秦港股份	水上运输业	0.9674
60	中远海能	中远海发	水上运输业	0.9586
61	星辉娱乐	盛天网络	互联网和相关服务	0.9807
62	暴风退	华扬联众	互联网和相关服务	0.9780
63	暴风退	三六零	互联网和相关服务	0.9719
64	恺英网络	三六零	互联网和相关服务	0.9698
65	焦点科技	天娱数科	互联网和相关服务	0.9697
66	广西广电	贵广网络	电信、广播电视和卫星传输服务	0.9842
67	贵广网络	吉视传媒	电信、广播电视和卫星传输服务	0.9747
68	宜通世纪	广西广电	电信、广播电视和卫星传输服务	0.9743
69	广电网络	贵广网络	电信、广播电视和卫星传输服务	0.9709
70	天威视讯	贵广网络	电信、广播电视和卫星传输服务	0.9641
71	绿茵生态	永清环保	生态保护和环境治理业	0.9776
72	绿茵生态	兴源环境	生态保护和环境治理业	0.9740
73	达刚控股	上海环境	生态保护和环境治理业	0.9717
74	远达环保	上海环境	生态保护和环境治理业	0.9711
75	旺能环境	绿茵生态	生态保护和环境治理业	0.9692
76	华源控股	坚朗五金	金属制品业	0.9796
77	坚朗五金	恒锋工具	金属制品业	0.9771
78	华源控股	恒锋工具	金属制品业	0.9719
79	华源控股	赛福天	金属制品业	0.9682
80	坚朗五金	宝钢包装	金属制品业	0.9654
81	三力士	三角轮胎	橡胶和塑料制品业	0.9842
82	安利股份	三角轮胎	橡胶和塑料制品业	0.9769
83	瑞尔特	杭州高新	橡胶和塑料制品业	0.9715
84	同大股份	三角轮胎	橡胶和塑料制品业	0.9658
85	永新股份	瑞尔特	橡胶和塑料制品业	0.9634

续表

序号	股票A	股票B	行业	相关系数
86	中国北车	中国中车	铁路、船舶、航空航天和其它运输设备制造业	0.9993
87	航发控制	航发科技	铁路、船舶、航空航天和其它运输设备制造业	0.9687
88	康尼机电	今创集团	铁路、船舶、航空航天和其它运输设备制造业	0.9680
89	洪都航空	中航重机	铁路、船舶、航空航天和其它运输设备制造业	0.9653
90	宗申动力	中国北车	铁路、船舶、航空航天和其它运输设备制造业	0.9587
91	中国铁建	中国中铁	土木工程建筑业	0.9777
92	中国中冶	中国电建	土木工程建筑业	0.9769
93	中国中铁	中国中冶	土木工程建筑业	0.9712
94	中国中铁	中国电建	土木工程建筑业	0.9634
95	腾达建设	天域生态	土木工程建筑业	0.9594
96	工商银行	建设银行	货币金融服务	0.9821
97	交通银行	光大银行	货币金融服务	0.9704
98	郑州银行	长沙银行	货币金融服务	0.9702
99	农业银行	建设银行	货币金融服务	0.9621
100	常熟银行	苏农银行	货币金融服务	0.9554
101	武钢股份	山东钢铁	黑色金属冶炼及压延加工业	0.9750
102	河钢股份	武钢股份	黑色金属冶炼及压延加工业	0.9686
103	武钢股份	马钢股份	黑色金属冶炼及压延加工业	0.9649
104	武钢股份	安阳钢铁	黑色金属冶炼及压延加工业	0.9638
105	酒钢宏兴	重庆钢铁	黑色金属冶炼及压延加工业	0.9614
106	联络互动	安孚科技	零售业	0.9701
107	联络互动	来伊份	零售业	0.9674
108	大连友谊	北京人力	零售业	0.9653
109	通程控股	广百股份	零售业	0.9647
110	申华控股	安孚科技	零售业	0.9627
111	深圳能源	粤电力A	电力、热力生产和供应业	0.9705
112	粤电力A	晋控电力	电力、热力生产和供应业	0.9678
113	粤电力A	京能电力	电力、热力生产和供应业	0.9651
114	吉电股份	华银电力	电力、热力生产和供应业	0.9641

续表

序号	股票A	股票B	行业	相关系数
115	银星能源	西昌电力	电力、热力生产和供应业	0.9626
116	赛摩智能	信捷电气	仪器仪表制造业	0.9695
117	赛摩智能	理工光科	仪器仪表制造业	0.9660
118	赛摩智能	集智股份	仪器仪表制造业	0.9656
119	东方智造	三晖电气	仪器仪表制造业	0.9625
120	天瑞仪器	理工光科	仪器仪表制造业	0.9597
121	浙江永强	恒林股份	家具制造业	0.9692
122	永艺股份	恒林股份	家具制造业	0.9673
123	江山欧派	梦百合	家具制造业	0.9668
124	浙江永强	江山欧派	家具制造业	0.9611
125	恒林股份	中源家居	家具制造业	0.9586
126	万润科技	长久物流	商务服务业	0.9666
127	岭南控股	长久物流	商务服务业	0.9660
128	分众传媒	引力传媒	商务服务业	0.9651
129	省广集团	福石控股	商务服务业	0.9625
130	思美传媒	引力传媒	商务服务业	0.9624
131	鹭燕医药	ST天圣	批发业	0.9664
132	鹏都农牧	ST天圣	批发业	0.9640
133	广聚能源	ST天圣	批发业	0.9619
134	鹭燕医药	柳药集团	批发业	0.9617
135	鹭燕医药	海航科技	批发业	0.9616
136	深深房A	苏州高新	房地产业	0.9689
137	迪马股份	华远地产	房地产业	0.9638
138	黑牡丹	天地源	房地产业	0.9574
139	*ST海投	福瑞达	房地产业	0.9573
140	绿景退	苏宁环球	房地产业	0.9570
141	杰恩设计	设研院	专业技术服务业	0.9756
142	华大基因	勘设股份	专业技术服务业	0.9638
143	中材节能	建研院	专业技术服务业	0.9618

续表

序号	股票A	股票B	行业	相关系数
144	中设股份	杰恩设计	专业技术服务业	0.9497
145	中设股份	设研院	专业技术服务业	0.9495
146	东莞控股	山东高速	道路运输业	0.9609
147	赣粤高速	山东高速	道路运输业	0.9605
148	四川成渝	龙江交通	道路运输业	0.9601
149	粤高速A	宁沪高速	道路运输业	0.9594
150	重庆路桥	申通地铁	道路运输业	0.9583
151	地素时尚	太平鸟	纺织服装、服饰业	0.9774
152	地素时尚	安正时尚	纺织服装、服饰业	0.9588
153	ST步森	浪莎股份	纺织服装、服饰业	0.9579
154	金发拉比	安奈儿	纺织服装、服饰业	0.9551
155	探路者	歌力思	纺织服装、服饰业	0.9492
156	华数传媒	金逸影视	广播、电视、电影和影视录音制作业	0.9687
157	幸福蓝海	上海电影	广播、电视、电影和影视录音制作业	0.9642
158	中南文化	金逸影视	广播、电视、电影和影视录音制作业	0.9599
159	慈文传媒	金逸影视	广播、电视、电影和影视录音制作业	0.9557
160	金逸影视	中视传媒	广播、电视、电影和影视录音制作业	0.9491
161	鑫科材料	众源新材	有色金属冶炼及压延加工业	0.9703
162	章源钨业	北方稀土	有色金属冶炼及压延加工业	0.9600
163	精艺股份	宁波富邦	有色金属冶炼及压延加工业	0.9572
164	宁波富邦	白银有色	有色金属冶炼及压延加工业	0.9548
165	常铝股份	精艺股份	有色金属冶炼及压延加工业	0.9528
166	中国出版	出版传媒	新闻和出版业	0.9774
167	新华文轩	南方传媒	新闻和出版业	0.9605
168	华闻集团	山东出版	新闻和出版业	0.9600
169	长江传媒	新华传媒	新闻和出版业	0.9513
170	华媒控股	山东出版	新闻和出版业	0.9432
171	诺邦股份	健盛集团	纺织业	0.9607
172	宏达高科	延江股份	纺织业	0.9604

续表

序号	股票A	股票B	行业	相关系数
173	延江股份	江苏阳光	纺织业	0.9603
174	延江股份	龙头股份	纺织业	0.9543
175	华升股份	凤竹纺织	纺织业	0.9452
176	惠博普	博迈科	开采辅助活动	0.9739
177	海默科技	博迈科	开采辅助活动	0.9588
178	石化油服	博迈科	开采辅助活动	0.9507
179	潜能恒信	博迈科	开采辅助活动	0.9435
180	仁智股份	贝肯能源	开采辅助活动	0.9404
181	沈阳化工	金能科技	石油加工、炼焦及核燃料加工业	0.9616
182	华锦股份	金能科技	石油加工、炼焦及核燃料加工业	0.9543
183	美锦能源	康普顿	石油加工、炼焦及核燃料加工业	0.9497
184	ST实华	金能科技	石油加工、炼焦及核燃料加工业	0.9485
185	ST实华	云维股份	石油加工、炼焦及核燃料加工业	0.9390
186	龙力退	惠发食品	农副食品加工业	0.9584
187	道道全	金健米业	农副食品加工业	0.9497
188	广弘控股	道道全	农副食品加工业	0.9494
189	龙力退	苏垦农发	农副食品加工业	0.9482
190	南宁糖业	道道全	农副食品加工业	0.9448
191	圣达生物	苏盐井神	食品制造业	0.9647
192	皇氏集团	桂发祥	食品制造业	0.9502
193	加加食品	圣达生物	食品制造业	0.9494
194	桂发祥	爱普股份	食品制造业	0.9432
195	科迪退	爱普股份	食品制造业	0.9428
196	新农开发	新赛股份	农业	0.9612
197	众兴菌业	雪榕生物	农业	0.9581
198	众兴菌业	神农科技	农业	0.9435
199	神农科技	雪榕生物	农业	0.9393
200	亚盛集团	海南橡胶	农业	0.9344
201	中装建设	*ST全筑	建筑装饰和其他建筑业	0.9495

续表

序号	股票A	股票B	行业	相关系数
202	*ST弘高	郑中设计	建筑装饰和其他建筑业	0.9435
203	瑞和股份	中装建设	建筑装饰和其他建筑业	0.9428
204	奇信退	郑中设计	建筑装饰和其他建筑业	0.9427
205	江河集团	森特股份	建筑装饰和其他建筑业	0.9389
206	明牌珠宝	创源股份	文教、工美、体育和娱乐用品制造业	0.9583
207	奥飞娱乐	创源股份	文教、工美、体育和娱乐用品制造业	0.9351
208	德艺文创	创源股份	文教、工美、体育和娱乐用品制造业	0.9317
209	英派斯	创源股份	文教、工美、体育和娱乐用品制造业	0.9227
210	高乐股份	*ST爱迪	文教、工美、体育和娱乐用品制造业	0.9169
211	西藏旅游	东方明珠	公共设施管理业	0.9424
212	张家界	桂林旅游	公共设施管理业	0.9347
213	西安旅游	桂林旅游	公共设施管理业	0.9306
214	西安旅游	曲江文旅	公共设施管理业	0.9277
215	西安旅游	西藏旅游	公共设施管理业	0.9267
216	南方航空	中国国航	航空运输业	0.9659
217	南方航空	中国东航	航空运输业	0.9383
218	中信海直	华夏航空	航空运输业	0.9308
219	华夏航空	南方航空	航空运输业	0.9159
220	中国东航	海航控股	航空运输业	0.9052
221	友邦吊顶	华立股份	其他制造业	0.9640
222	友邦吊顶	倍加洁	其他制造业	0.9272
223	浔兴股份	华立股份	其他制造业	0.9232
224	退市刚泰	华立股份	其他制造业	0.9206
225	退市刚泰	倍加洁	其他制造业	0.9183
226	太阳纸业	仙鹤股份	造纸及纸制品业	0.9457
227	华泰股份	山鹰国际	造纸及纸制品业	0.9400
228	岳阳林纸	仙鹤股份	造纸及纸制品业	0.9225
229	顺灏股份	仙鹤股份	造纸及纸制品业	0.9197
230	美盈森	环球印务	造纸及纸制品业	0.9156

续表

序号	股票A	股票B	行业	相关系数
231	恒天海龙	澳洋健康	化学纤维制造业	0.9391
232	澳洋健康	南京化纤	化学纤维制造业	0.9372
233	恒天海龙	南京化纤	化学纤维制造业	0.9212
234	江南高纤	新凤鸣	化学纤维制造业	0.9164
235	皖维高新	南京化纤	化学纤维制造业	0.9096
236	民和股份	益生股份	畜牧业	0.9539
237	民和股份	圣农发展	畜牧业	0.9403
238	圣农发展	益生股份	畜牧业	0.9380
239	温氏股份	新五丰	畜牧业	0.9069
240	湖南黄金	中金黄金	有色金属矿采选业	0.9505
241	*ST 荣华	华钰矿业	有色金属矿采选业	0.9248
242	中色股份	驰宏锌锗	有色金属矿采选业	0.9166
243	中金黄金	华钰矿业	有色金属矿采选业	0.9138
244	银泰黄金	西部矿业	有色金属矿采选业	0.9046
245	天创时尚	哈森股份	皮革、毛皮、羽毛及其制品和制鞋业	0.9315
246	华斯股份	哈森股份	皮革、毛皮、羽毛及其制品和制鞋业	0.9267
247	ST 奥康	红蜻蜓	皮革、毛皮、羽毛及其制品和制鞋业	0.9152
248	兴业科技	天创时尚	皮革、毛皮、羽毛及其制品和制鞋业	0.9087
259	兴业科技	哈森股份	皮革、毛皮、羽毛及其制品和制鞋业	0.9039
250	兴蓉环境	武汉控股	水的生产和供应业	0.9419
251	兴蓉环境	重庆水务	水的生产和供应业	0.9272
252	兴蓉环境	中山公用	水的生产和供应业	0.9254
253	佛燃能源	退市中天	燃气生产和供应业	0.9447
254	重庆燃气	新天然气	燃气生产和供应业	0.9205
255	陕天然气	天壕环境	燃气生产和供应业	0.9092
256	电投能源	昊华能源	煤炭开采和洗选业	0.9311
257	电投能源	上海能源	煤炭开采和洗选业	0.9043
258	盘江股份	晋控煤业	煤炭开采和洗选业	0.9033
259	电投能源	平煤股份	煤炭开采和洗选业	0.9029

续表

序号	股票A	股票B	行业	相关系数
260	*ST泛海	越秀资本	其他金融业	0.9239
261	仁东控股	九鼎投资	其他金融业	0.9238
262	*ST泛海	同花顺	其他金融业	0.9063
263	大亚圣象	菲林格尔	木材加工及木、竹、藤、棕、草制品业	0.9391
264	康欣新材	菲林格尔	木材加工及木、竹、藤、棕、草制品业	0.9184
265	兔宝宝	菲林格尔	木材加工及木、竹、藤、棕、草制品业	0.9054
266	新大洲A	广汇物流	综合	0.9268
267	中国宝安	悦达投资	综合	0.9139
268	新里程	迪安诊断	卫生	0.9311
269	创新医疗	退市海医	卫生	0.9194
270	华塑控股	光正眼科	卫生	0.9053
271	新华保险	中国太保	保险业	0.9248
272	学大教育	凯文教育	教育	0.9142
273	安通控股	嘉友国际	装卸搬运和运输代理业	0.9290
274	华贸物流	嘉友国际	装卸搬运和运输代理业	0.9128
275	铁龙物流	广深铁路	铁路运输业	0.9050
276	韵达股份	顺丰控股	邮政业	0.9079
277	金岭矿业	海南矿业	黑色金属矿采选业	0.9070

注:该表仅列出了同一行业、相关系数0.9以上且行业排名前五的股票组合。